기독교
신앙
시리즈
❹

현대
기독교
신앙과 삶

성령 하나님과 교회

독일루터교회연합회
정일웅 역

Evangelischer
Erwachsenenkatechismus

유나이티드
역사문화연구원
United Institute of History & Culture

본 저서는 유나이티드 역사문화연구원의
후원으로 제작되었습니다.

한국코메니우스연구소

Evangelischer Erwachsenenkatechismus

suchen – glauben – leben

9., neu bearbeitete und ergänzte Auflage 2013

Im Auftrag der Kirchenleitung der VELKD

herausgegeben von

Andreas Brummer
Manfred Kießig
Martin Rothgangel

unter Mitarbeit von

Wiebke Bähnk
Norbert Dennerlein
Heiko Franke
Peter Hirschberg
Jutta Krämer
Michael Kuch
Ralf Tyra
Ingrid Wiedenroth-Gabler

Gütersloher Verlagshaus

독일개신교 성인신앙교육서

찾으며 - 믿으며 - 사는 것

새롭게 수정하고 보완된 제 9판 2013

독일루터교회연합회 교회지도부의 위임으로

안드레아스 브룸머
만프레드 키씨히
마르틴 로트앙겔 등이 출판하였다.

그리고

뷔프케 뵈헨케
노르베르트 덴너라인
하이코 프랑케
페터 히르쉬베르그
유타 크렘머
미하엘 쿠흐
랄프 티라
잉그리드 뷔덴로트-가블러 등이 협동하였다

귀터스로흐 출판사

Original title: Evangelischer Erwachsenen Katechismus 8., neu
beartbeitete und ergämzte Auflage 2010
edited by Andreas Brummer, Manfred Kießig, Martin Rothgangel
© Vereinigte Evangefech-Lutherische Kirche Deutschkands,
Hannover 1975

All rights reserved. No part of this book may be used or
reproduced in any manner whatever without written permission
except in the case of brief quotations embodied in critical articles
or reviews.
Korean Translation Copyright © 2018 by Beomjihye Publishers
Korean edition is published by arrangement with Verlagsgruppe
Random House GmbH through BC Agency, Seoul

이 책의 한국어판 저작권은 BC에이전시를 통해 저작권사와의 독점 계약을
맺은 '범지혜 출판사'에 있습니다. 저작권법에 의해 국내에서 보호를 받는
저작물이므로 무단 전제와 복제를 금합니다.

목차

머리말
역자 인사말 — 07
제8판 수정출판에 대한 인사말 — 11
머리말 — 13

5. 성령 하나님
5.1 성령에 대한 신앙 — 20
5.2 삼위일체 하나님 — 42

6. 교회 안에서의 삶
6.1 교회 — 64
   6.1.1 교회 - 믿는 자들의 공동체 — 64
   6.1.2 종교개혁 — 100
   6.1.3 교회 직분의 근거 — 120
   6.1.4 교회의 명예로운 직분 — 146
   6.1.5 교회에 대한 물음들 — 170
   6.1.6 기독교의 작은 종파들의 알림 — 185
   6.1.7 교회연합 — 214
   6.1.8 교회 밖의 종교 공동체 — 245

역자 인사말

이 책을 처음 대한 때는 독일 유학에서였다. 독일교회가 평신도들에게 가르치는 기독교 신앙의 진리가 어떤 것인지를 지도교수님께 물었을 때, 그는 새로이 출판된 "개신교 성인요리문답서"(Evangelischer Erwachsenenkatechismus, 1975)를 소개해 주었다. 역자는 그 책을 구입해 읽은 후, 분량의 방대함(1370쪽)과 현대적 언어표현의 신선함에 놀랐으며, 이렇게 많은 내용을 가르치고 배우게 해야 하는지 의구심도 들었지만 우선 많은 것들을 배울 수 있어서 좋았다.

역시 이 책(EEK)은 "독일루터교연합회"(VELKD)가 독일의 새 시대변화(2차 세계대전 후 산업화)를 겪으면서 '기독교 복음의 재선교'의 필요성을 절감하여, 5년간 전문가들의 심도 있는 연구를 거쳐, 약 200여 명의 신학 교수님들에게 집필을 의뢰하여 가장 현대적인 성인들을 위한 새요리문답서를 만들게 된 것이다. 이 책은 거듭 출판되어 오늘날 제9판(2013)에 이르고 있으며(약 30만 권 판매), 그사이에 통일을 이룬 독일 사회의 시대변화를 다시 반영하여 3차례 수정작업을 거치기도 하였다. 그야말로 이 책은 종교개혁의 역사적인 요리문답서(Katechismus)의 형태를 완전히 바꾸어 놓은 것이며, 문서와 교육을 통한 복음 선교의 새로운 지평을 열어준 독일개신교회의 새 요리문답서요, 새로운 기독교 신앙 지침서가 분명하였다.

이 책의 특징은 먼저 독일 산업화사회와 산업 후기사회를 사는 현대인들이 이 시대의 하나님과 그리스도와 교회와 기독교 신앙의 진리를 향하여 던지는 수많은 독일 기독인들의 물음에 성서의 현대적 연구와 해석에 근거하여 가장 표준적인 신학적 대답을 제시한 점이다. 그래서 이 책은 "신앙백과사전"으로 불리기도 한다. 그리고 이 책은 독일교회 평신도들의 신앙 정체성 회복에 큰 도움이 되었던 것으로 평가되고 있으며, 특히 독일 신학생들이 즐겨 읽는 신학 개론서로 베스트셀러에 오른 책이기도 하였다. 또 다른 특징은 독일루터교연합회(VELKD)가 이 책(EEK)을 출판할때, 단지 역사적인 루터교회의 신앙 교리를 반복 전하는 데 목표를 두지 않고, 독일 개신교회 전체가 지향하는 교회의 연합정신을 전제하여 만든 점이다. 그래서 독일개신교의 가장 표준적인 신앙을 제시해 놓은 것으로, 이것은 "독일개신교 성인 요리문답서"(EEK)란 책 명칭이 잘 확인시켜 주고 있다.

역자는 이 책이 지닌 이러한 특징들을 알고 난 후, 한국교회에 알리고 싶은 마음이 생겼고, 한국교회 평신도들의 신앙재정립과 신앙성숙에 도움이 되기를 바라는 마음으로 번역하게 되었다. 그런 뜻에서 이 번역서가 한국교회 평신도들의 신앙증진에 큰 도움이 있기를 바란다. 그리고 역자는 이 번역서 전체의 제목은 "현대 기독교 신앙과 삶"으로 명명하여, 그 전체를 5권의 시리즈 형식으로 출판하게 된다.

전체 각권의 명칭은 1권: "살아계신 하나님", 2권: "인간과 예수 그리스도", 3권: "세상에서의 삶:윤리", 4권: "성령 하나님과 교회", 5권: "교회의 삶과 영생"으로 명시하였다. 그리고 특히 5권에서 다루어진 내용은 먼저 교회론에 속한 주제들로 예배와 말씀과 설교, 세례와 성찬, 성례 등이 자세히 다루어졌으며, 교회의 예전 적인 행위로서 입교예식, 참회, 축복 등이 다루어졌다. 이것들은 모두 교회 공동체를 통하여 하나님의 함께하심을 경험하게 하는 중요한 은혜의 수단들로 말씀과 성례 행위가 중심을 이룬다. 그리고 교회의 과제로서 영혼 돌봄, 섬김, 선교 등이 소개되었으며, 개별적인 신앙 실천과 관계하여 영성의 토대, 기도, 명상, 공동체의 영적인 생활, 음악, 조형예술 등에 관한 주제들도 다루어졌다. 끝으로 종말론과 영생에 관한 주제에서, 죽음과 사망에 관하여, 희망으로서 영원에서의 삶이 다루어졌다.

이 책을 배우는 방법은 역시 관심 있는 주제를 선택하여 개인 각자가 독서 할 수 있게 만들어져 있다. 다만 독서에서 주의할 점은 독일인들의 특이한 신앙적 사고이며, 특히 역사적 관점의 성서 이해와 여러 학자의 신학적인 사상들이 간략하게 소개된 부분에서 자칫하면 독서의 흥미를 놓칠 위험이 따를 수도 있다. 흔히 독일교회의 신앙과 신학은 자유주의적인 것이란 선입관이 작용할 수 있다. 그러나 기본적으로 독일인들의 사고를 전제하여 접근해야 할 것이며, 다만 성령의 도움과 함께 숙고하는 마음과 인내심으로 접근하면 아마도 미처 생각지 못한 기독교 신앙(복음)이해의 긍정적인 새로운 도전을 받게 되리라 기대한다. 이 책은 원래 개인 독서용이지만, 교회 안팎에서 자유로이 평신도 그룹이나, 청년 대학생의 소그룹에서 세미나 형식으로 발표와 토론을 곁들인 신앙 진리의 심화학습이 가능하리라 기대한다. 매 장의 참고도서목록은 관련 주제에 관한 풍성한 정보를 제공해 준다. 그러나 유감스럽게도 그 책들이 우리말로 모두 번역되어 있지 않아 독자들의 양해를 구할 뿐이다.

역자의 희망은 앞으로 한국교회도 하나로 연대하여 통일된 표준적인 기독교신앙진리를 밝히는 "현대적인 성인 요리 문답서"가 탄생되었으면 한다. 이러한 노력은 심각한 교파 분열로 지금 신앙 진리의 통일성을 상실한 한국교회가 회복되는 일에 기여할 것이며, 동시에 한국교회 안팎에서 신앙의 진리를 혼란케 하는 여러 이단 종파의 유혹을 막아내는 일에도 크게 기여하리라 생각한다. 그리고 독일교회가 의도한 것처럼, 이 책은 오늘날 여러 이유로 신앙생활을 중단하여 가나안 성도로 머물러 있거나, 또는 아직 기독교 신앙에 접근하지 못했지만 관심을 가진 분들에게도 기독교 신앙 입문에 큰 도움이 되리라 기대한다. 그 이유는 이 책이 "인간은 어디서 와서, 어디로 향하고 있으며","땅에서 인간답게 사는 참된 삶의 가치와 그 방법이 무엇인지를 묻는" 모든 분에게도 많은 도움을 제공하게 되리라

확신하기 때문이다. 먼저 부분적으로 기초 번역의 부분적 작업에 도움을 준 오민수 박사(현 대신대 구약 교수)에게 깊이 감사하며, 그러나 한국 독자들의 이해를 위해 수차례 반복된 원본과의 확인 번역 작업은 산고를 치르는 경험이었기에, 다만 미흡한 부분에는 독자들의 이해를 바랄 뿐이다.

특별히 먼저 제4권의 출판에 재정후원을 기꺼이 맡아주신 한국 유나이티드 문화재단 대표이신 강덕영 장로님(창신교회 원로)께 깊은 감사를 드린다. 그리고 이 책의 한국어 출판을 성원해 준 영국의 랜덤하우스(Randomhause)와 그 일의 중재를 맡아준 한국에이전트 홍순철 대표와 원고 수정작업에 수고를 아끼지 아니한 김석주 목사(한국코메니우스연구소 총무)님과 편집디자이너 변윤주 실장님, 그리고 항상 기도로 교정작업에까지 동행한 아내 강영희(룻)에게도 깊은 감사를 드린다. 이 책을 대하는 독자들에게 우리 하나님의 풍성한 지혜가 함께 하기를…

2022년 6월
연구실에서
역자 드림

제8판 수정출판에 대한 인사말

이 책 초판이 나 온지 35년 전, '개신교성인요리문답서'(Evagelischer Erwach-senenkatechismus)는 8번째 출판하게 되었다. 이 책은 표지의 새로운 단장 뿐 아니라, 내면에서도 달라진 모습을 보여주고 있다. 이것은 본질적으로 목표와 신앙과 현실적인 삶에 항상 다시 새로운 관계를 갖는 것에 부응한 모습이다. 기독교신앙은 공간의 확장에 있는 것이 아니라, - 그 시대의 언어와 사고에서 발전하며, 근본토대가 되기를 원한다. 이러한 개신교성인요리문답서(EEK)의 새 출판은 오늘날 개신교의 기독인으로서 이해하는 것처럼, 우리가 어디서 희망을 가져오며, 어디로 지향하고 있는 지에 대한 정보를 제공한다. 그것은 우리사회와 개개인이 현재에 직면한 질문들을 전제하여 제시된다. 이러한 근본사상은 책의 설계에 반영되며, 각 장(章)은 의식적으로 '인지부분'을 삽입해 두었다. 이는 우리 시대의 물음과 사람들이 앞서 발견하는 상황에 대한 주의 깊은 열린 판단을 뜻한다. 이 책은 인간의 실재(實在)에서 제기되고 감지하는 교회를 위한 것이다. 어쨌든 이러한 인지(認知)를 바탕으로 신앙의 근본토대가 핵심적이면서도 이해가 가능하도록 설명되어, 현재의 삶에 가깝게 관계된 지향점으로 연결된다. 개신교성인요리문답서(EEK)는 그들의 출발점으로 고백하며, 시대의 질문과 함께 복음적인 자유와 책임 안에서 논쟁하며, 이해적인 방식으로 방향을 제공하기를 원하는 교회를 전적으로 가리킨다.

마침내 모든 장은 어떻게 믿음이 삶의 모습에서 수용되고 실천될 수 있는지에 대한 하나의 판단과 함께 끝난다. 즉 믿음은 말하자면, 자체로 머물러 있는 것이 아니다. '개신교성인요리문답서'(EEK)는 살아 있기를 원하며, 믿음의 실천에 대한 길들이 열려지는 하나의 교회를 증언한다. 독일 루터교회연합회(VELKD)는 이 책을 복음적인 관점에서 신앙(信仰)의 교양

(敎養)에 기여하기 위하여 제시하였다. 이러한 의미에서 이 책은 신학적인 기초지식을 이해적으로 만들며, 동시에 신앙과 현실적인 삶에 대한 성찰을 자극하며, 궁극적으로 기도와 종교적인 텍스트에서의 도움제공뿐만 아니라 일상에서 복음적인 영성이 살아 있게 되도록 남녀독자들을 위하여 "현대적인 신앙의 코스북"이 될 수 있을 것이다.

독일루터교회연합회 지도부를 대신하여 수정작업에 참여한 모든 분들과 신앙교육위원회의 위원들과, 특히 초안 작업에 함께한 저자들에게 감사를 드리며, 마지막으로 모든 성인 독자들에게 도전적인 삶과 신앙을 풍성하게 하는 강연들이 이루어지기를 축복한다.

요한 프리드리히 박사
독일루터교회연합회 감독

머리말

1. 본 수정판이 어떻게 생겨났는가?

1975년에 처음 출판된 개신교성인요리문답서(EEK)는 - 독일루터교회 연합회의 위임으로 이루어짐 - 개신교 신앙의 표준서로 확정하였다. 35년 전, 첫 출판 이래 이 책은 25만권 이상이 판매되었다. 성인신앙교육서는 전면 수정된 6판이 지난 2000년에 출판된 바 있다. 역시 1989년 독일통일 이후 변화된 상황에 따라 내용을 약간 줄이면서 본질의 내용을 현실화한 제7판이 2016년에 출판되었다.

이처럼 꾸준한 개정작업에도 불구하고 교회와 사회의 다원화 증대에 대한 대책 마련의 요구는 개신교성인요리문답서(EEK)의 수정계획을 수립하게 만들었고, 이 계획은 즉시 수용되었다. 수정목적에 부응하기 위하여 성인요리문답서와 함께 의도적인 접촉을 가졌던 여러 구별된 직업군의 사람들과의 행동에 대한 일관된 인터뷰가 이루어졌다. 설문을 통해 드러난 결과는 현재 개신교신앙교육서는 간혹 참고서로 사용되었다는 인식이었다. 그리고 요구사항으로 독자들의 관심이 현실적인 관련들을 통하여(인지), 지향하는 정보들(방향) 그리고 실제에 관련(형성)들로 이해하고 싶어 하는 변화된 책 내면의 구성이었다.

여기 출판되는 책은 제7판의 총체적인 책 내용을 기반으로 지난 3년간의 수정과정의 결과이다. 다음과 같은 관점들은 거기서 표준적인 것이었다.

새로운 책의 내면구성체: 요약된 개신교성인신앙교육서(EEK) (2004)의 제작에서 책의 각 장의 지금까지의 분류가 "출발-정보-배경-경험"의 도식 안에서 이중적으로 안내할 수 있다는 것이 분명하게 되었다. 이러한 근거에서 이번에 9번째 출판되는 이 책에서는 "인지(認知)-방향(方向)-형성(形成)"이란 3단계의 개괄적인 내면 구성체가 도입되었다.

경험과 실천: 새로운 내면구성체를 통하여 새로운 강조점이 조건적으로 설정될 수 있었다. 그래서 현재 상황에 차별화된 통찰을 열어주는 인지(認知)부분에 경험적인 결과들이 증가되어 있음을 발견하게 된다(비교, 예를 들면, "1.1 하나님은 자기를 계시한다", "4.2.4 청소년"). 동시에 "형성(形成)"부분에서 실천과 예전적인 요소들에서 보기들이 특별히 강하게 수용되었다(비교, 보기 "4.3.6. 자유 시간", "6.1.4 교회에서의 명예로운 직분").

새로 수정된 장: 지난 세기에 사회적이며 과학적인 발전과 토론의 배경에서 몇 개의 장들은 완전히 새롭게 형성되었다. 이것들은 다음의 장들에 해당한다. "4.4.2 기술과 생명공학에서의 윤리", "4.3.3 의사소통과 미디어", "4.3.2 남자와 여자의 공동체".

이해시킴과 기초화: 성인요리문답서(EEK)의 심장 부분인 칭의(稱義)의 장은 이러한 관점에서 근본적으로 새롭게 수정되었다(비교, "3.2 인간의 칭의"). 이해시킴은 각장의 부분적으로 개별적인 면에서 대체되었다(비교, 보기, "1.1 하나님은 자기를 나타내신다." 시작부분, "3.1 나사렛 예수 - 그리스도")의 부분이다.

현실성과 보완: 개신교성인요리문답서(EEK)의 모든 장들은 전체로서 마찬가지로 현실화하는 개정의 각 단면들에 종속되었으며, 상응하게 보완되었다(보기, "4.4.1 자연적인 삶의 토대", "6.4.3 선교"). 교회연합적인 발전들의 모습에서 역시 8판에서 가장 새로운 상태를 제시한다(비교, 보기 "6.1.6 작은 종파들의 알림", "6.1.7 교회연합").

신학적인 토대: 신앙교육위원회는 마르틴 루터를 통한 신앙고백의 3번

째 조항의 해석에 따라 "믿음으로 산다"는 것을 전개하는 하나님 부분에서 신학적인 근본적인 장을 앞에서 소개하기로 결정하였다.

2. 이 책은 무엇을 원하는가?

삶의 출처와 방향에 대한 물음, 세계의 근원과 목표에 대한 물음, 행운과 고난의 의미에 대한 물음, 그리고 올바른 행동과 모습에 대한 물음 등이 분명 사람들을 움직인다. 과거에 우리의 문화 범주에서 그러한 질문의 대답은 특히 기독교 교회에 의하여 찾아졌다. 우리의 현대적인 사회에서 사람들이 선택할 수 있는 종교적이며 세계관적인 여러 제시들이 있다. 이러한 상황에서 신앙이 이해되며, 계속적으로 리드하면서 실재를 밝히면서 증명하도록 기독교적인 신앙을 대화에로 가져가는 것은 중요하다. 그 때문에 이 책은 인간의 상황을 받아들이고, 질문을 거론하며, 기독교적인 신앙의 대답들과 관계하도록 시도합니다. 이러한 방법은 기독교신앙이 이상의 문제들에 대한 완전한 대답을 갖고 있지 않다는 통찰과 결합되었다. 마찬가지로 그 신앙은 현실적인 문제의 극복에 유익하다는 것을 제한시키지 않는다. 이것은 대답을 제시하기 보다 오히려 우리의 질문을 질문으로 제기하고, 새로운 질문을 일깨우며, 하나님이 인간에게 묻는 그것을 듣게 한다. 상황과 복음의 소식, 질문과 대답 사이에 다리를 놓는 이러한 방법을 신학자 폴 틸리히[1886-1965]는 "상호연관의 방법"이라 불렀다.

여기 대화 가운데 가져온 기독교 신앙은 그 자체 안에서 여러 모습이며, 완전한 역동성이다. 그 역동적인 신앙은 고백에서 그의 강타를 발견했던 것처럼, 교회의 공동적인 신앙으로 우리를 만난다. 그리고 동시에 여러 가지 구별된 색채와 함께 개인의 인격적인 신앙으로서 만나게 된다. 통일과 다양성의 이러한 긴장은 분명 이 책에 영향을 미쳤다. 성서적인 전승의 청취와 기독인들과의 교제 가운데서 신앙의 고유한 길을 걷게 되도록 초대한다.

1529년의 마르틴 루터의 "소요리문답서"는 그것에 대하여 수세기를 넘어서 탁월한 토대로서 증명했었다. 왜냐하면 그 안에서 신앙의 대답과 함께 인간의 삶의 질문들이 본질적으로 삶에 가까이 대화가운데 가져오게 되었기 때문이다. 개신교성인요리문답서(EEK)는 이러한 루터적인 전통에 서 있으며, 거기서 총체적인 기독교의 인식을 위하여 개방적이다. 이 책은 그래서 교회연합적인 넓이로써 개신교의 전체를 연결한다.

이 책은 근원적으로 교회의 그룹들이나, 지교회들에서의 사용을 위하여 구상되었으며, 특별히 개인적으로 사용할 수 있는 참고서로 발전하였다. 이같은 방식은 학교실제에서 또한 강하게 요구되었다. 그결과 이 책은 신학적인 기초지식을 전달하는 일에 기여하였으며, 신앙의 관점에서 삶의 중요한 질문과 함께 논쟁하는 일에 자극을 불러일으키며, 삶이 신앙에서 어떻게 형성될 수 있는지에 대한 추진력을 제시한다.

3. 이 책은 어떻게 구성되었는가?

상황과 복음의 소식, 질문과 대답 사이의 상호관계는 각 장(章)에 영향을 미치며, 앞에서 말한 내면 구성체의 3단계 안에 반영된다. 즉 "인지부분"과 함께 차별화된 질문들이 제기되었고, 그것들의 삶의 세계에 사람들을 진지하게 취하였다. "방향부분"에서, 역시 질문이 스스로 새로운 빛 속에서 제기될 수 있는 중심에 가능한 신앙의 대답이 서 있다. 방향은 기초정보들에 따른 필요를 고려하게 되었다. "형성부분"은 그것을 넘어 나아와 가능한 실천적인 효과들에 강조점을 둔다.

그의 큰 구조에서 이 책은 계속해서 신앙고백의 목차를 따른다. "믿음으로 산다"는 신학적인 토대 다음에 "하나님"이란 주된 부분이 따르며, 하나님의 창조로서 인간의 모습과 죄와 죄책이란 주제 다음에 "예수 그리스도"란 주된 부분이 따르며, "세상에서의 삶에 대한 물음"에서 동시에 "교회 안에서의 삶"이란 부분으로 인도하는 "성령 하나님"에 대한 주된 부분이 따른다. 모든 길들의 목표에 대한 전망인 영생은 개신교성인요리문답서 (EEK)를 마무리 짓게 한다.

목표했던 참고서가 가능해지도록 책의 마지막에 상세한 성서목록과 개념들의 목록을 발견할 수 있다. 계속적인 개념들은 작은 신학적인 사전에서 밝혀놓은 것이다. 6판과 7판에서처럼 책 중앙에 컬러로 구별한 교회의 신앙고백들과 가르침의 증거들을 삽입해 놓았다. 본 텍스트의 간단한 사용은 예를 들어, 수업에서나 또는 그룹모임들에서 본 텍스트를 사용할 때는 CD-ROM으로 만든 미디어가 그 사용과 이해에 도움을 줄 것이다.

안드레아스 브룸머
만프레드 키씨히
마르틴 로트앙겔

5. 성령 하나님

5.1 성령에 대한 신앙

인지

"당신은 모든 선한 영들에게서 떠났습니까?"
"너희가 누구의 영의 자녀들인지 알지 못하느냐?"

사람들은 일상의 대화에서 그들이 어떤 상태에 있는지 단지 자체의 능력에서가 아니라, 그들 자신에서 스스로 나오지 않은 행동에 영감이 필요하다는 사실을 기억하고 있습니다. 모두가 평화롭게 살 수 있도록 돌보는 한 사람은 "가정의 선한 정신"으로 불립니다. 단지 승리와 국위 선양이 아니라, 우정과 공정한 시합의 중요함을 우리가 존중할 때, "올림픽 게임의 정신을" 맹세합니다. 그것이 성취되는 곳에서 우리는 "스포츠정신"을 봅니다. 물론 사람들 - 대부분은 오페라 공연이나, 록 콘서트에서, 성공적인 여행이나, 또는 특별한 대자연의 경관 등에서 - "감동된 상태"가 무엇을 뜻하는지는 잘 알게 됩니다.

사람들의 공동생활과 각자의 생활을 위하여 단지 실행할 수 있고, 예측할만한 것에 이를 뿐 아니라, 객관적인 말들이나, 과학의 개념들로 이해하는 것보다 더 많이 이루어지는 경험은 모든 것에서 표현됩니다. 거기 무엇인가 활동에 함께 있으며, 그 활동에 누군가 함께 하는 것을 우리는 "정신"이라고 부르며, 그것을 대상 없이 이해할 수 없으므로 하나의 상(象)을 필요로 합니다.

기독인들은 "성령"에 관하여 말합니다. "거룩한" 것은 하나님께 속합니다. 성령은 하나님의 영(靈)이며, 능력이며, 움직임이며, 동요(動搖)요, 헤아릴 수 없으며 포기할 수 없는 유일한 것은 아니지만, 그러나 함께하여 영향을 미치는 능력, 즉 성령이 없이는 생명이 없으며, - 성령이 없이는 믿음도 없으며 - 성령이 없이는 교회도 없습니다.

사람들은 여러 가지 다양한 경험들을 하나님의 영(靈)과 연결하였습니다. 그들은 이러한 영이 - 중단되지 않으며 비밀이 가득한 - 그래서 마침내 "나는 아버지와 아들과 성령을 믿습니다"라는 말로 고백했던 것이 하나님께 속한 것임을 알았습니다. 성령에 대한 믿음은 기독인 존재의 여러 차원의 관계를 요약하며, 그 때문에 아주 구별된 전승들과 생각들과 프로그램들 안에 표현되었습니다. 그것(믿음)은 전적으로 여러 가지 관심과도 연결되었습니다. 믿음은 핵심에 예수 그리스도를 주님으로 부르는 영(靈)의 자녀들임을 말하고 표현하기를 원합니다.

방향

1. 성령과 하나님의 백성

구약 성서 가운데 아주 구별된 관계들 안에 하나님의 영에 관한 말씀이 있습니다. 거기에 놀랍고 불안스러운 경험들이 표현되는데, 그것들은 항상 인간적인 기대들과 생각들이 첨부되지 않은 하나님의 영(靈)의 활동에 관해 알려줍니다. 히브리말에서 사용된 문법적으로 대부분 여성적 표현인 "루아흐"(ruach)는 근본의미에서 "호흡"과 같은 "바람"입니다. 양자는 어디서 와서 어디로 가는지 비밀스럽게 소리 나는, 바람이 충돌하는 힘으로 생각되었으며, 그것은 느낄만한 숨을 들이쉬며 내쉬는 호흡과 같은 것입니다. 언제 상(象)이나, 실제적인 자연현상들에서 말하게 되었는지는 결정하기가 쉽지 않습니다. 마음대로 조정할 수 없는 바람과 비밀이 가득한 하나님의 영(靈)은 구약 성서에서 저자들의 생각과 느낌 가운데 서로 밀착되어 있습니다. - 성서의 저자들은 하나님의 영인 '루아흐'에 관하여 어떻게 말할까요?

a) 하나님의 영(靈)은 인간들 위에 임하시며, 그들을 변화시킵니다.

그리고 더욱이 갑작스럽게, 그들의 의지(意志)에 반하여. 하나님의 영은 남자들과 여자들을 그들의 익숙한 환경에서 빼내어, 지도자와 예언자로 만듭니다(삿11:29). 하나님의 영은 이스라엘을 해치도록 기획했던 염탐꾼 빌레암(Bileam)을 더욱이 그들이 저주하기를 원하는 곳에서도 오히려 그를 축복하게 합니다(민24:14-16). 그 영(靈)은 하나님의 말씀을 듣는 것과 이해하는 것을 용납합니다. 호세아는 스스로 자신을 "영의 사람처럼"(히브리어, 이쉬 루아흐), 동일하게 "선지자"(히브리어, 나비)로 부릅니다(호9:7).

b) 하나님의 영은 사람들에게 은사를 베푸시며, - 얼마간 역시 영향을 미친 완력으로 작용 합니다.

영(靈)은 삼손 위에 놀랄만한 결과로 임합니다. 그는 젊은 사자를 찢어 죽입니다(삿14:5 이하). 사람들은 엘리야를 두려워하며, '하나님의 영(靈)이 그를 들고 가다가 어느 산에나, 골짜기에 던졌을 것'이라고 말합니다(왕하2:16). 하나님의 영은 시야(視野)에서 전적으로 상반된 가치를 지닌 성격을 증명하는 하나님의 권능의 행위에 대한 동의어입니다. 그리스도 이전 약 1000년 이후에 왕권의 시작과 함께 영(靈)은 왕, 즉 하나님의 기름 부음을 받은 자를 위한 남겨진 은사(恩賜)로 나타납니다. 이러한 의미에서 하나님께서 보내신 백성의 구원자 메시아에 관하여 언급되었으며, 하나님의 영은 그에게 입김을 불어 넣게 된다는 것입니다(사11:1이하). 하나님의 영은 하나님의 일에 도구이며, 인간을 하나님 일에 도구가 되게 하는 것이 분명합니다.

c) 하나님 영의 활동은 이스라엘 백성의 길에 총체적인 결정의 책임자입니다.

이스라엘은 애굽에서 나와 모두에게 기초를 이루는 해방운동을 되돌아보면서 현저하게 고백합니다. "거기서 당신은 바람을 불게 하셨으며, 그 바람이 바다를 덮었습니다. 그들은 권능의 물 가운데서 납처럼 아래로 가라앉았습니다(출15:8-10). 그러한 모습은 노아 홍수의 날에까지 계속 되돌아갑니다. 하나님은 땅 위에 바람(또는 영)이 불게 하시며, 노아 홍수의 물은 가라앉았습니다(창8:1). 여기서 우리는 바람과 마찬가지로 폭풍과 영(靈) 사이에 상반된 감정의 병존(並存)을 만납니다.

d) 자연과 인간 안에 계신 하나님의 영

하나님의 바람, 또는 하나님의 영은 자연의 사건들과 자연에 부여된 것들 배후에 계시며, 이스라엘이 그의 고백 가운데서 하나님을 창조자로 말할 수 있는 것처럼, 그렇게 그것들을 만드십니다. "하나님은 태초에 천지를 창조하셨습니다. 그리고 땅은 황량하고 비었으며, 그것은 깊음 가운데 어두움이었습니다. 그리고 하나님의 영(또는 폭풍)은 물 위에 운행하시더라"(창1:1). 시편 33편은 이것을 전 우주로 확장합니다. 즉 "하늘은 주님의 말씀을 통하여 만들어졌으며, 모든 그의 피조물은 그의 입의 호흡을 통하여 만들어졌습니다(시33:6). 마침내 특별할 뿐만 아니라, 모든 사람이 하나님의 영의 운반자로 여겨졌으며, 그렇게 그들과 함께 생명체로 온전히 일관됩니다(시104:27-30). 시작에서처럼, 그렇게 역시 성서의 관점에서 인간적인 생명의 마지막은 하나님의 영(靈)과 관계됩니다. "거기서 주님은 말씀하십니다. 나의 영은 항상 거기 인간 안에 거하지 않아야 하며, 역시 인간은 육체를 가지고 있기 때문이다."(창6:3).

e) 시대의 마지막에, 그리고 벌써 오늘

히브리어 성서는 세계의 새 창조와 마찬가지로, 완성을 향한 것처럼,

창조를 향하여 전망합니다. 거대한 심판의 날에 영은 결코 이전에 잊지 않았던 것처럼, 쏟아부으시게 될 것입니다(욜3). 요소들의 변화 안에서 존재나, 비존재가 중요합니다. 시편 51편은 인간이 벌써 오늘 새롭게 되리라는 것이 가능하다고 생각합니다. "하나님이여, 내 안에 정한 마음을 창조하시며, 새롭고 불변한 영을 나에게 주소서"(시51:13). 하나님의 영(靈)은 시대들의 마지막에 하나님의 말씀에 적합하게 살아있게 되도록 도우실 것입니다. 즉 "나는 내 영을 너희 안에 주며, 나의 계명 안에서 변화하고, 나의 법을 견지하며, 그에 따라 행동하는 그러한 사람들을 너희 가운데서 만들기를 원한다."(겔36:27).

f) 하나님의 영과 인간의 영의 관계

이것은 달리 결정되었습니다. 이스라엘의 초기 시대에 사람들은 일들에서 다른 영들을 보았으며, 하나님의 선한 영 외에 거짓의 영들, 사람들을 유혹하며(호4:12), 겁을 주며(삼상16:14) 신으로부터 질투하며 악한 영(靈)들이 있음을 알았습니다. 더욱이 때때로 신(神)을 통한 인간적인 영의 완고함에 관한 말도 있습니다. 예수님이 활동하기 이전 시대에 이스라엘은 인간적인 영의 친족을 하나님의 영과 함께 강조되었던 헬라철학과 논쟁해야 했습니다. 그것에 대항하여, 이스라엘 안에 있는 사람들은 하나님의 영과 인간의 영이 동일시 여겨서는 안 된다는 사실을 분명히 했습니다. 선지자들이 더이상 활동하지 않았을 때(비교, 시74:8 이하), 더 후에, 사람들은 문서에 고정된 전통에 강하게 연결되어 자유롭게 속박되지 않은 하나님의 영(靈)을 보았습니다. 사람들이 벌써 성령으로부터 충만하게 되리라는 경험과 같이 이스라엘 백성 가운데서 성장 된 확실성은 메시아가 특별한 방식으로 영(靈)의 소유자가 되리라는 것을 신약 안에서 성령에 관한 말을 형성합니다.

2. 성령과 생명

구약에서 하나님의 영(靈)은 모든 생명의 원천이요, 운반자입니다. 존재하는 모든 것은 자체에서 스스로 나오는 것이 아니라, 현 존재 안에서 부르시고, 그 안에서 보존하는 능력에서 나오게 됩니다. 니케아 신조가 말하고 있는 것처럼, 그는 "살아있게 하는" 창조의 영(라틴어, spiritus creator)이십니다. 그 때문에 시편에서 인상 깊게 기도합니다. "주께서 낯을 숨기신즉, 그들이 떨고, 주께서 그들의 호흡을 거두신즉, 그들은 죽어 먼지로 돌아가나이다. 주의 영(靈)을 보내어 그들을 창조하사 지면을 새롭게 하나이다."(시104:29이하). 성서는 성령의 활동을 말할 때, 자연에서 나오는 생각들을 사용합니다. 영은 호흡의 입김처럼 살아있으며(욥33:4), 폭풍처럼 능력이 충만하며(출15:8), 불과 같이 집어삼킵니다(시18:8-16, 행2:2이하). 성령은 하나님이 모든 것을 생명으로 보존하는 능력입니다. 그것은 생물학적인 현상들에서나, 또는 정신적인 지식이든지 간에, 넓은 의미에서 모든 생명체를 위해서 유효합니다.

그러한 경험들은 우리에게 결코 낯 설지 않습니다. 역시 우리는 인간 스스로에게서 나오지 않은 다른 것에서 그에게로 흘러들어오는 창의력과 놀라운 통찰(洞察)과 선한 행동에 대한 충동, 무엇인가 하나님의 능력을 느끼게 됩니다. 그 때문에 누군가 "묘안"(妙案)을 가졌을 것이라고 말합니다. 성령의 이러한 창조적인 능력은 현세적인 삶에 한정되지 않습니다. 사망에 이르게 된 세계의 한복판에서 성령(聖靈)은 새롭고 불멸의 생명을 만듭니다. 믿음 안에서 기독인들은 이러한 새 생명의 몫을 가집니다. 하나님이 여기서 그의 영을 통하여 시작했던 일을 역시 - 개별적으로, 그리고 세상에서 완성할 것입니다.

"예수를 죽은 자 가운데서 살리신 이의 영이 너희 안에 거하시면, 그리스도 예수를 죽은 자 가운데서 살리신 이가 너희 안에 거하시는 그의 영으로 말미암아 너희 죽을 몸도 살리시리라"(롬8:11).

하나님의 영은 물론 이스라엘 백성에게도, 또한 교회에도 매여 있는 분은 아닙니다. 수백만 명의 아사자들이나, 또는 자연의 지속적인 황폐화의 소식을 알고 있는 수많은 사람은 죽어가는 자들을 살리며, 무너진 것을 다시 세우는 영을 동경합니다. 즉 일상의 폭력에 아무런 도움을 제공하지 못하고 바라만 보고 있는 많은 사람은 용서와 평화의 영이 도우시기를 소원합니다. 만일 우리가 하나님의 창조로서 세계를 파악하고, 하나님의 사랑이 모든 사람에게로 향하여 있음을 기억한다면, 우리는 모든 피조물이 하나님의 영을 통하여 생명의 충만함을 얻게 되기를 바라게 될 것입니다. 우리는 고유한 "영의 소유"에 관계하는 것이 아니라, 우리가 자유롭지 못한 세계에 따라 모든 사람과 함께 나누는 동경을 오히려 기억하게 될 것입니다. 그리고 우리는 말과 행동 안에서 생명을 창조하는 증언에 이따금 빚진 자들인 기독인들의 책무(責務)를 기억하게 될 것입니다. "성령이여 오소서"란 기도는 이러한 영이 동시에 벌써 거기에 계신다는 것과 가장 내면에서 "세계의 정신으로서", 모든 것들이 부딪혀 부서지는 폭력에 대항하여 "우주를 일치단결하는" 모든 사람과 지식 가운데 있는 창조 전체를 위한 간청으로 그렇게 있는 것입니다(G.Mueller-Fahrenholz).

3. 성령과 그리스도

이사야 선지서에서 우리는 하나님의 영(靈)이 부르게 되는 선택받은 자의 기다림을 발견합니다. "이새의 줄기에서 한 싹이 나며, 그 뿌리에서 한 가지가 나서 결실할 것이요, 그의 위에 여호와의 영, 곧 지혜와 총명의 영이요, 모략과 재능의 영이요, 지식과 여호와를 경외하는 영이 강림하리니"(사11:1-2). 영(靈)은 예수의 인격 안에서 새로운 시작을 만들고, 하나님과 함께 뛰어나며 경건한 공동체를 가능하게 합니다. "예수님은 관습에 따라 안식일에 회당으로 가서, 하나님의 말씀을 읽으려고 일어났습니다. 거기서 선지자 이사야의 책이 그에게 드려질 때, 그 책을 펴서, '주의 성령이 나에게 임하셨으니, 이는 가난한 자에게 복음을 전하게 하시려고, 내게 기름을 부으시고, 나를 보내사 포로 된 자에게 자유를, 눈먼 자에게 다시 보게 함을 전파하며, 눌린 자를 자유롭게 하고, 주의 은혜의 해를 전파하게 하려 하심이라'는 성서 말씀을 낭독하셨습니다. 그가 책을 덮어 그 맡은 자에게 주고 앉으시니, 회당에 있는 자들이 다 그를 주목하여 보더라. 이에 그들에게 말하기를 시작하면서, 이 성서 말씀은 오늘 너희 귀에 응하였느니라(눅4:14-21)고 말씀하신 대로, 이사야의 언약은(사61:1이하) 그렇게 예수 안에서 성취되었습니다.

마가복음은 하나님의 영이 예수가 세례를 받으실 때, 임하셨다고 증언합니다(막1:10). 마태와 누가는 그것을 뛰어넘어 성령이 벌써 예수의 잉태와 출생에서 직접 그 일에 임재하여 있었음을 고백합니다(마1:20, 눅1:35). 사도들의 신앙고백은 이것을 수용합니다. 즉 "성령으로 잉태되어, 동정녀 마리아에게서 탄생하였습니다." 예수님은 하나님의 영을 통하여 그의 생명을 우리를 위하여 희생제물이 되었습니다(히9:14). 하나님은 그의 성령을 통하여 무덤에 누워있는 예수를 새로운 불멸의 생명으로 소생(부활)하게 하였습니다.

성령은 독특한 방식으로 예수 위에 임하고, 그를 통하여 역사하며, 사람들을 그리스도를 아는 데로 인도하시기 때문에, 그는 신약성서에서 역시 그리스도의 영으로 불리었습니다. 하나님의 영, 성령, 그리스도의 영 - 등의 여러 이름은 항상 예수 그리스도의 이름과 함께 결부된 하나님의 함께 하심의 동일한 실체(實體)입니다. 그 때문에 요한복음은 성령에 관하여 바로 땅 위에서 예수 그리스도의 대리자에 관한 것으로서 말할 수 있습니다. "그러나 내가 너희에게 진리를 말하노니, 내가 떠나가는 것이 너희에게 좋은 것이다. 내가 떠나지 아니하면, 위로자는 너희에게 오시지 않기 때문이다. 그러나 내가 가면, 그를 너희에게 보내기를 원한다..... 진리의 영이신 그분이 오시면, 그가 너희를 진리 가운데로 인도하실 것이라."(요 16:7-13).

4. 성령과 교회

사도행전의 증언에 따라 부활절이 지난 50일째 되는 오순절 축제 때에 예수의 남녀 추종자들의 무리가 교회를 만들었던 사건이 발생하였습니다. 즉 "오순절 날이 이미 이르매 그들이 다 같이 한곳에 모였더니, 홀연히 하늘로부터 급하고 강한 바람 같은 소리가 있어 그들이 앉은 온 집에 가득하며, 마치 불의 혀처럼 갈라지는 것들이 그들에게 보여, 각각 사람 위에 임하여 있더니, 그들이 다 성령의 충만함을 받고, 성령이 말하게 하심을 따라 다른 언어들로 말하기를 시작하니라."(행2:1-4).

그들은 갑자기 그들 인생에 아주 중요한 일이 일어난 것에 관하여 말할 수 있었습니다. 그들은 여기서 여러 출신과 교육과 관심들과 기대들을 가진 사람들이 함께 들으며, 이해하게 되었던 능력을 감지하였습니다. 다양성에도 불구하고, 그들은 스스로에게서 나오지 아니한 공동의 경험을 하게 되었습니다. 그들은 서로 낯선 언어와 문화 가운데 있었으며, 그렇지만 무엇인가를 함께 가지게 되었는데, 그것은 그들이 듣고 이해했었던 "복음의 소식"이었습니다.

오순절의 기적은 사람들이 사도로 이해할 수 있었던 거기에 있습니다. 이것은 정상적인 상태에 따라 기대한 것이 아니었기 때문입니다. 이러한 방식으로 성령은 통일되게 하는 일에 작용합니다. 성령은 그들의 다양성 가운데서 사람들을 모으며, 그들을 함께 데려오며, 인류의 흩어짐을 제거합니다. 이러한 새로운 공동체가 교회입니다. 그것은 인간적인 결단을 통하여 근거한 것이 아니라, 성령의 활동을 통해서입니다. 그것은 항상 새로운 방식의 경험들을 위한 공간이어야 합니다.

이것은 동시에 하나의 긴장을 만들어내게 되는데, 즉 교회는 그러한 한정된 구조들로서 가지는 변화된 사람들에게서 마음대로 처리될 수 있는 하나의 제도입니다. 동시에 교회는 계획되지 않았던 사건에 근거하며, 예견할 수 없거나, 계산할 수 없는 이와같이 마음대로 처리할 수 없는 지속적인 사건들로써 예상합니다.

5. 성령의 역사(작용)

바울은 "성령의 교제"에 관하여 말합니다(고후13:13). 이 말씀에서(그리스어 koinonia, 라틴어 communio) 두 가지 의미가 울립니다. 즉 할당된 몫과 교제입니다. 사람들은 만일 무엇인가 공동적인 것이 연결되면, 하나의 교제가 이루어집니다. "성령의 교제"는 사람들이 성령과 그의 영향들에서 몫을 가지게 됨과 전적으로 함께 예속된 것을 뜻합니다. 그리고 더욱이 :

세례와 성만찬을 통하여	"우리는 한 영을 통하여 한 몸에 모두 세례를 받았고,... 모두 한 영(靈)으로 마셨습니다"(고전12:13)
복음전파를 통하여	부활하신 자는 제자들을 언약과 함께 파송하십니다. "너희가 성령의 권능을 받고,...내 증인이 되리라"(행1:8)
기도를 통하여	"...성령을 구하는 자들에게 하늘에 계신 너희 아버지가 성령을 주시지 않겠느냐?"(눅11:13)

성령은 예수 그리스도가 우리 사람들에게 말씀하시고, 우리를 위하여 행하셨던 것을 모든 세대와 모든 장소에 함께 하십니다. 그는 인간의 개인적인 응답으로서 믿음을 갖게 하며, 그 안에서 거주하게 되며, - 역시 개인 안에서처럼, 교회의 공동체 안에서도 함께하십니다(엡2:22). 성령을 통하지 않고는 아무도 예수를 주님으로 부를 수 없기 때문입니다(고전12:3).

a) 성령과 말씀

하나님은 인간적인 실체(實體) 안에서 우리를 만나시기 위하여 아래로 향하여 오시는 경향을 지닙니다. 이것은 사람이 되심에서, 하나님의 아들로서 십자가에 달리심에서, 그의 낮아지심에서(빌2:5-11) 온전하고 분명하게 됩니다. 성령은 전적으로 영향을 미치기 위하여 인간적인 말과 세례에서의 물과 만찬에서의 떡과 포도주와 참회(懺悔)에서 위로의 말씀을 적절한 방식으로 사용합니다. 그 때문에 아욱스부르그 신앙고백은 하나님이 성령을 주시는 "수단들"로서 말씀과 성례에 관하여 말합니다(5항).

말씀과 영은 교회의 역사에서 이따금 논쟁 되었습니다. 성서에 문자적으로 기록되었고, 설교 가운데서 전파된 외적인 말씀에 성령이 직접 말씀하시는 내적인 소리가 비교되었습니다. 이러한 이해는 성서에 어떤 문자적인 근거를 가진 것은 아닙니다. 그러나 예수님은 요한복음에 분명하게 말씀합니다. "보혜사 곧 아버지께서 내 이름으로 보내실 성령 그가 너희에게 모든 것을 가르치고 내가 너희에게 말한 모든 것을 생각나게 하리라"(요14:26). 이와 같이 말씀과 성령 사이에 그 어떤 대립 관계가 주어질 수 없습니다.

인간 자체의 생각들과 감정들은 흔들릴 수 있습니다. 그러나 성령이 말씀과 성례 안에서 청취할 만하고, 가시적으로 행하는 것에서 나를 회의(懷疑)에 빠뜨리게 할 수가 없습니다. 하나님이 자신을 외적인 수단에다 연결하는 한, 그는 우리 인간들을 우리의 육체에까지 중요하게 받아들입니다. 말씀과 영의 예속성은 성령의 활동이 예배하는 과정에만 한정되어야 한다는 것을 뜻하는 것은 결코 아닙니다. 성령은 모든 상황을 통하여 온전히 작용하는 것과 창조 전체를 섬기는 일에도 가능성을 열어줍니다.

만일 성령이 그렇게 행하신다면, 예수 그리스도를 통하여 일어났으며, 성서 가운데 우리를 위하여 기록된 그것에서 그분은 결코 모순을 일으키지 않습니다. 그 때문에 성서는 성령의 영향 때문인지, 또는 다른 영향들이 앞서 작용한 것인지를 결정하는 표준입니다.

b) 기도의 영

기도는 종교적인 탁월한 재능일 뿐 아니라, 특별히 경건한 마음을 가진 자의 모습이기도 합니다. 그것은 모든 사람이 하나님과 말하기와 그 하나님에게서 듣는 근본적인 가능성에 속한 일입니다. 그러나 동시에 많은 사람은 하나님 앞에서 자신들의 무능함을 알며, 어떤 말도 할 수 없음과 모든 그들 표현의 부적절함을 알고 있습니다.

바울은 그러한 모습에 대하여 이렇게 말합니다. "이와 같이 성령도 우리의 연약함을 도우시나니, 우리는 마땅히 기도할 바를 알지 못하나, 오직 성령이 말할 수 없는 탄식으로 우리를 위하여 친히 간구하시느니라"(롬 8:26).

성령은 이와 같이 기도의 영(靈)이십니다. 그분은 우리를 하나님과 연결하며, 설사, 그것이 지금 짐을 지고 있는 실수이거나, 위협받는 짐이요, 탄식이거나 역시 감사할만한 환호든 간에 - 우리 인간이 그분에게 맡기기를 원하는 그 모든 것을 그분에게로 가져가는 우리 안에 있는 탄식인 한 능력입니다. - "말로든 말이 없든 간에 - 그의 목표에 이르는 각자의 기도는 말하자면, 우리 안에서, 그리고 우리를 통하여 말씀하시는 우리 존재의 신적인 근거와 함께 재결합하는 일입니다."(P.Tillich).

그 안에서 하나님이 스가랴 선지자를 통하여 말씀하셨던 그 약속이 성취됩니다. "나는 은혜와 기도의 영을 부어주시기를 원한다."(슥12:10).

c) 은혜의 영

하나님 앞에서 말없이 머무는 경험 외에 많은 사람에게 의심의 경험이 나타나는데, 그들이 항상 같은 방식으로 하나님과의 동행과 가까워짐이 분명하지 않을 수 있다는 경험입니다.

죽음 앞에서의 두려움은 예를 들면, 안식에 이르지 못하며, 그 이후에 오는 것에 대한 물음도 역시 아닙니다. 죽음 이후에도 실제로 생명(사는 것)이 있는지? 하나님은 은혜로우신지? 그는 오히려 의로우며 엄하시지 않은지? 내 생의 마지막이나, 또는 시대의 마지막에 실제로 하나의 심판이 이루어졌다면, 나는 그 심판을 통과할 수 있게 될 것인지? 사랑에 대한 나의 노력이 충분하게 되거나, 또는 사랑에 대한 나의 거절은 더 무겁게 측정되는 것은 아닌지? 사람들은 스스로 만들 수 있는 것이 아니라 하나님의 영이 선물하는 그 확실성이 필요합니다. 즉 의심의 한가운데서의 신뢰, 모든 위협적인 물음들에도 불구하고, 확고한 기대 - 은혜의 영이신 그분이 그것을 하나님에게서 그의 사랑으로 보증하며, 평안하게 하며, 신뢰가 충만해지게 하는 것입니다. 바울은 그것을 그렇게 보고 있습니다. "너희는 다시 무서워하는 종의 영을 받지 아니하고 양자의 영을 받았음으로 우리가 아빠 아버지라고 부르짖느니라 성령이 친히 우리의 영과 더불어 우리가 하나님의 자녀인 것을 증언하시나니"(롬8:15-16). ↗**칭의**

d) 사랑의 영

성령의 영향은 하나님과 믿는 자들 사이에 연결에만 한정되어서는 안 됩니다. 예수님의 이러한 영은 기독교의 내적인 사건을 뛰어넘어 나아갑니다. "나를 따르라"고 하신 예수님의 부름(마8:22, 9:9, 16:24, 막2:14, 눅9:23), 그의 비유들과 "가서, 그와 같이 행하라"(눅10:37)고 하신 그분의 요구들은 분명히 하나님과의 교제와 동시에 이웃을 돕고 사랑하는 행위를 향한 방향을 보여줍니다. 하나님과 결합의 확실성으로서 기도와 기독교 공동체 안에서 성령의 작용은 열매를 맺게 되기를 원합니다. 그러한 열매가 예수의 따름 가운데서 이루어지는 이웃을 사랑하는 일입니다. ↗ **사랑**

사랑을 위해서 유효한 것은 기쁨과 인내와 우리 삶의 다른 관점들을 위해서도 효력을 가집니다. 아무도 그것들을 만들 수가 없습니다. 그것들은 하나의 선물입니다. 그것들은 성령이 자라게 하는 열매들입니다. "성령의 열매는 사랑과 희락과 화평과 오래 참음과 자비와 양선과 충성과 온유와 절제니"(갈5:22이하).

영(靈)은 인간 안에 있는 "종교적 영역"으로써는 충분하지 않으며, 그는 인간을 온전히 사로잡고, 그의 삶을 변화시키기를 원합니다. 기독교 신학은 여기서 "성화"(聖化)에 관하여 말합니다. 그것은 모든 우리의 능력과 우리의 의지가 도전을 받게 되며, 역시 실제적 변화인, 경험하는 선물로서의 사고와 태도 방식의 바꿈이 성령의 열매로 경험된 생생한 역동적 과정으로 전개됩니다. 그 때문에 기독인들은 항상 새롭게 성령의 오심을 간구하게 됩니다. 즉 "성령이여 오소서, 믿는 자들의 마음을 충만하게 하시고, 그들 가운데서 당신의 신적인 사랑의 불이 불타오르게 하소서."

e) 영의 선물

성령은 믿음을 불러일으키며, 인간 안에 영의 다른 열매들처럼 사랑이 자라나게 합니다. 그밖에도 다양한 은사들, 특히 공동체 안에서의 섬김과 다른 것들에 대한 섬김에서 사용하는 것들을 그분은 선물하십니다. 바울은 이러한 은사들을 은혜의 선물들로(그리스어 Charisma), 또는 영의 선물로 표시합니다. 열매들과 은사들은 구별되지만, 서로 나누어지게 해서는 안 됩니다. 영의 열매들은 예수 그리스도를 통한 인간의 개인적인 삶에서 새롭게 되는 것과 관계합니다. 은사는 특별히 다른 이들을 향한 섬김에 연관된 것입니다.

은사의 다양함은 영의 선물을 위하여 특징적입니다. 그리스도의 몸으로서 공동체가 살아있으며, 공동체의 과제를 성취하기 위하여, 몸의 지체들, 즉 개별적인 기독인들은 성령으로부터 여러 가지 은사들의 선물을 받게 됩니다. 이러한 방식으로 모두는 서로 보완관계에 있게 되며, 공동체는 각각 개별 지체(肢體)에 의존됩니다. 영의 선물들은 예를 들면, 섬김의 책무, 참여할 수 있음, 자비(롬12:8), 영혼 돌봄의 은사(고전14:3), 기독교 신앙을 계속 전하고 밝혀주는 자질(가르침), 지도력 등입니다. 그러한 자질들은 전적으로 사랑의 은사들로서 하나님의 섬김과 그의 공동체의 섬김에 세워지도록 증명하는 것입니다. 눈에 띄지 않는 이러한 은사들 외에도 역시 더 강하게 나타나며, 특별한 방식으로 효력을 갖게 되는 것들이 있습니다. 바울은 고전 12:7-11과 또 다른 곳에서 예견하는 일과 질병의 치유들, 그리고 방언들을 말합니다. 선지자의 일은 - 루터는 "예언"이라고 번역합니다. - 실제적인 하나님의 말씀을 어떤 때, 공동체에, 그룹에, 또는 개인에게 제시되었습니다. 사람들이 그들이 무엇인가 하나님으로부터 결정적인 것을 말해야 한다는 것을 느낄 때, 그리고 말해진 것들이 상응하는 시험을 겪은 후 이것을 역시 받아들일 수 있다면, 예언은 제시되어 있습니다. 질병의 치유들은 처음부터 기독교적인 확신을 동반합니다. 그것들은 개별 사람들에게 구체적인 도움으로, 동시에 복음의 소식을 확인하는 능력으로 보여졌습니다. 기도와 치유는 빈번히 외형적인 표지와 함께 안수나, 또는 기름 부음과 결합 되었습니다. 하나님의 치료하시는 능력에 대한 신뢰와 의술의 기술적인 요구는 거기서 대립이 아니라, 보완되는 것입니다. 가장 주목을 받게 된 것은 방언의 나타남입니다. 그것을 루터는 "혀로 말하는 것(혀 꼬부라진 말)"으로 번역하였습니다. "글로싸(방언 Glossa)"는 그리스 말에서 "혀"와 같이, "언어"를 뜻합니다. 그것은 말하는 자에게서도, 역시 듣는 자에게서도 대부분 이해되지 않는 말이라는 것입니다. 사람들은 하나님을 향하여 그들의 마음을 쏟아내며, 그것으로 합리적이며, 이해적인 차원(한계)을 뛰어넘게 됩니다. 방언은 하나님께 제기하기 때문에 (고전14:2), 이 말은 의미심장한 방식으로 "언어의 기도"로 번역되었습니다. 바울에 따르면 이러한 은사는 특별히 개인적인 교화(敎化)를 돕게 됩니다. 즉 만일 그렇게 해석되었다면, 그것은 공동체를 유익하게 합니다(고전14:27이하).

은사들은 여러 가지입니다. 그러나 그것들은 동등한 지위를 가진 것은 아닙니다. 주목할만한 재능들의 강조는 공동체에 해가 되는 일에 영향을 미치기도 합니다. 바울은 이러한 분쟁의 위험 외에도 다른 것, 즉 말하자면, 영의 열매와 은사들의 차이점들을 보게 됩니다. "내가 사람의 방언과 천사의 말을 할지라도, 사랑이 없으면, 소리 나는 구리와 꽹과리가 된다."(고전13:1). 사랑은 이와같이 구별된 여러 가지 은사들의 사용을 위한 표준입니다.

6. 영과 자유

"바람은 그가 원하는 곳으로 불게 되며, 너희는 그 소리를 잘 듣습니다. 그러나 너희는 그 바람이 어디서 불어오며, 어디로 가는지 알지 못합니다.

영으로 태어난 것도 그와 같습니다."(요3:8). 말한 것처럼, 히브리어와 그리스어에서도 "영"을 위한 것처럼, "바람"을 위해서 같은 말로 사용됩니다(히브리어 Ruach, 그리스어 Pneuma). 거기서 하나님의 영의 작용이 바람의 자유로움과 비교하는 것이 가깝습니다. 즉 "바람은 그가 원하는 곳으로 분다"는 것입니다. 그것은 바람을 마음대로 조종할 수 있는 것처럼, 우리의 개입을 허용하지 않습니다. 교회 기관들도, 역시 경건의 한정된 형태도 그(성령)를 강요하거나, 또는 그의 활동을 한정할 수 없습니다. 엄격한 형태들의 한복판에서 갑자기 무엇인가가 살아날 수가 있습니다. 영의 부름은 우리가 전혀 기대하지 않았던 한 편에서 나타날 수 있습니다. 성령은 안전하게 형성된 교회 안에서 불안을 초래할 수 있습니다. 그러나 그는 진실한 것을 파괴하지 않으며, 오히려 알지 못하고 있는 그들을 위로하시는 분입니다.

성령의 이름 안에서 역시 자의적이며, 각자의 검토와 관계없는 견해들이 제시되었기 때문에, 전통적인 교회들은 대부분, 그 어디에 성령의 이름으로 새로운 길들이 논쟁 되거나, 새로운 충돌들이 생겨나면, 의심하게 됩니다. 교회들은 "광신주의자들과 주관주의자들"을 두려워했으며, 모든 질서의 혼란에 두려움을 가졌습니다. 이러한 신중함은 이유가 없지 않았습니다. 왜냐하면 "거룩하지 않은" 영이 나타나서, 그리스도에 대한 믿음을 변질시켰기 때문입니다.

그러나 계속되는 의심(회의)은 중단되어야 합니다. 바울은 "성령을 소멸하지 말라!"(살전5:19)고 충고합니다. 그것은 성령에 대한 개방성이 측량할 수 없는 것을 지나치게 배제하지 않는 것과 분명히 불가능한 것을 가능한 것으로 생각하는 것을 뜻합니다. 거기는 그 어떤 위험에 대한 준비가 속하여 있으며, 그러나 순수한 방식은 아니지만, 성서의 비판적인 배후관계에서 판단해야 합니다. 성서신학자 케제만(E.Kaesemann)은 "열광주의의 돌출 없이는 기독교의 자유는 없다"고 하였습니다.

7. 역사적인 신앙고백 안에서의 성령

신앙고백이 성서에 기록된 것처럼, 성령의 경험들은 벌써 신앙고백 안에 요약되었습니다. 곳곳의 교회에서 가장 오래전에 인정된 고백은 니케아(Nicaea, 니케아신조), 또는 콘스탄티노플(Konstantinopel, 니케아콘스탄티아노폴리탄 신조)입니다. 성령에 대한 것을 뜻합니다.

"우리는 그가 주님이시며, 살아있게 하시는 아버지와 아들에게서 나오신, 아버지와 아들과 함께 경배를 받으시며, 영화롭게 되신, 선지자들과 거룩하시며 보편적(낱말 katholische)이며, 하나의 사도적인 교회를 통하여 언급된 성령을 믿습니다. 우리는 죄인들의 용서에 세례를 고백합니다. 우리는 죽은 자들의 부활과 도래하는 세계의 생명(영생)을 믿습니다."

그것은 근본적으로 요약된 초기 세례준비를 위한 학습인에게 가르쳤던 소위 "사도신경"입니다. 성령에 대한 신조는 다음과 같이 고백합니다. "나는 성령과 거룩한 그리스도의 교회와 성도들의 교제와 죄인들의 용서와 죽은 자들의 부활과 영생을 믿습니다."

니케아와 콘스탄티노플의 신앙고백에서처럼, 성령은 교회와 성도들의 교제와 밀접하게 결합 되었습니다. 그것은 피상적인 관찰로 마치나 하나의 평면에 세워지고, 하나님의 영의 자유로운 작용이 제도화된 형태 안에서 붙잡혀진 것처럼, 그렇게 보일지 모릅니다. 그것은 역시 다르게 생각됩니다. 즉 성령에 대한 교회의 귀속은 바로 존재를 미화하는 것이 아니라, 교회를 분명하게 그들의 근원에다 확고하게 자리 잡게 하려는 것입니다. 그것은 하나의 언어적인 관찰을 보여줍니다. 다만 성령에 의한(앞서 아버지 하나님과 아들 예수 그리스도에 의한 것처럼)것을 뜻합니다. "나는 믿습니다……"라고 할 때, 교회는 삼위일체와의 관계에서 동등한 의미로 믿는다고 한 것이 아니라, 어디까지나 성령을 믿는다는 전제에서 교회를 믿는다고 표현한 것입니다(독일어 표현에서 "an"이 빠졌음). 교회 자체를 의지하고, 신뢰하는 것은 하나님 아버지와 아들과 성령이신 세 분의 인격에 의존된 것이지 교회에 의존된 것은 아닙니다. "기독인은 교회를 믿는 것이 아닙니다….그러나 신자는 교회의 실수와 결핍에도 불구하고 그리스도의 영이 활동하는 곳으로서 교회를 고백하는 것입니다."(W. Pannenberg).

독일어 번역에서 에쿠메네(하나됨의 일치, 교회연합)를 위한 어려움이 나타납니다. 즉 로마가톨릭의 영역에서, 그렇지만 개신교의 영역에서 매우 신앙고백의 영향을 받은 것으로 느껴진 "가톨릭적"(katholisch=보편적인)이란 낱말 번역이 사용되었습니다. 그 때문에 여기서 그것은 "나는 거룩한 기독교회인 성령을 믿습니다"라는 뜻입니다.

형성

1. 예배 가운데서의 성령

예배 전체는 벌써 성령이 거기 계시며, 동시에 새롭게 간청한 긴장으로부터 시행되었습니다. 이것은 직접적인 간청으로, 다른 노래들에서 먼저 간접적인 오순절 노래들에서 이루어집니다. 성령은 예배 가운데 여러 곳에 나타납니다. 즉 영광을 찬양하는 가운데서, 신앙고백 가운데서, 그리고 그것들이 예배 시작에서, 기도자들의 끝마침에서, 축복에 사용된 것처럼, 특히 삼위적인 예배 양식 가운데서입니다.

우리가 현재와 성령의 임재 사이의 긴장된 관계를 진지하게 취하게 되면, 그것은 대립 관계를 뜻하는 것이 아니라, 말씀과 성례 가운데서 우리에게 약속하신 그리스도의 현재(임재)를 신뢰하며, 동시에 말씀과 성례 가운데서 성령의 활동을 간구하는 일입니다. 이것은 성찬뿐만 아니라, 모든 예배를 위하여 유효한 것입니다. 특별히 이것은 성령의 경험공간 안에 나타남으로써 이해되었던 세례에 의해서도 주목되어야 합니다(고전12:13). 그러나 마술로 오해되지 않은 영을 부여해 주심의 표지(標識)로서, 세례에 의해서, 그러나 역시 목사안수에 의해서, 안내와 축복들(입교예식과 결혼식)에서 중요한 역할이 이루어지는 예전 과정에서의 안수(비교, 행8:17, 딤후1:6)가 유효합니다.

2. 기독교적인 예술 가운데서의 성령

고대교회의 신앙고백 가운데서 성령은 삼위 하나님의 세 번째 인격으로 이해되었습니다. 그는 이와 같이 비밀이 가득한 능력일 뿐 아니라, 인격적인 관점을 가집니다. 그는 거기서 칭송되었으며, 경배 되었습니다.

능력과 인격으로서의 이러한 이중적인 특성은 기독교적인 조형 미술품 연구에서 성령 묘사의 여러 가지 형태들 안에서 역시 분명하게 될 것입니다. 성령은 성서적 발견에 적합하게 이따금 비둘기나, 또는 불꽃들을 통하여, 종종 물의 흐름을 통하여 묘사되었습니다(주로 예수 세례의 묘사들에 의해서나, 또는 오순절 사건들에 의하여). 그러나 이따금 예를 들면, 그 사이에 서구에서 15세기의 러시아 화가 안드레이 루블레브(Andrej Rublew)의 아주 유명한 성화상(Ikone)에서처럼, 성령(聖靈)은 아버지와 아들과 함께 인격체로 보는 것입니다. 종종 성령은 아버지와 아들과 함께 여성으로도 또한 묘사되었습니다(예를 들면, 바이에른의 우어샬링 Urschalling 교회에서).

3. 성령강림절(오순절) - 성령의 축제

독일말 오순절은 그리스말에서 유래하며, 50일째 되는 날을 뜻합니다. 그것은 유대인을 위해서는 유월절이 지난 후 50일째 되는 날이 생각되었으며, 기독인들에게는 부활절 이후 50일째 되는 날입니다. 유대인들이 유월절이 지난 후 50일째인 "주간축제"(Wochenfest)는 먼저 첫 열매를 수확하는 축제일(비교, 레23:15-17, 신16:9-12)이며, 시내산에서 율법을 부여하심을 기억하는 것과 결부되었습니다. 사도행전 2장에서 누가의 전한 바에 따르면, 사도들이 성령의 부어주심을 경험했던 성령강림절이었습니다. 초기 기독교회는 예수 그리스도의 부활과 성령의 보내심을 함께 가져왔고, 부활절 기쁨의 기간의 50일째 되는 날의 마지막으로서 이런 의미에서 오순절이 축하 되었습니다. 후에 성령강림절(오순절)은 우리가 성령의 부어주심과 그 때문에 교회의 출생일을 생각하고, 성령이 역시 우리에게 새롭게 충만해지기를 간구하는 하나의 독립적인 축제일로 발전하게 되었습니다.

종교개혁의 성령강림(오순절)의 찬송에서:

창조주요, 성령이신 하나님 오소서
인간들의 마음에 오셔서
그들에게 당신의 은혜를 채우소서
그들이 당신의 피조물이심을
당신께서 아시기 때문입니다.

당신은 모든 최고의 값비싼 은사의
위로자로 불려졌기 때문입니다.

그리고 영적인 기름을 우리에게 사용하였으며
살아있는 샘이요, 사랑이요, 불이십니다.

우리에게 아버지를 잘 알게 하시고
예수 그리스도와 그의 아들을 알게 하소서
우리가 온전히 믿는 자들이 되도록
그리고 당신의 영을 잘 이해하도록 하소서

하나님 아버지 찬양하며, 죽은 자 가운데서
부활하신 아들에게도 찬양합니다.
그리고 위로자에게도 그같은 것을 행합니다.
영원까지 모든 사건으로

마르틴 루터

[참고도서]
- 뒤징(Duesing, E.)u.a.: 영과 성령(Geist und Heiliger Geist), 2009.
- 한(Hahn, U.): 성령(Heiliger Geist), 2001.
- 몰트만(J. Moltmann): 생명의 원천(Quelle des lebens).
  성령과 생명의 신학(Der Heiliger Geist und die Theologie des Lebens), 1997.
- 뮐러-하렌홀즈(Mueller-Fahrenholz,G.): 세상을 깨우소서(Erwecke die Welt),
  이러한 위협받는 시대에 하나님의 영에 대한 우리의 믿음(Unser Glaube an Gottes Geist in dieser bedrohten Zeit), 1993.
- 주드브락(Sudbrach, J.): 하나님의 영은 구체적입니다(Gottes Geist ist konkret), 1999.
- 벨커(Welker, M.): 하나님의 영(Gottes Geist), 3.Aufl. 2005.

5.2 삼위일체 하나님

인지

개신교회의 예전(禮典)에서 삼위일체 하나님을 부르는 기도는 확고히 자리를 잡고 있습니다. 즉 예배는 아버지와 아들과 성령의 이름으로 시작합니다. 그것은 3가지 항목으로 아버지와 아들과 성령에 대한 믿음을 말한다면, 사도신경은 삼위의 형태로 기독교 신앙을 요약한 것입니다. 그것은 3가지 거대한 신앙고백의 형제들(개신교, 로마가톨릭, 그리고 정통교회)을 서로 연결하는 니케아 신앙고백을 위해서 유효합니다.

세례가 삼위일체 하나님의 이름으로 시행되며, 그분의 이름으로 남녀 목사들이 설교단 위에서 인사하며, 예배와 기도회 마지막에 회중을 향하여 "전능하시며 자비로운 아버지와 아들과 성령의 하나님이 너희를 지키시며 축복할지어다"란 말로 축복을 비는 것은 특별히 중요합니다.

많은 사람과 적잖은 기독인들에게 이러한 표현 양식이 덜 이해적이며 추상적으로 여겨질 것입니다. 왜 하나님은 이처럼 3가지 방식으로 말해져야 하며, 어떻게 아버지와 아들과 성령의 연관성을 소개해야 하는지?

다른 종교의 구성원들은 교회가 이러한 방식으로 3가지 신들의 경배를 통하여 한 분 하나님에 대한 믿음을 대체하게 되는지를 계속해서 질문합니다.

방향

1. 성서적 배경

신약은 그 어떤 완성된 삼위일체의 이론을 포함하고 있지는 않습니다. 이것은 오히려 첫 세기의 기독인들이 그들 예수 그리스도에 대한 고백이 실제로 하나님에 대한 그들의 신앙을 위해 의미했던 것이 분명하게 되도록 시도했던 오랜 성찰 과정의 결과입니다. 물론 그들은 그것에 대하여 그들 시대의 철학적인 개념들과 세계관들을 사용했습니다. 그렇지만 그것들은 역시 오늘날도 경청에 도움을 주기 위한 동기에서 추진되었습니다. 그것들은 신약에서 삼위적인 사고의 이어지는 단초들로 소급될 수 있었습니다.

a) 하나님 아버지에 대한 예수님의 관계

특이하게도 자주, 내적으로 예수님은 하나님을 그의 아버지로 부르며, 더욱이 신뢰할만한 칭호인 "아바"(Abba, 막14:36)를 사용하며, 하나님을 독특한 아버지와 아들의 관계로 내 세웁니다. 이러한 관계는 요단강에서 예수님이 세례를 받은 후에 하늘의 음성으로부터 상세히 알려졌습니다. "이는 내가 기뻐하는 나의 사랑하는 아들이라"(마3:17) - 예수가 십자가에 달려 죽으실 때도 이방 백부장에게서 인정되었습니다. "진실로 이 사람은 하나님의 아들이었다."(마27:54). 아버지와 아들은 서로를 알고 있습니다(비교, 마11:27). 요한복음은 더욱이 그들의 통일성에 관해서 말하고 있는데, "나와 아버지는 하나이다."(요10:30)란 말씀에서입니다.

하나님에 대한 이러한 특별한 가까움에서 예수는 독점적으로 신빙성 있게 권위적인 하나님의 뜻의 계시자요, 해석자로 이해되었던 것에 근거하였습니다(산상설교). 근사치는 분명히 하나님이 유보했던 죄를 예수가 용서하는 곳에서 나타납니다(막2:7). 가부장적인 거대한 가족에서처럼,

(첫 탄생자) 아들은 아버지의 권위를 대표하는 것처럼 그렇게, 예수는 하나님의 뜻을 현재화하며, 실현합니다. 그 때문에 그의 말과 하나님의 행위는 그의 백성을 위하여 약속된 구원, 즉 "하나님의 나라"와 마찬가지로 "천국"은 시작되었다는 것이 언급될 수 있습니다.

b) "주(主)"님이요, "하나님"으로서 예수

이 모든 것은 아주 탁월한 한 사람에 대한 증언의 찬양하는 높임으로서 파악될 수 있었다면, 일반 추세에 따라 그것을 넘어 나아가는 징후들이 신약성서에 있습니다. 대략 그렇게 예수의 잉태와 출생이 기적적인 성격을 유지했을 뿐만 아니라, 대체로 그의 현세적인 삶 이전의 존재가 생각되었을 때, 특히 예수가 신적인 "로고스"(말씀)와 함께 동일시 여겨졌던 저 유명한 요한복음의 서문에서 아주 인상 깊게 묘사되었습니다. "태초에 말씀이 있었고, 그 말씀은 하나님과 함께 있었으며, 그 말씀이 하나님이었습니다."(요1:1). 신약성서의 다른 곳에서(요1:18, 20, 28, 롬9:5, 딛2:13, 벧후1:1, 요한1서 5:20)는 이따금 예수는 스스로 상세히 "하나님"으로 표시되었습니다.

유대인들에게는 더이상 수용되지 않는 이러한 길이 결과적으로 계속 진전되었던 것은 복음서 가운데서 특히 누가에 의하여 예수는 우선하여 "주님"(그리스어 kyrios)으로 표시되며, 언급된 것이 대체로 강하게 장려되었습니다. 왜냐하면 "주님"(퀴리오스 kyrios)은 히브리어 성서의 널리 확대된 그리스어 번역에서 하나님의 이름으로 표현되었기 때문입니다(오늘날 독일어 루터 성서에서처럼). ╱예수 - 그리스도

c) 예수와 나란히 독자적 판단으로서 성령

오늘날 거의 더이상 상상할 수 없는 방식이지만, 초기기독교 공동체

들은 신적인 영(靈)의 현존(現存)하는 경험으로 이해했습니다. "주님"으로서 예수에 대한 고백이 동기를 부여하며, 거기서 믿는 자들에게 영향을 미친것(고전12:3)과 사람들을 하나의 새로운 공동체로 결속하는 것은 바로 사도행전의 오순절 보도 가운데 교회의 출생장면으로 설명되었습니다 (행2). 세계 안에서 영(靈)을 그리스도나, 또는 하나님의 능력일 뿐만 아니라, 그리스도와 나란히 동등한 신분의 행위판단처로 이해하는 모든 시도의 결정적인 출발점은 요한복음에 적합하게, 그의 높이 들림의 때를 위하여 제자들에게 체포 전에 간략하게 약속하는 "다른 보혜사들"에 대한 어떤 진술들(루터는 위로자로 번역함)입니다. 즉 "내가 아버지로부터 너희에게 보낼 보혜사 곧 아버지에게서 나아오는 진리의 성령이 오실 때에 그가 나를 증거할 것이요"(요15:26), 그리고 "너희를 진리 가운데로 인도하실 것이라"(요16:13). 영(靈)은 이처럼 어느 정도 예수님을 대신하며, 그의 자리를 취하게 됩니다. 예수의 활동이 스스로 영으로부터 영감 되었으며, 인도된 것으로 이해되었기 때문에, 그(성령)는 그것을 수행할 수 있을 것입니다. 먼저 요단강에서 세례 후에 성령은 그의 위에 임하시며(비교, 요1:32, 마3:16), 그의 활동을 시작하십니다.

d) 3가지로 구성된 양식

항상 다시 3가지 구성의 양식, 즉 "아버지, 아들, 영"은 나란히 동등한 신분 관계로 칭해지지 않았다면, 물론 삼위일체론 형성에 이르지도 않았을 것입니다. 그것에 관하여 가장 중요한 것은 분명히 세례의 명령입니다. 즉 "아버지와 아들과 성령의 이름으로 그들에게 세례를 베풀라!"(마28:19). 이 본문의 의미는 과도하게 평가될 수는 없습니다. 그것은 기독교적인 삶의 근원적인 사건으로 세례와의 관계에 있으며, 오늘날처럼, 그 당시에도 재인용 되었기 때문입니다. 그래서 기독교의 예전(禮典)은 항상 다시 한 이름의 삼위 관계를 생각하는 과제를 기억하게 된 것입니다.

2. 역사적인 발전

삼위일체-교리의 온전한 형성에 이르기까지는 역시 긴 여정이 있었습니다.

a) 초기의 시도들

약 200년경 예수의 신성을 개념적으로 더 가깝게 정하려는 첫 시도가 있었습니다. 그것은 이교도의 전통에서처럼, 유대교의 전통에서도 하나의 신성 안에서 주무부서의 다수를 생각하는 것이 대체로 익숙했음에도 불구하고(대략 신적인 "지혜", 또는 신적인 "이름들"), 이러한 시도들은 하나님의 내적인 본체 밖에서 다양성을 엄격하게 멀리하는 관심으로부터 영향을 받게 되었습니다. 대체로 두 가지 모델이 있습니다.

- "양자"(養子)론은 예수의 신분을 그가 세례받을 때 하나님으로부터 아들로 삼은(양자) 그 안에 근거합니다.

- "양태"(樣態)론에 따르면, 법대로 아버지와 아들과 성령은 세상에 나타내신 다만 여러 가지 하나님의 출현방식들입니다. 실제로 하나님은 나눌 수 없는 한 분입니다. 어떤 이들은 더욱이 하나님은 어느 정도 아버지의 모습에서 아들의 모습으로, 그리고 마침내 영(靈)의 모습으로 변화하는 것을 생각하였습니다. 도대체 예수가 어떻게 그의 아버지로 언급되었을 수가 있을까?

양자의 시도들은 하나님은 엄격하게 한 분으로 생각했으며, 아들과 영은 종속의 질서를 통하여 궁극적으로 그로부터 구별했던 공통성을 가졌습니다. 양자(養子)에 관한 상(像)은 예수를 인간의 특별한 품위를 지닌 자로 밝힐 수 있었습니다. 그러나 그가 신적인 진리의 절대적이며 궁극적인 계시자로서 이해하는 것과는 차이가 있었습니다.

b) 325년 니케아종교회의

그리스도의 모습은 신성과 피조물 사이에서 아른거렸습니다. 결정적인 논쟁은 알렉산드리아에서 4세기 초에 사제인 아리우스(Arius)가 예수의 신성에 대하여 논쟁했을 때 발생했습니다. 즉 예수는 하나님으로부터 세상의 창조 전에 피조물이 되었으며, 사람을 창조의 모범이 되게 한 독특한 피조물이라는 것입니다. 그러나 그는 역시 피조물이며, 신(神)은 아니라는 것입니다.

그런 후에, 그러나 그는 - 자신의 반대자들을 향하여 곧 쏟아내기를 - 역시 하나님은 완전하게 알 수 없으며, 우리는 예수의 말과 사역에서 실제로 하나님을 만난다는 것은 결코 분명히 할 수는 없다고 하였습니다. 325년에 아리우스의 가르침은 그 때문에 니케아종교회의에서(콘스탄티노플 근처, 오늘날 이스탄불) 정죄 되었으며, 분명하게 밝혀진 것은 예수 그리스도는 하나님과 "본질에서 하나"라는 사실이었습니다. 그렇지만 이 때문에 사실은 먼저 논쟁이 시작되었습니다. 대체로 사람들은 지금 두 분의 신(神)들을 갖게 되는 것이 아닌가? 반대로 지금 아버지와 아들은 하나의 구별할 수 없는 통일성으로 녹아 융해된 것이 아닌가? 상태는 대략 30년 후에 몇몇 리비아 지역의 감독들은 아들의 완전한 신성(神性)을 이미 수용하고 있었으며, 그러나 성령을 단지 독립적인 것이 아닌 신적 능력으로 이해하기를 준비했던 때보다도 더 복잡하게 얽혀졌습니다. ↗예수 - 그리스도

c) 3가지 영원한 "존재 방식들"과 "인격적 존재들"

교회의 교부인 아타나시우스(Athanasius, 295-372)는 그러한 신중론의 종교적인 폭발력을 다음의 양식으로 제시하였습니다. "그가 자체 안에서 스스로인 것처럼, 성령으로 실현된 그리스도와의 만남에서 실제적이며 본질에서 우리가 하나님을 만나는 것이 아니라며, 우리는 믿음 안에서 실제로 하

나님의 것에 참여하지 못하며, 구원 받지도 못하는 것입니다." 삼위일체론의 형성은 이처럼 역설적인 산술문제의 풀이에 대한 기호에 힘입고 있는 것이 아니라, 깊이 느껴진 종교적인 관심에 힘입고 있는 것입니다.

그의 통일성은 파괴하지 않으면서, 하나님이 자체 안에 3가지 방식으로 존재한다는 것을 생각하기는 어려웠습니다. 이것은 다음의 공식을 통하여 이루어졌습니다. 하나님은 3가지 영원한 "존재 방식들", 또는 "인격적인 존재들" 안에서 자신을 실현하는 "하나의 본체"입니다. 이러한 인격적인 존재들의 각각은 온전히(대략 1/3은 아님), 그들이 서로 이면에 자리하고 있는 것처럼, 그 안에 서로 구별되는 하나님이십니다. 즉 아버지는 생산되지 않았으며, 그는 아들을 "생산하시며", 영(靈)을 "앞서가게" 하십니다. 창조에서 완성에까지 신적인 구원은 모두 3분의 "인격적인 존재들"이 함께 작용합니다. 즉 말씀(그리스도)을 통하여 생겨난(요1:3), 그래서 존재하는 모든 것처럼, 벌써, 첫 창조 전에 "하나님의 영(靈)이 수면 위에서 운행하셨던 것처럼"(창1:2) 그렇게 예수님의 길도 처음부터 십자가와 부활에 이르기까지 성령과 함께 동반되었으며, 우리는 성령의 도움을 입지 않고는 그리스도를 믿을 수가 없는 것입니다.　　↗**성령**

d) 아우구스티누스

위대한 라틴 교부 아우구스티누스(Augustinus, 354-430)는 창조 가운데서 "삼위의 흔적들"을 발견하는 확신에 차 있었습니다. 그는 특별히 인간의 정신 안에 한 방식인 삼위의 모사(模寫)가 존재하는 구조들을 발견하였습니다. 즉 기억과 지성과 의지는 정신의 통일성을 제거하지 않은 3가지 구별된 능력입니다. 인간의 특별한 품위를 드러내는 하나님의 형상성(形像性)은 하나의 삼위의 형상입니다. 그러한 생각들과 함께 아우구스티누스는 "삼위성"은 자체 안에서 더 모순적인 것이 아니라, 전적으로 합리적인 사고(思考)라는 것을 분명히 하기를 원했습니다. 그는 역시 "하나님은 사랑이시다"(요1서 4:6)라는 문장을 삼위 일체적으로 해석하였습니다. 즉 사랑하면서, 사랑받은 본체요, 사랑의 사건이 스스로 사랑에 속한 것처럼, 그렇게 성령은 아버지와 아들과 함께 상호관계에서 사랑하는 그 사랑이십니다.

e) 동방교회와의 필리오쿠베(filioque, 아들로부터) - 논쟁

318년의 니케아-콘스탄티노플의 신앙고백의 원천적인 그리스어 원본에서(NC), 그것은 "아버지에게서 나오는" 성령에 관한 것을 뜻합니다. 지금 라틴 교부이신 아우구스티누스는 영(靈)은 "아버지와 아들의 영"이며, 아버지와 아들은 사랑 안에서 연결되어 있음을 강조하였습니다. 그 때문에 그는 영원히 "양자로부터 앞서가야 합니다." 계속되는 세기에서 니케아 신조(NC)의 라틴어 원본에 "아버지와 아들로부터 나아온(라틴어, filioque)"이란 공식이 만들어졌습니다(교황의 최종적 인정은 1014년임). 그것이 동방교회에 알려졌을 때, 이들은 곧 공동의 신앙고백의 단편적인 변화와 그들의 생각에 아들 아래에다 영을 종속시키는 부적절한 행위에 항거하였습니다. 9세기에 총 주교 포티오(Photio)이래로, 교회의 영적인 실체가 크게 주목되지 않았다는 것이 오늘까지 항상 다시 주장되었습니다. 평신도에 대한 로마교회 성직의 상부질서는, 그러나 역시 프로테스탄트의 개체주의가 "필리오쿠베"를 환원시켰습니다. 반대로 동방교회적인 경건과 신학에서 성령은 그리스도를 과도하게 비추며, 그늘에다 세워놓는다는 것이 서방교회에서는 항상 다시 비판되었습니다.

"필리오쿠베-논쟁"으로서 교회 역사에서 진행된 이러한 충돌의 배후에 신 인식(神認識)에 대한 전망에서 하나의 아주 심오한 차이점이 존재합니다. 즉 구원역사에서 서방교회가 하나님의 본체의 해명을 강조했기 때문에, 그래서 제자들에게 예수의 영을 보내심(요20:22)은 아들에게서 나아온 영(靈)의 영원한 출현에 대한 역 추론을 필수적으로 만들었습니다. 그리고 성서가 스스로 알게 해 주는 것보다 삼위성에 대하여 더 많이 말하기를 금하는 동방교회는 그의 계시의 한가운데 하나님의 본체의 비밀의 성격을 확고히 붙들었습니다. 그리고 요한복음 15:26에서 "아버지에게서 나아오는 영"은 단지 그것을 뜻하는 것입니다. 논쟁의 오랜 세기가 지난 후에 먼저 가장 강화된 교회 연합의 접촉들은 대략 100년 이래로 다시 질문의 움직임을 초래하였습니다. 서유럽의 신학에서 삼위일체론이 새로운 토대들 위에서 제기되었던 것은 대체로 가볍게 되었습니다. 거기서 자체 전통들은 역시 비판적으로 검토될 수 있었습니다. 어떤 서방교회들, 고대가톨릭(Altkatholik)과 부분적으로 성공회들은 그사이에 "필리오쿠베"(아들로부터)의 낭송을 포기하였습니다. 즉 로마가톨릭교회와 종교 개혁적인 교회들에서도 토론이 아직 끝나지 않았습니다. 여러 가지 입장들은 이미 분리되지 않았던 교회에서도 생겨났으며, 수용되었기 때문에, 그들은 역시 오늘날 교회 분리에 대한 어떤 근거도 더 이상 필요로 하지 않습니다.

f) 종교개혁자들

그들은 삼위일체 하나님에 대한 고대교회적인 신앙고백을 상세히 넘겨받고서, 항상 민감하게 된 삼위 신학적인 사색들에 대립적으로 적용했습니다. 즉 "신성의 비밀들은 연구하기보다 경배하는 것이 더 좋습니다."(Ph.Melanchthon, 멜란히톤). 삼위일체론은 "오직 그리스도 때문에 믿음으로의 칭의"의 종교 개혁적인 핵심질문에 완전히 배열되었으며, 하나님이 거리낌 없이 죄지은 인간의 구원을 위하여 주저 없이 무조건 결정했던 것을 보여야 합니다. 즉 십자가에 우리를 위하여 희생하였던 그분이 실제로 하나님이었기 때문에, 그러므로 우리는 사랑하는 자로서 그리스도 안에서 계시하신 그 하나님 배후에서 동시에 더 이상 다른 한 분 즉, 은혜 없는 하나님을 두려워하지 않아야 하며, 하나님의 사랑은 궁극적인 말씀이라는 것을 신뢰할 수 있을 것입니다.

g) 삼위일체 교리에 대한 종교개혁 이후의 비판

이미 종교개혁이 지난 1세기경에 삼위일체 교리에 대한 철저한 비판이 있었습니다. 즉 그것은 하나님의 통일성을 파괴하며, 모범적인 인간 예수에게서 기이한 신적이며-인간적인 혼합의 본체로 만든다는 지적이었습니다. 계몽주의 안에서 비판적인 소리들이 더 커져 갔습니다. 즉 삼위일체 교리는 단지 교회의 권위에 기인하며, 이성의 편견 없는 형태 위에서 방어하지 못하는 낡은 교리학의 부분으로 보이게 되었습니다. 역시 그것은 삶에서의 방향설정을 위하여 완전히 무익하게 되었다는 것입니다. "삼위일체 교리에서 문자적으로 취했다면, 실천을 위해서는 전혀 아무것도 만들지 못하게 한다는 것입니다."(Kant). 아주 비슷하게 경건주의의 몇몇 대변자들 역시 삼위일체 교리의 의미가 개별적인 신앙의 삶을 위해서는 아주 미미한 것으로 어림잡기도 하였습니다.

h) 20세기 - 삼위일체 교리의 부활

20세기에 삼위일체 하나님에 관한 가르침이 놀랄만하게 부활했었다면, 그것은 역사의 바퀴를 현대의 뒤편으로 되돌리려고 일어난 것은 아니었습니다. 하나님을 세 분이면서-한 분으로 생각하는 이러한 새로운 시도들은 하나님으로부터 스스로 작용한 만남으로서 예수 그리스도 안에서 접근했던 종교적인 경험들을 해석하도록 돕기를 원했던 것입니다. 그리고 그들은 한 분 고귀하신 하나님, 그는 추상화된 관념으로 분명한 거리에서 나아와 인간의 운명을 인형의 끈으로 조정하며, 그들에게서 실제로 참여의 몫을 취하지 못하는 것처럼, 그러나 "저편의 별들의 천막"(Schiller)처럼 멀리 계시는 하나님의 이해를 막으려 했던 것입니다.

i) 유대인과 무슬림과의 대화에서

이미 중세기에 유대인과 무슬림은 세 분이 하나인 하나님에 관한 말로써 단일 신론과 작별하는 기독인들을 비난하였습니다. 도대체 거룩한 삼위에 대한 고백은 참으로 '세 분 - 신들 - 신앙'으로 귀결되는 것은 아닌지?

오늘날 역시 나사렛 예수와 성령의 신성에 대한 기독교의 고백은 종교들의 대화에서 중립적인 주제가 되며, 또한 무슬림처럼 유대인에게서도 충돌하는 돌이 되기도 합니다. 즉 "그리고 말하지 마시오, 세 분. 중단하시오, 그것이 당신들에게 더 좋을 것이오. 하나님은 유일한 분입니다…그리고 그가 한 아이를 가지는 것은 고귀한 일입니다"(코란 4장 171).

어떤 관점은 - 그것은 코란(5장,116)에서 가정된 것처럼, 하나님과 예수와 마리아에게서 삼위의 오해로 인한 암시처럼, 거기서 상대적으로 쉽게 수정하는 것이기도 합니다.

어떤 의미에서 역시 삼위일체 하나님에 대한 고백이 단일 신론의 고백인지를 기독인들이 밝히려 한다면, 어쨌든 간에 하나의 수준 높은 과제가 제기됩니다. 여기에 알려줌과 접근 때문에 신앙의 중심인, 즉 인간이 되신 하나님에 대한 고백은 더 불분명하게 하거나, 약화하는 위험이 놓여 있습니다. 그 대신에 기존하는 긴장들을 견뎌내며, 아마도 "세 분이신-일자(一者)"로서 하나님에 대한 고백이 무엇을 뜻하는지를 더 정확히 이해하는 것은 크게 기대할 수 있는 길일 것입니다. 하나의 보기와 사고의 자극으로서 예배의 예전 시작을 암시된 것으로 여깁니다. 전통적인 형태는 기독교 밖에 있는 자들에게 하나의 세 분-하나님-신앙의 느낌을 재빨리 중재할 수 있습니다. 즉 "아버지와 아들과 성령의 이름으로". 더 분명하게 말해주는 것은 "하나님 아버지와 아들과 성령의 이름으로", 또는 "우리에게 아버지와 아들과 성령으로 만나시는 한 분 하나님의 이름으로"란 표현이 더 분명하게 될 것입니다.

3. 한 분 하나님과 세 분의 신적이며 인격적인 존재들

사람들은 거의 당연하게 일반적으로 3가지 "신적이며 인격적인 존재들"에 관하여 말합니다. 이것은 벌써 고대교회의 신학자들이 알았던 것처럼, 결코 문제가 없었던 것은 아닙니다. 그것과 함께 인간적인 개별화에 대한 하나의 유비(劉備 Analogie)는 거의 피할 수 없게 될 것이기 때문입니다. 영(靈)이 이러한 모델에서 불충분하게 첨가하기를 원하는 것을 역시 외면했을 때, 대체로 하나님의 통일성은 질문이 될 것입니다. 그 때문에 여러 신학자는 경향적으로 아버지와 아들과 영의 고유성을 한정하지 않는 채, 머무르는 추상적인 "존재 방식들"이란 표현을 더 좋아합니다. 여기서 대략 아우구스티누스가 인격-개념을 사용하도록 권고했던 것으로, 그러나 다만 대략 무엇인가를 말하며 온전히 침묵하지 않도록 개념적으로 말할만한 것의 한계들이 나타납니다. 물론 벌써 새로운 철학적인 인간학에서 인간적인 인격들이 서로 독립적인 실체로서가 아니라, 자신 스스로 그들과 그들의 관계들 안에서 다른 이들에게로 넘어오는 관계의 본체로(그들의 잃어버릴 수 없는 고유한 품위의 상하지 않음)서 이해되었다면, 역시 하나님의 통일성은 그들의 실체가 이러한 그들 상호 간의 관계들 안에서 갖는 세 분의 인격적인 존재들의 관계 사건으로(교제) 생각되었을 수 있습니다.

적어도 하나의 어려움은 거기서 남게 되는데, 즉 엄격한 의미에서 우리는 다만 인간적인 인격의 유비(類比)에 따라 아들을 인간적인 하나님의 용모(容貌)로 우리에게 소개할 수 있을 것입니다. 만일 우리가 하나님을

(또한 아버지로서) 추상적이 아니라, 아버지와 아들과 영으로서 구체적으로 경험하며 고백할 수 있다면, 그것은 우리의 하나님 이해를 위하여 무엇을 뜻할까요? 그것은 아버지와 아들과 영이신 한 분 하나님을 위하여 무엇인가요?

a) 아버지 하나님

예수가 하나님을 그의 아버지로 부르며, 제자들에게 같은 것을 행하도록 가르쳤다면, 하나님은 모든 존재하는 것들의 중립적인 근거로서, 또는 자의적으로 그의 피조물들 위에 지시하는 누군가로서 동시에 밝게 드러난 전능자로 보이지 않습니다. 아버지의 상(像)은 - 한 가부장적인 거대한 가족 수장(守將)의 의미에서 문화 역사적으로 이해된, 그리고 현대 소가족의 성인 남성적인 구성원의 의미에서도 아닌 - 그의 피조물과 그들의 행복과 함께 그의 내적인 결합을 위한 하나님의 포괄적인 배려를 나타냅니다. 사람들이 그들 삶에 대한 책임을 박탈하게 되는 것이 아니며, 반대로 그 책임을 아버지 - 하나님이 진지하게 취하시는데, 그들이 하나님 앞에서 책임을 다해야만 하는 것입니다. 그들은 이러한 책임에 두려움 없이 눈여겨볼 수 있을 것입니다. 그것이 예수 그리스도 안에서 분명하게 되는 것처럼, 그들이 그의 아버지의 자비와 그의 죄 용서에 대하여 신뢰해도 좋을 것이기 때문입니다.

b) 아들이신 하나님

하나님이 아버지일 뿐 아니라, 역시 아들이라는 것은 하나님 이해를 위하여 거의 과도하게 평가하는 결과들을 가질 수는 없습니다. 예수님의 말씀과 사역과 운명은 한 인간의 역사일 뿐 아니라, 이러한 역사 없이 하나님으로부터 스스로 적절하게 말해질 수 있는 것은 아닙니다. 대략 하나님의 전능하심이 뜻하는 것은 예수님이 철저한 십자가의 무력함을 인내하신 것에 관하여 더 이상 독립적으로 이해될 수는 없는 것입니다. 하나님의 전능은 심연(深淵)과 피조물 존재의 놀람이 그를 접촉하지 않게 하는 것이 아니라, 그 하나님이 이러한 놀람에다 스스로 자신을 내맡기고, 이러한 심연에서 그의 피조물에 연대하여 가까이 머무는 자질과 의지를 지닌 것임을 뜻합니다. 죽음은 한 번도 하나님의 사랑으로부터 우리를 떼어놓을 수 없다는 것을 바울은 기록합니다(롬8:38이하). 예수가 십자가에서 인간적인 죄의 파괴적인 결과들을 자신이 짊어지고, 전적으로 인간들을 하나님과 화해하셨던 것을 주목하는 것 없이 하나님의 의(義)는 축소된 채 해명될 뿐입니다. 그 이유는 하나님은 아들이시기 때문에 - 루터의 종교 개혁적인 결정적 통찰로써 말한다면, - 하나님의 의를 향하여 우리의 깨어진 모습을 비추는 거울로서만 우리에게 나타나는 것은 아닙니다. 그리스도의 면전의 거울에서 우리는 하나님이 우리에게 그의 의(義)를 징계로 내밀며, 보류한 것이 아니라, 그가 우리의 죄에도 불구하고, 우리를 받아주시기 때문에 그 의(義)가 우리에게 값없이 주어진 선물임을 더 많이 알게 됩니다. 그 때문에 예수님을 하나님의 인간적인 용모(容貌)로서 표현하는 것은 거리감이 있는 것이 아닙니다. 이러한 용모는 그 배후에 실제적인 하나님이 숨어계시는 그 어떤 희미한 마스크의 모습이 아닙니다. 그가 어떠한지, 하나님은 그렇게 나타납니다. 그것은 하나님으로부터 그의 인간적인 모습에 관하여 독립적으로 적당히 말해질 수 없다는 것보다는 아무것도 다르지 않음을 뜻합니다. 반대로 그것은 능가할 수 없으며 깰 수 없는 방식으로 그리스도를 통해서 하나님께 가까이 있는 사람들을 위한 것임을 의미합니다. 이것은 하나님의 인간 됨을 축하하는 바흐(Bach)의 성탄의 오라토리움(Oratorium)이 "인간 세대는 하나님에 의하여 그의 자리를 가진다"란 말로 끝날 때 표현되었습니다.

c) 성령이신 하나님

신약은 인간들이 그들의 마음에서 그리스도 안에 나타난 구원을 개별적으로 경험하도록 성령 안에 계신 하나님을 그렇게 가깝게 봅니다. 이러한 성령은 하나님이 계시한 자로서 예수를 위하여, 그리고 "하나님의 자녀로서" 서로를 위하여 인간들의 마음과 눈을 열어줍니다. 바울은 기독인의 공동체(고전12)를 하나님의 영에 사로잡혀 여러 가지 은사들을 가진 사람들로 형성되어 살아있는 사회적인 "그리스도의 몸"으로 묘사합니다. 그것들은 일반적으로 미미하게 주목된 자질들인 바로 "성령의 은사들"입니다. 하나님이 스스로 성령이신 것은 그가 교제를 선물할 뿐 아니라, 역시 그가 교제이심을 뜻하는 것입니다. 하나님은 다른 이들을 위하여 자신을 개방하는데, 그 이유는 그분이 동시에 자체 안에서 스스로 사교적이기 때문입니다. 하나님은 홀로 자체 안에서 스스로 안식하시는 "절대적인 인격체"가 아니라, 자신을 뛰어넘어 밀치고 들어가, 항상 새로운 관계를 찾으시는 관계의 사건입니다. 하나님은 영이십니다(요4:24). 그것은 역시 즉 하나님이 각자에게, 각 개별적으로 특별한 방식으로 자신을 밝히는 것을 뜻합니다. 하나님이 우리에게 영접받는 것처럼, 우리가 하나님을 주관적으로 경험하는 것처럼, 그것은 (짐작하기로) 객관적인 교리의 결코 두 번째 등급이 아닙니다. 예수 안에 나타난 그 새로운 생명은 "성령 안에서" 여러 영역으로 확대되는 것이며, 구체적인 모습들의 거대한 다양함을 인정합니다. 그것이 "살아있게 하는" 영(靈)이라면(고전15:45), 이러한 "영 안에서 생명"은 형태들에 대한 풍성함과 다양한 관계들을 위한 개방을 통하여 특징지어졌습니다. 그 "하나님의 나라"는 단일문화로만 형성될 수가 없습니다. 개별적인 하나님 경험의 다양함은 사람들이 갖은 수단을 통하여 해결해야 하는 결핍을 표현하는 것이 아니라, 항상 다시 새로운 하나님의 경험들에서 자랄 수 있을 그 풍성함을 표현합니다. 이러한 관점에서 신앙 고백들(그리고 신앙고백들 내면에서 여러 가지 그룹들)의 교회 연합의 다양함은 또한

"성령의 선물"입니다.

4. "아버지"와 "아들" - 남자들의 하나님?

우리가 초월적인 세계의 하나님에 관하여 말하려 할 때, 우리의 인간적이며 피조물의 경험세계에서 나아오는 상들을 우리는 인간으로서 다시 붙들어야만 한다는 것이 자주 정당하게 강조되었습니다. 그러한 말은 신비적인 침묵이 유일하게 적절한 종교적인 태도로서 남아 있지 않아야 한다면, 어쨌든 역시 충분하지 않으며, 피할 수 없는 것입니다. 그러한 방식의 진술들은 표현에서, 그러나 항상 다시 은유적인 형태에서 하나님에 대한 무엇인가 실체를 초래할 것입니다.

만일 인격적인 영역에서 나온 형상들에서 하나님에 관한 말이 있다면, 이것은 특별히 불확실하게 될 것입니다. 인간적인 인격들에 관해서는 항상 다만 성(性)적인 차이들의 조건들에서만 말해질 수 있기 때문입니다. 그들은 남성적이거나, 여성적입니다. 이러한 차이는 역시 하나님에 관한 말에서도 새겨져 거부할 수 없게 될 것입니다. 지금 기독교를 위한 표준적인(성서적이며 신학 역사적으로) 텍스트들은 의심 없이 성의 관계가 가부장적으로, 즉 남성 지배적인 의미에서 형성되었던 시대에 생겨났습니다. 그 때문에 하나님에 관하여 남성적인 상들로 언급되었던 것은 이상하지 않습니다. 항상 다시 분명하게 강조된 것은 아버지-이름과 함께 하나님은 남성적인 성을 가진 분이라는 전제가 결코 결합되지 않았다는 것입니다. 그러나 특별히 여성 신학자들은 지난 수십 년 동안 가부장적인 구조들이 하나님의 성초월(性超越)로부터 드러난 확실성으로서 멀리할 수 있는 것보다도 기독교적인 하나님의 말과 신학의 근본토대 안에 아주 더 깊게 뿌리내렸다는 사실을 밝혀내었습니다. 대략 하나님의 "주권"-통치에 관한 총체적인 언어와 사상은 가부장적인 것으로 비판되었습니다. 안수와 결부된 교회 직무가 오랜 기간 예수님이 남자를 사도들로 제정하셨다는 것 때문에 논쟁 된 것이 아니라, 특히 하나님은 당연히 한 남자의 모습에서 인간이 되셨기 때문이었다는 사실이 역시 기억되었습니다.

종교적인 언어의 가부장적인 각인(刻印)으로 이러한 시각에서 어떤 결론들이 이끌어져야 하는지는 매우 논쟁 되었습니다. 어떤 이들은 여성적인 메타포(은유)들을 확대하기 위하여, 불균형을 평준화하려고 하나님에 관한 다른 말을 요구하였습니다. 대략 그렇게 하나님의 "모성"(어머니 하나님)에 관하여 언급되었거나, 또는 "영"을 위한 히브리말이 여성이며, 구약에서 영(靈)도 분명히 여성적인 관계들이 증명된다는 것을 참조하도록 지시되었습니다. 다른 이들은 이러한 입장에 대하여 경고하기도 했습니다. 그 이유는 하나님 상(像)에서 대체로 강하게 성적인 관계들이 새겨졌기 때문입니다. 그리고 어떤 이들은 그 대신에 그들의 가부장적인 유사성이 벗겨진 것에 대한 염려를 위임으로 책임 있게 주목한 하나님에 대한 전통적인 "남성적인" 은유들로서 짊어져야 할 것을 변호합니다. 다시 다른 이들은 그러한 문제들이 하나님에 관한 인격적인 말의 한계를 가시화시킨다는 것을 암시해 주며, "존재 자체"나 또는 대화 가운데서 "존재의 근거"처럼 "비인격적인 형태"를 초래합니다.

이러한 토론을 위하여 삼위일체 교리는 적어도 의미에 관한 자리에 있을 수 있습니다. 하나님이 말하자면, 다만 삼위적인 관계의 사건 안에서 경험될 수 있다면, 이로써 어쨌든 모든 다른 것을 만드시고, 그의 권세를 무조건 내던지는 가부장적인 전능하신 하나님의 생각은 역시 비인격적인 능력의 개념처럼 제외되었습니다.

형성

1. 예배에서의 삼위의 찬양

이해의 능력이 한계에 직면하는 곳에서, 그것은 이따금 입술에서 당연한 것처럼, 기도와 노래들 가운데로 나아갑니다. 즉 기독인들은 삼위일체 하나님을 부르게 됩니다. 감사와 간구는 항상 새로운 진술들로 나타나는 것처럼, 그렇게 그들은 하나님의 경험을 표현하려고 하나님과 다른 길로 항상 새로운 접근을 추구합니다. 많은 기도 가운데서 하나님의 부르심은 거의 예외 없이 "아버지와 아들과 성령" 사이에서 교환됩니다. 어떤 사람들은 어려움을 겪는 기도의 이러한 경험들은 얼마나 하나님과 예수가 상호 교대 관계로 표현되며, 그들 이면에서 분리되지 않는 것을 우리에게 보여줍니다.

하나님 아버지에게로 향한 많은 기도는 "예수 그리스도, 우리 주님을 통한" 말들과 함께 결정되었습니다. ↗예배

2. 예술 가운데서의 삼위성

기독교의 하나님 상(像)에서 삼위성을 위한 상징적인 표현들을 찾는 일이 가깝게 놓여 있습니다. 특별한 확대는 동시에 삼각 모퉁이를 발견했으며, 대부분 광채나는 왕관으로부터 둘러쳐 있습니다. 즉 유일한 분의 3가지 모습입니다. 통일의 상들 옆에 삼위성의 모습들이 나타납니다. 러시아의 화가 루블예프(Rubljew)의 성화상(1410년경)은 유명합니다. 그것은 아브라함에 의하여 식탁에서 앉아있는(창18) 아이들의 얼굴을 가진 3명의 천사와 그들 앞에 성례의 선물인 떡과 잔을 보여줍니다. 그렇게 하나님은 "3가지 모습"으로 인간들에게 다가오며, - 그 당시 아브라함에 의한 것처럼 - 탈출 길이 없는 것에서 끌어냅니다.

서방에서 두 가지 다른 상들을 발견했습니다. 즉 왕관을 쓴 옛사람의

모습으로서 하나님 아버지는 아들이 매달린 십자가를 위에서부터 둘러쌉니다. 양편 위에 성령은 비둘기의 모습으로 매달려 있습니다. 이러한 상(像)은 - 히9:5에 따라 "은혜의 보좌"로 불렸으며, - 하나님 "아버지"가 어떤 사랑으로 세상을 향하시며, 더욱이 고난과 죽음 안에서 행하신 것을 특별히 분명하게 합니다.

중세기는 두 분이 나란히 앉아있는 수염 달린 남자로서 삼위성을 보여줍니다. 이처럼 관찰자로부터 오른편에 노인이 있으며, "그의 오른편에서", 이와 같이 관찰자로부터 왼편에 아들이 앉아있습니다. 비둘기는 양자 위에 매달려 있습니다. ╱그림 예술

3. 삼위성의 축제

오순절이 지난 주일에는 가톨릭처럼, 개신교도 성 삼위성의 축제를 기념합니다. 1334년 교황 요한 22세를 통하여 로마 월력에 도입되었으며, 18세기 이래로, 오늘의 일자가 풍습이 되었습니다.

교회력에서 더 직접 성서적이며 구원 역사적인 관련이 적용되지 않기 때문에, 교회 월력의 축제들에서 "삼위성"은 소위 "이상적인 축제들"로 헤아립니다. 이것은 어떤 특별한 풍습이 생겨나며, 오순절 이후 주일이 지금까지 어떤 민속적인 축제가 될 수 없었음을 밝힐 수 있었습니다. 그렇지만 일요일의 헤아림을 위해 관련 점으로서 성 삼위의 축제는 교회 월력의 마지막까지 더 많이 헤아려졌습니다(삼위일체주일 이후). 아마도 삼위일체주일을 신앙고백의 주일로 축하하는 시도는 하나의 시발점을 제시합니다. 그렇지만 기독교 신앙은 삼위일체 하나님에 대한 고백과 함께 요약되었으며, "바로 그 점"에 이르게 되었습니다.

그래서 그것은 전적으로 의미 있고, 여름 계절 기간의 문턱(시작)에서 이 주일은 더 가까이 놓이게 됩니다. 입교의식이나, 세례의 기념일이나, 입교식의 기념 축제와 연결하는 일이 어떤 지역교회에서 이루어지기도 합니다.

4. 한시적인 접근, 삼위일체 하나님 - 사교적인 신성

"사교적인 신성
이와같이 처음에, 관계
처음에, 리듬
처음에, 사교성
그리고 사교성, 말씀
그리고 사교성이 만드신 사역에서
사교적인 신성은 새로운 교제를 찾았습니다.
접촉의 두려움들도 아니며, 계급적인 태도들도 아닙니다.
기쁨 앞에서, 생명 앞에서 진동하는 하나의 신성
그것은 모든 것에서, 모든 것을 뛰어넘기를 원합니다.

쿠르트 마르티(Kurt Marti)

[참고도서]
- 그레쇄케(Greshake,G.): 삼위일체 하나님(Der dreieine Gott), 2007.
- 콜러(Koller,D.): 삼위적으로 믿기와 기도하기와 생각하기
  (Trinitarisch glaunem, beten, denken), 1999.
- 몰트만(Moltmann,J.): 삼위 하나님의 역사에서(In der Geschichte der dreieinigen Gott), 1991.
- 몰트만(Moltmann,J.): 삼위와 하나님의 영(Trinitaet und Geist Gottes), 3.Aufl.1994.
- 뮐히링-슐라프콜(Muehling-Schlafkohl, M.): 하나님은 사랑이시다(Gott ist Liebe).
  하나님에 관한 삼위적인 말씀의 모델로서 사랑의 이해에 대한 연구
  (Studien zum Verstaendnis der Liebe als Modell des trinitarischen Reden von Gott),
  2.Aufl. 2005.

6. 교회 안에서의 삶

6.1. 교회

6.1.1 교회 - 믿는 자들의 공동체

인지 ─────────────

1. 견해

"나는 교회로 갑니다." - 이 말은 내가 교회 건물을 구경하러 간다는 것을 뜻합니다. 또는 나는 예배에 참석하러 간다는 뜻일 수도 있습니다. "나는 교회에 속한 자입니다." - 이 말은 나는 지역 교회공동체나, 독일의 각 주(州)에 있는 교회들에 속해 있음을 표현한 것입니다. 또는, 내가 가톨릭교회나 정통교회와 구별하여 개신교회에 속하여 있음을 나타낸 것입니다. 또는 이 말은 "나는 기독인입니다"란 것을 밝힌 것입니다.

↗ 소(小)신앙고백서

2. 다원화

지난 세기 동안에 기독교적인 영향을 받은 나라에서 큰 교회들이 종교적인 독점권을 가졌던 반면, 오늘날에는 다양한 종교적인 가능성이 발견됩니다. 즉, 기독교 내에서도 새로운 공동체가 형성되었습니다. - 예를 들면, 자유로이 형성된 그룹들과 공동체의 모임들이나, 기독교 밖에 있는 종교로 비밀종교(Esoterik)단체, 그리고 유럽으로 이주해 온 자들에 의하여 생겨난 다른 종교형태들입니다. 그 외에도 종교적인 공동체와는 연결되지 않는 많은 사람이 있습니다.

독일에 - 2008년의 종교통계의 결과에 따르면 - 주민의 약 1/3이 무 종파 자들인데, 이들 중 2/3 정도는 종교가 없는 자들로 분류됩니다. 이런 사실 역시도 근본적으로는 종교적 사회화의 약화 현상과 관계된 것입니다. 종교적 견해나 비종교적인 견해, 종교적 삶의 방식이나 비종교적 삶의 방식이라는 다원적인 사회 모습은 다수의 사람에게 정상적인 것으로 느껴지고 수용되었습니다. 이러한 다원화와 특히 신앙고백이 없거나 무종교인 사람들의 비율은 우리 생활 가까이에서 다른 견해를 지닌 자들과 비판적인 대화를 하고 있으며, 그것은 기독교 신앙을 전파해야 하는 우리에게는 교회의 도전이 분명합니다. ╱ 교회에 대한 문의

3. 개인과 사회제도

현대사회는 전적으로 개별적인 인격 - 개인 - 그리고 사회는 분리하도록 특징 지워져 있습니다. 이러한 분리의 특징은 모든 사회적인 제도들에 영향을 미치고 있는데, 예를 들면 정치적인 당파나, 노동단체나, 교회에도 영향을 미치고 있습니다. 제도는 구성원에 대한 결합능력을 상실해 버렸으며, 제도 자체가 경쟁적인 상황에 놓여 있음을 재발견합니다. 어떤 형태와 밀도로 사회적인 제도 안에서 의무를 짊어질 것인지는 개인이 스스로 결정합니다. 개인의 역할은 교회라는 제도 안에서도 역시 동일합니다.

종교 사회적인 진단에 따르면, 이것은 많은 청소년이 신앙과 교회 사이에서 차이를 경험하고 있다는 것을 방증합니다. 청소년들은 하나님 사랑을 증언하는 교회의 요구와 그 실체(實體) 사이에 틈이 생겼다는 것을 발견합니다. 그 밖에도 청소년들은 그들의 신앙이 종교의 제도로부터 독립적으로 발전하기를 원합니다. 그들은 교회 생활에 참여할 수 있는지, 어떻게 참여해야 하는지를 스스로 결정하기를 원합니다. 이러한 태도는 기

독교 신앙이 그들에게 충분히 전달되지 않았기 때문에 생겨나는 것이 아니라, 개인과 사회의 분리에서 기인하며, 오히려 "사적인 삶에 대한 제도적인 요구의 원리적인 거절에" 기인합니다(Sibertz).

교회는 이러한 상황에 어떻게 반응할 수 있을까요?
3가지 가능성을 생각해 볼 수 있습니다.

- 자기 경계선을 확정하여, 사회에 대항력을 형성하는 일이며
- 사회에 적응하기를 힘쓰는 일이며
- 자신을 사회의 자율적인 참여인으로 이해하고, 다른 참여영역과 함께 비판적인 대화에 참여하는 일입니다.

교회는 스스로 세상 속에 교회로 존재해야 한다는 요구를 포기할 수도 있습니다. 적응(適應)이란 항상 특성이 손실되는 결과를 초래할 수 있기 때문입니다. 세 번째 가능성은 사회발전을 위한 비판적인 대화에 참여하며, 동시에 교회의 고유한 정체성을 보존하고 그것을 강화하는 일입니다. 교회는 "환경과 교류하고, 동시에 삶과 교류하며 사회학적으로는 개방적인 조직체"로 자신을 이해하고 있습니다. 교회는 사회 안에서 발전들을 인지할 수 있으며, 기독교적인 신앙에서 판단하고, 사회에 양자택일을 제안할 수 있을 것입니다. 교회들은 "교회 책무의 여러 가지 방식을 인정하고, 평가하던 그런 공간을 개방할 수 있을" 것입니다.

방향

1. 교회의 바탕

초기모습에서 교회는 뜻을 같이하는 - 즉 하나의 협회나, 지향하는 공

동체의 세계관에 거의 일치하는 사람들의 자유로운 결합체로 보입니다. 교회는 많은 변화를 겪은 역사와 함께 하나의 제도로 만나게 되며, 신성하게 여겼고, 감탄하였고, 조롱도 받았으며, 비판받았으며, 박해받기도 하였습니다. 교회는 여러 모습으로 받아들여졌으며, 신앙고백과 서로 경쟁하는 공동체들로 존재했으며, 그리고 그 교회는 분열되었습니다. 어쨌든 교회는 세상에 책무를 감당하며, 성서와 성만찬을 중심에 둔 모임으로서 더 가깝게 보이는 인식을 제공합니다.

교회 - 하나의 복합적이며, 모순적이며, 매번 관심을 끄는 인간의 작품일까요? 사도적인 신앙고백은 교회를 성령의 작품으로 고백하며, 더 가까운 서술로는 "거룩한 자들의 공동체"라는 개념을 사용합니다. 개신교 적인 교회 이해는 이 부분과 연결합니다. ╱성령

마르틴 루터는 교회를 "하나의 거룩한 작은 무리"로, 즉 "그리스도를 머리로 하여 그 아래에 모인 거룩한 자들"로 부릅니다. 그들은 특별한 흠이 없는 삶을 통해서 거룩한 것이 아니라, 예수 그리스도를 통하여 거룩한 하나님께 속하여 있으므로 거룩한 자들입니다. 이로써 예수 그리스도가 머리이시며, 교회의 토대이며, 그리스도의 행위는 인간들을 옛것의 낡은 것들에서 끌어내어, 그들을 하나의 새로운 공동체로 모이게 합니다. 머리이신 그리스도가 그의 모든 지체에게 행한 그것은 다시 구성원 서로에게 허용됩니다. 이 "놀라운 일"을 통해 각자는 "한 사람의 또 다른 그리스도"가 되어야 합니다.

그렇게 하는 한, 그리스도와의 인격적인 교제와 인격적인 공동체는 서로 분리되지 않습니다. 같은 사건을 통해 개개인은 복음의 효력을 통하여 새롭게 되고, 그 사건이 공동체에 자격을 부여합니다. 그리스도의 교회로

정당하게 불리는 이러한 공동체는 전적으로 이렇게 생겨납니다.

이러한 공동체는 부활하신 그리스도와의 연합된 결합 가운데서 그들의 근거를 가지기 때문에, 그 교회는 역시 죽음을 통하여 제거되지 않았습니다. 그 교회는 모든 시대와 모든 장소에서 그리스도에게 속한 "모든 거룩한 자들의 공동체"로 그렇게 포함합니다. 즉, 벌써 그리스도와 함께 영원한 공동체에 이른 자들과 현재 살아있는 자들입니다. 그들 가운데 특별히 무엇인가 그리스도의 본성으로부터 빛을 발하는 분들이 있습니다. 즉 그 때문에 신앙의 모범을 보이는 자이며, 하나님의 은혜의 본보기로서 - "성자"로 - 존경받는 자들입니다(비교, Confessio Augustana, 21).

형제자매들이 서로 하나님의 친절함을 전파하며, 죄 용서를 말해주며, 세례와 성만찬 가운데서 하나님의 임재하심을 축하하고 있는 한, 성자들과 믿는 자들의 이러한 공동체는 살아있게 되는 것입니다. ╱**세례와 성찬**

교회는 그것과 함께 가시적으로 쉽게 인식하게 됩니다. - 동시에 교회는 불가시적인 모습으로 숨겨져 있습니다. 교회는 함께 모이며 볼 수 있고 들을 수 있는 행위를 시행하는 사람들로 구성되기 때문에 언제나 가시적입니다. 하나님이 그 속에 역사하시는 교회의 참된 지체(肢體)에 속해 있는 자가 누구인지는 우리 가운데 숨겨져 있습니다. 하나님만이 다만 그의 믿음을 아실 뿐입니다. ╱**종교개혁**

교회는 인간적인 노력의 활동에서 생겨나지 않는다는 것, 이러한 작용은 예수 그리스도의 활동 전에 결코 제시해서는 안 된다는 것, 그것은 뜻을 같이하는 자의적인 결합보다는 더 멀어져 있다는 것 등을 사도바울은 계속해서 확고부동하게 붙들었습니다. 즉 "이 닦아 둔 것 외에 능히 다른 터를 닦아 둘 자가 없으니, 이 터는 곧 예수 그리스도라"(고전 3:11).

2. 신약에서의 교회

"교회"와 "회중"(공동체)이란 개념으로 표현된 근본사건은 신약성서 내에서 보완적인 상들이나, 개념들, 그리고 이름들 안에서 설명됩니다. 3가지 본질적인 것들은 다음과 같습니다.

a) 믿는 자들의 교제(공동체)로서 교회

예수님은 질병이나 그들의 사회적인 상황을 통하여 고립되었던 사람들을 자신과의 교제로 부르셨습니다. 그 부름은 잃어버린 하나님과의 교제(공동체)를 회복하기 위한 예수님을 추종하는 것이었습니다. 신약성서에 따르면, 사람들이 그 부름을 듣게 되었을 때, 개인적이며 사회적인 삶의 방향전환(회개)이 초래되었습니다. 예수를 통하여 그의 손상된 근본 관계들이 어떻게 치유되는지를 체험했던 자는 자신에게만 머물지 않고, 다른 이들과의 교제에서도 새로운 차원의 자질을 부여받게 되며, 또한 교회는 그러한 교제에 언제나 열려있었습니다.

부활 이후에 곧 구원에 대한 감사와 구원받은 자의 찬양은 항상 반복하는 형태들과 특징지어진 실천으로 이루어졌음을 보여주었습니다. 그것들은 기독인들의 - "교제", - "회중"(공동체)을 위하여 특성화되었습니다. 사도행전 2장에 따르면, 복음의 소식을 접하고, 그렇게 기독인의 공동체에 들어오려는 자로서 영접하는 세례를 통하여 기독인이라 부르게 됩니다(행2:38,41). 사도들의 가르침과 교제와 떡을 떼며, 기도 가운데(행2:42) 현저하게 머물렀다는 진술은 최초의 공동적인 삶의 이상적인 전형의 설명으로 읽혀질 수 있습니다. 즉 기독인들이 모임에서 사도들의 말씀(가르침)을 듣고 생각하는 것에서나, 또는 서로 주님의 만찬을 거행하는 것에서나, 기도 가운데서 함께 하는 것 없는 기독인의 모임은 상상할 수가 없습니다. "교제"(그리스어 koinonia)란 핵심단어는 처음에 재물(財物) 공동체를 형성했던 (행2:44 이하) 기독교적인 삶의 결정적인 특이점이며, 서로가 서로에게 사회적이었으며 사랑하는 책임에 대한 특별한 의미를 전달하고 있습니다. 주님의 만찬은 먼저 개인의 가정에서 개최되었습니다(행2:46). 그 이유는 공적인 모임을 위한 장소가 따로 없었기 때문입니다.

기독교 신앙과 삶은 처음부터 의무가 부여된 기독인들의 공동체 안에서, 즉 그런 특이점들을 가진 공동체 안에서만 가능했다는 사실은 신약성서 여러 곳에 신학적인 기초작업을 이루어 반영되었습니다. 그 특별한 중요성에 대해 바울과 그의 제자들이 그리스도의 교회에 대해 사용했던 그림과 개념이 있습니다. 하나님의 밭(고전3:9), 하나님의 성전(엡2:21 이하, 벧전2:5), 하나님의 집(딤전3:15), 그리고 교회에 대하여 신학적인 숙고와 함께 오늘날까지 원칙적인 의미를 지니는 두 진술(그리스도의 몸과 하나님의 백성)과 그리스도의 신부(엡5:25 이하, 비교. 계19) 등이 있습니다.

b) 그리스도의 몸으로서의 교회

공동체는 이따금 직무를 수행하는 유기체인 "몸"에 비교되었습니다. '몸'이란 유비는 고대에 국가와 다른 공동체에서도 사용된 바가 확인되었으며, 바울은 교회를 그리스도의 몸으로 표시합니다(고전12:27, 비교 엡4:12,15 이하, 골1:18). 그것은 단지 하나의 비교일 뿐 아니라, 실제입니다. 즉 기독인들은 부활하신 주님인 그리스도와 교제하기에, 그를 통해 상호간에 교제가 이루어집니다. 이러한 실제적인 그리스도와의 삶의 교제는 복음의 말씀과 성례 안에 근거합니다. 이것은 주님의 성찬에서 명백합니다. 모두가 함께 그리스도의 몸인 하나의 떡(빵)을 먹기 때문에, 그들은 그리스도의 한 몸에 결합 된 것입니다(고전10:16). "그리스도의 몸"이란 개념에서 양자가 표현됩니다. 즉 총체적인 유기체의 통일처럼, 몸과 직무의 지

체로서 여러 가지 부분들의 다양성을 뜻합니다(고전12:13). ↗성만찬

바울은 이러한 모습으로부터 회중 가운데 서로를 위한 주목할만한 결론들을 유도합니다.

- 세례받은 자들의 공동체 내의 모든 지체(肢體)는 근본적인 동등권이 부여되어 있습니다(고전12:13, 갈3:27 이하). 이로써 교회는 살아있는 유기체로서 각 개인 구성원의 은사(恩賜)에 의존되어 있고, 교회는 은사에 살아있음이 분명합니다. 한 분이시며 동일한 영(靈)은 공동체의 여러 지체 가운데 다양한 은사들을 허락하십니다(그리스어 charisma).

- 사랑이 없는 것, 예를 들어, 비사회적인 태도는 그리스도의 몸과 피에 빚지게 된 것으로 묘사하며, 주님의 만찬 축제와 역시 공동체를 불신받게 합니다(고전 11:27). 공동체에 현저하며 현저하게 드러나야 하는 그러한 새로운 품성은 특히 마태복음에 제시되었으며, 대략 "하나님 나라의 대헌장"으로서 산상설교 가운데 제시되어 있습니다. ↗예수-그리스도

- 모두가 하나님을 찬양하며 여러 가지 은사들로 섬기는 것처럼, 모두는 공동체를 돕고, 형성하는 일에 부름받은 것입니다. 한 영(靈)과 한 몸이 된 공동체는 현저한 직분으로 구별된 영의 은사와 구별된 사명을 가진 섬김의 공동체이며(비교, 고전12, 엡4:7,11 이하), 그 아래에 사도, 선지자, 교사가 있습니다(고전 12:29). 이에 신약성서에는 공동체의 감독들과 안수에 관한 직분의 첫 형태들이 있습니다(딤전4:14,5:22, 비교 딛1:5, 행20:28). ↗직분

c) 하나님의 백성으로서의 교회

이러한 모습은 특별한 정도로 구약의 언약 백성인 이스라엘과 함께 그리스도의 공동체의 지속적인 관계를 표명합니다. ↗유대인과 기독인의 하나님

- 하나님은 아브라함을 통한 언약 백성으로, 그의 백성을 소유하게 됩니다(눅 1:68,78,7:16). 바울은 하나님이 원천적인 선택에서 원래 백성을 제외하였다는 것을 부정합니다(롬11:1). 즉 "하나님은 은사와 부르심에서 후회하심이 없느니라."(롬11:29). 그렇지만, 바울은 지금 이러한 하나님 백성과의 관계에서 분명한 경계선을 봅니다. 부르심과 선택은 한정된 국가 - 즉 유다 백성에게 더이상 결부된 것이 아니라, 예수 그리스도의 죽음에 근거하여(히13:12), 믿음과 세례 안에서의 정결을 통하여 이루어집니다(롬10:10 이하, 딛2:14). 기독교적인 공동체에서 유대인과 이방인 사이에 울타리는 사라졌으며, 평화가 세워졌습니다(엡2:14, 비교 고전12:13, 갈3:28). 그리고 이렇게 정초(定礎)된 공동체로부터 그 평화는 "거룩한 백성이며, 소유의 백성"임이 효력을 지니게 됩니다(벧전 2:9).

- 하나님 백성의 지속적인 상(像)의 의미는 배회하던 시대의 상징적인 의미 안에 놓여 있습니다. 그리스도의 공동체는 하나님의 백성으로서 아직 목표에 이르지 아니한 여로(旅路)에 있으며, 현재에 정주(定住)하는 여기 "장소"가 아님(히13:14)을 의미합니다. 그러나 그에게 하나님의 백성으로서 궁극적인 안식이 약속됩니다(히4:9). 그것은 히브리서가 지향한 고난받는 공동체는 그리스도의 치욕을 보면서 죽은 자들 앞에서 위로하는 상징적인 의미와 그것에 관한 앎입니다(히13:13).

- 마28:19에 기록된 것처럼, 이 백성에 관하여 말하는 최종적인 것은 선교적인 과제입니다. 즉 모든 백성을 그리스도의 제자로 삼게 해야 하는 일입니다. 모든 백성이 하나님의 성전으로 달려가는(미4:1이하) 구약성서의 비전이 수용되었으며, 그리스도의 공동체 과제가 소리치고 있는 것은 그리스도를 따르는 여러 사람의 비전으로 변형되었습니다. ↗선교

거론된 다양한 차원들 안에서 이러한 공동체를 위하여 신약성서는 상응하는 예배에 모여온 회중을 뜻하는 구약에서 취한 히브리어 말(카할 kahal)은 그리스어 표현인 에클레시아(모임 ekklesia)로 사용합니다. 정확한 유래가 밝혀지지 않은 '교회'란 말은 신약에서 드러나지는 않습니다. 짐작

하기로 그 개념은 그리스 말 "키뤼아케"(kyriake)로 되돌아가서, "주님(그리스도를 뜻함)께 속한 자"를 생각한 것입니다.

역시 총체적인 기독교의 모습에서처럼, 이와같이 전체 교회(마16:18 예수의 입에서, 엡5:25, 골1:18 등)의 의미에서, 교회는 때때로 지역 공동체(고전1:2)의 모습으로 언급된 것이 눈에 뜨입니다. 이로써 교회는 각 지역 공동체 안에 현존하는 모든 믿는 자들의 공동체라는 것, 그리고 양자는 계속해서 서로 관계있는 것이 분명하게 될 것입니다.

역시 최근의 가톨릭 신학은 소위 조각가를 통한 교회 본질에 대한 그들의 고찰에서 칭해진 상(像)들을 통하여 영감이 부여되었습니다.

3. 교회의 특이점(표지)들

고대교회의 연합적인 신앙고백에서도 교회에 대한 진술이 발견됩니다. 소위 사도적인 신앙고백에서 "거룩한 가톨릭교회"(루터는 기독교적인 것으로 번역함)에 관한 말이 있으며, 역시 니케아와 콘스탄티노플의 신앙고백에서도 "하나의 거룩한 가톨릭(여기서는 보편적인 것을 뜻함)과 사도적인 교회"에 관한 말이 있습니다. 신자들이 고백하는 그 교회는 먼 세계의 크기가 아니라, 처음부터 여기 하나님과 성령(교회는 사도신경의 3번째 항목에 속함)이 활동하는 것을 믿음으로 고백하는 시작에서부터 앞서 발견되며, 전적으로 사회적이며, 역사적으로 서술할 수 있는 기독인의 공동체입니다.

이것은 니케아 신조 안에 4가지로 요약된 교회 본질의 특징들로 표현됩니다. 그것은 이따금 "나는 하나의 거룩한 가톨릭적이며 사도적인 교회를 믿습니다."라는 것을 암시합니다.

- 신앙은 교회가 구체적으로 세상 가운데 존재하는 것처럼, 그 존재 방식들의 모든 다양함 가운데서도 하나의 교회를 고백합니다. 역시 신앙 고백적인 분리와 분열에 따라 신앙은 하나님이 한 백성을 모든 국가로부터 부르셨음을 봅니다.
  ↗ **교회연합**

- 신앙은 거룩한 교회를 고백합니다. 그 신앙은 모든 인간적이며 역시 윤리적인 불충분함 가운데서 하나님이 그들 안에서 탁월한 방식으로 그의 성령으로 위로하고 격려하며, 새롭게 하며, 활동에서 평화를 세우시며, 그렇게 사람들을 변화시킨다는 것을 인지합니다.

- 신앙은 가톨릭적(보편적인 전체)인 교회를 고백합니다. 교회는 복음과 함께 하나님의 박애주의에 관한 하나의 공간을 열어줍니다. 즉 인간들이 그들의(인종적이며 문화적인) 다양함 가운데서, 그리고 역사의 인생 화복(禍福)을 통하여 각인(刻印)됨을 언급하며, 정착될 수 있도록 합니다. 그것은 우주적이며 모든 시대와 공간들에서 사람들을 둘러싸고 있습니다.

- 마침내 신앙은 사도적인 교회를 고백합니다. 이로써 그 신앙은 교회가 사도적인 증거, 즉 신약의 증언에서 보존된, 교회의 신앙과 삶의 고유하고 지속적인 규칙과 규범인 사명의 바탕에 신실하게 기초한(비교, 엡2:20) 것으로, 하나님의 영의 사역으로서 효력을 가질 수 있다는 것을 표현합니다. 교회는 이러한 사명을 계속 수행하도록 세상 가운데로 파송되었습니다.

이러한 4가지 차원에서 신앙은 그리스도 사역의 지속적인 진행으로 개별적인 사람뿐만 아니라, 땅 위에 있는 기독교 전체를 부르며, 모으며, 밝히며, 거룩하게 하는 성령의 사역으로서 교회를 고백하며, 예수 그리스도에 의하여 올바르며 하나가 된 믿음 안에서 보존합니다(소요리문답 M.Luther).   ↗ **성령**

4. 교회의 임무(과제)

교회의 임무는 모든 사람이 기독교적인 신앙을 개인적으로 가까이 접근하게 하는 데 있습니다. 신앙의 공동체는 이러한 관점에서 증언공동체입니다. 이러한 과제는 믿음의 공동체로서 교회에 유효 적절한 것으로 한정된 직분들과 섬김의 직무들에 제한되지 않습니다. 아욱스부르그 신앙고백은 제7조에서 이것을 증언합니다. "언제나 하나의 거룩한 기독교적인 교회가 존재해야 하며, 그렇게 머물러야 하며, 복음이 순수하게 설교 되며, 복음에 적합하게 거룩한 성례가 이루어지는 모든 믿는 자들의 모임이어야 한다는 것이 가르쳐졌습니다."

"예수 그리스도의 교회"는 오직 새로운 공동체입니다. 이것은 교회의 공동체적인 결합의 원리가 다만 삼위일체 하나님에 대한 믿음 안에 놓여 있기 때문입니다. 이로써 교회는 그들의 근본에서 모든 자연적이며, 종족적이며, 사회적이며, 관심에 조건화된 공동체들을 뛰어넘습니다. 믿는 자들의 공동체로서 교회의 이런 이해는 해방운동을 무색케 합니다.

하지만, 이러한 교회 이해는 또 다른 단면을 가집니다. 왜냐하면, 남녀는 각각 하나님의 말씀을 그들의 믿음에서 듣고 사명을 가지기 때문에, 자신의 모국어로 들어야만 합니다. 그 결과는 지역적이며 국가적인 복음으로 맥락화 되었으며, 지역적일 뿐 아니라 종종 단순한 국가적인 적법성을 띤 그룹에서는 유럽 프로테스탄트의 차별화로 이어졌습니다. 개신교회주의의 여러 다양성은 기독인 중에 이루어지는 교제에 있으며, 원칙적으로 기독교적인 교회들 사이의 길목에 있는 것은 아닙니다. 왜냐하면, 세계 곳곳의 의식과 관습이 반드시 동일해야 하거나 신학적인 이해가 반드시 일치해야만 하는 것이 아니기 때문입니다. 오히려 그리스도인의 교제에서 - 아욱스부르크 신앙고백 7조가 말하고 있는 것처럼 - 복음의 바른 전파와 제정(制定)에 적합한 성례의 거행이 있다면, 그것으로 충분합니다. 이 조건들은 필수적입니다. 이런 조건 없이 "믿는 자들의 모임"은 성립될 수 없기 때문입니다. 이 조건들로 충분합니다. 이를 통해 교회가 그들의 사회적인 삶의 형태들의 다양함이 성립될 수 있기 때문입니다.

그렇지만 말씀과 성례의 이러한 통일은 신앙고백의 내면에서처럼, 그들 사이에도 실천되어야 합니다. 그 때문에 모든 그리스도의 교회는 교회 공동체를 상호 간 세워주는 것과 직분의 인정이 포함하는 복음전파와 성례와 섬김 안에서 공동체를 돕는 노력이 이루어져야 합니다.　　／교회연합

5. 교회 생활의 근본형태들

기독인의 삶의 근본형태는 교회와 공동체를 특징 짓게 하며, 교회밖에 있는 자들을 위해서도 교회를 알아볼 수 있도록 해 줍니다.

- 의식(그리스어 leiturgia), 즉 믿는 자들이 해방된 경험과 하나님의 임재를 의식으로 거행합니다. 이러한 의식의 중요한 장소는 예배입니다. 예배에서 하나님과 다른 기독인의 친밀관계가 결정적인 의미가 될 것입니다. 예배의 장은 공동체의 중심이며 출발점이기도 합니다. 공동체는 화해하시는 하나님의 사랑의 복음을 듣게 되며, 함께 성만찬을 거행하며, 세례를 통해 다른 이들을 공동체 안으로 영접합니다. 그 외에도 다른 형태들과 경건의 동기들이 있습니다.
／예배

- 교제(그리스어 koinonia), 즉 하나의 관계 지향적인 영성은 기독교적인 신앙의 특징을 나타냅니다. 하나님에 대한 기독교적인 신앙은 다른 믿는 자들과 함께 하는 가운데서 신앙의 의미가 부여되고 삶을 변화시키면서 결정하는 능력을 발전시킵니다.

- 섬김/돌봄(그리스어 diakonia), 즉 거행하면서 그들 공동체에서 기뻐하는 기독인들은 자신 스스로에 매여 있지 않으며, 그들의 경건(敬虔)은 내면에 감추어진 채로 머물러 있지 않습니다. 영성과 윤리는 기독교 신앙과 서로 결부된 것입니다. 복음이 변화시키는 잠재력은 신자들을 행동하는 사랑으로 몰아갑니다. 그 때문에 기독인의 손과 마음은 항상 도움이 필요한 자들에게로 향하고 있습니다.　↗ 디아코니아

- 증언(그리스어 martyria), 신앙은 신자 자신을 지탱하는 근거를 지적하며 다른 이들에게 전하는 것을 목표합니다. 증언의 근거는 예수님께서 교회에 부여한 임무를 통해 마련되었습니다. 증언은 모든 이들에게 하나님의 구원과 인간과 함께한 그분의 역사를 이야기하고, 마침내 종족과 문화와 기원의 모든 장벽을 넘어(마28:18-20), 그들을 하나님 백성의 새로운 공동체 안으로 영접하는 임무가 있습니다.　↗ 선교

6. 교회의 모습들

"의무를 지닌 삶"이란 독일 개신교협의회(EKD) 위원회가 행한 투표는 기독교가 초기 4세기 안에 형성되었던 교회의 4가지 사회적인 모습을 소개하고 있습니다. 말하자면,

- 세계적인 교회
- 부분적인 교회
- 공동체
- 수도회, 또는 수도원 등입니다.

여기서, 지역 공동체와 세계적인 교회는 원천적으로 동등한 것으로 봅니다. 이것은 이미 신약적인 개념에서 개별공동체와 전체공동체(고전 15:9)란 이중적인 의미를 보여줍니다. 독일 개신교 협의회(EKD)의 투표

는 교회에 관한 두 면이 "동등한 신분"을 지닌 것임을 분명히 합니다. 세 번째 모습으로서 "부분적인 교회"는 개념적으로 볼 때, 세계교회의 내에서 부차적이며 객관적인 존재를 침해하고 있습니다. 예를 들면, 바울의 선교를 통하여 생겨난 그리스도적으로 형성된 교회를 칭하는 것과 같습니다 (비교, 고전16:1, 바울이 갈라디아의 지역에 있는 공동체에 관하여 말함). 마지막으로, 3-4세기의 전환기 수도회나, 수도원인 교회의 4번째 사회적인 모습이 생겨났습니다.

/ **공동체들 안에서의 영적인 생활**

"후대에 기독교 수도회 본질에 대한 신약성서의 유비(類比)는 일반적으로 예수님의 남녀 제자의 현세 적인의 공동생활에서 발견합니다(눅8:1-3). 수도원과 수도회는 대체로 개신교회 내 합법적인 사회적 모습이었습니다. 수도원과 수도회는 세속적이거나 부유한 형편의 교회와 이에 대한 반작용으로 일어난 금욕적인 노력이라든지, 또는 특별한 성립조건의 지시를 통해 공동생활의 형태를 해설해야 하는 것은 아닙니다. 오히려 교회의 3가지 다른 모습들에 대해, 단일한 가치의 영적인 각인의 능력이 수도회에 있을 뿐입니다. 교회의 4가지 사회적인 형태들은 고립된 구조를 말하지 않으며, 도리어 서로를 견책하고 있습니다. 즉 그들은 서로 보완되며, 서로 관계하며, 상호 간에 결합되었습니다. 복음적인 공동생산 사회와 영적인 공동체 역시도 개신교회의 합법적인 사회적 모습으로 이어지고 있습니다."

7. 만인 사제권

"너희도 산 돌같이 신령한 집으로 세워지고 예수 그리스도로 말미암아 하나님이 기쁘게 받으실 신령한 제사를 드릴 거룩한 제사장이 될지니라. 오직 너희는 택하신 족속이요, 왕 같은 제사장이요, 거룩한 나라요, 그의 소유된 백성이니, 이는 너희를 어두운 데서 불러내어 그의 기이한 빛에 들어가게 하신 자의 아름다운 덕을 선전하게 하려 하심이라"(벧전2:5,9). 새롭게 세례받은 기독인들에게 약속된 이 말씀들은 다음과 같은 것을 말해 줍니다.

- 세례받은 자들은 하나님 백성의 지체들이며, 사제(司祭)로서 믿음과 기도 가운데서 직접 하나님께 나아가게 됩니다.

- 그들은 영적인 하나님의 집, 즉 교회에 살아있는 돌로서 끼워져 있습니다.

- 그들은 그들의 삶 전체를 하나님께 맡겨야 합니다. 즉 다른 사람을 섬김에서, 가난한 자들을 돕는 일에서, 행동하는 사랑으로 - 이것은 섬기는 희생제물입니다.

- 그들은 하나님의 선행(은혜)을 전파해야 합니다. 즉 이처럼 복음을 계속 전하는 일이어야 합니다.

하나님과 이웃에 대한 헌신! 바로 그것이 모든 믿는 자가 사제(司祭)로서 봉사한다는 의미입니다. 하나님 앞에서 사제로서 부여받은 권리는 세례에 근거를 두기 때문에, 사람들은 "모든 신자의 사제(司祭)"라 말할 수 있습니다. 즉 이 권리가 믿음 안에서 요청되기에, 사람들은 "모든 신자의 사제"에 관하여 말할 수 있습니다.

중세후기 교회가 말씀과 성례를 통한 섬김에서 벗어나, 영혼들에 대한 통치가 이루어지는 경향을 드러내었습니다. 종교개혁은 모든 기독인이 사제(司祭)된 백성으로 천명하는 신약성서적인 통찰을 다시 발견하였습니다.

"이것에 근거하여 우리는 사제(司祭)들입니다. 그것은 사제권(司祭權)이 하나님 앞에 나아가 다른 이들을 위하여 간청하는 자가 되도록 우리가 자격을 갖게 해

준 대체로 왕으로 존재하는 것보다 더한 것입니다. 하나님 앞에서 간청하는 것은 사제들 외에는 그 누구도 자격이 없기 때문입니다. 이처럼 사제가 백성 앞에서 실제로 나아가 간청하는 것처럼, 우리가 영적으로 서로 하나님께 나아가 간구하도록 그리스도가 우리를 그렇게 만들어 주었습니다. 과연 지금까지 그 누가 한 기독인의 영예와 고귀함을 이와 같이 생각해 낼 수 있을까요? 그리스도가 그의 왕국을 통하여 모든 일에 권능자 이시라면, 그의 사제권을 통하여 그리스도는 하나님의 권세를 지닌 분이십니다. 시편에 기록된 대로, 그가 간청하고 원하는 것을 하나님은 행하시기 때문입니다. "하나님은 그를 두려워하는 자들의 뜻을 행하시며, 다만 행위가 아니라 믿음을 통해 영광을 자신에게 돌리는 그들의 기도를 들으시기 때문입니다."(Luther).

만인 사제권은 특별한 직분(공적인 복음전파와 성례 거행의 섬김으로써)을 배제하는 것이 아니라, 사람들이 성령을 통하여 믿음에 이르도록 특별한 직분을 전제하고 있습니다. 공적인 직분 안에서 모든 믿는 자들은 질서에 적합한 부르심에 따라 함께 활동합니다. 즉 특정직임을 위한 자의 선출과 직임자의 가르침으로 만인 사제권은 작용합니다.　　↗**직분**

만인 사제권의 실현에 주된 장애는 개신교회의 국가와의 결합에서 드러납니다. 그렇지만 역사에서는 항상 만인 사제권이 효력을 발휘하게 되었던 운동들이 거듭 있었습니다. 즉 경건주의 운동에서, 19세기의 영적 각성 운동에서, 다양한 평신도들의 운동에서(예를 들면, 기독 청년운동(YMCA), 청소년 동맹, 개신교 아카데미, 독일 개신교회의 교회의 날 행사, 개신교의 남성 사역, 개신교 여성 사역, 개신교의 수도회와 형제단과 가정모임 등), 믿음 안에서 교제를 협력하며, 개별 기독인들의 다양한 은사를 사용하는 기능성이 열려있었습니다. 19세기 중엽 이래 지역 교회공동체의 구성원들 역시 교회운영위원들과 총회 대표들을 직접 선출하는 권리를 가지게 됩니다. 그들은 그렇게 공적인 직분과 함께 교회의 지도에 참여하였습니다.

만인 사제직은 공적인 직분과 어떤 관계가 있는지? 루터적인 편은 로마 가톨릭교회와의 대화에서 다음과 같이 언급하였습니다.

"복음전파가 모든 기독인의 상호 간의 일로 이해하는 동안에, 교회의 공중을 향한 선포는 - 공적이며, 대화적 전파, 세례와 성찬으로 이루어진 공적인 성례에 따라 거행하는 것으로 - 한 사람 기독인은 안수를 받음으로 이루어지며(아욱스부르그 신앙고백 5항), 그리스도의 사명 가운데서 섬김으로 교회로부터 부름을 받았으며, 축복하며 파송되었음을 상징합니다. 만인 사제권과 안수와 결합 된 직분의 본질적인 차이는 이점에 있습니다. 공적인 직분은 회중을 통한 대표성 안에 기초한 것이 아니기 때문입니다.... 안수와 결합된 직분은 그것이 개인적인 획득일 뿐만 아니라, 동시에 교회의 세움을 목표로 하는 예수 그리스도의 복음전파 사명 안에서 자체의 근거를 가집니다(아욱스부르그 신앙고백 5항)"(대화 가운데서 가르침의 판단들).

8. 역사와 현재 안에서의 교회

a) 고대교회

첫 세기에 교회는 교회들의 교제(라틴어 communio)로서 설명합니다. 그것은 다양한 관계들을 통한 하나의 개별 지역교회가 결합한 그물망을 뜻합니다. 지역교회들은 원리적으로 동등한 자격을 부여받았으며, 그들은 영적으로, 그리고 조직적인 교류 가운데서 상호적 관계에 있었습니다. 통일성은 성서와 공동 신앙고백에서, 그리고 감독들의 동료적인 공동활동에서, 특히 종교회의에서 표현되었습니다. 지역교회들이 사도의 자리를 결정하였고, 총(總)주교직이 형성되었습니다.

황제 콘스탄티누스[313]의 종교관용 칙령과 테오도시우스 황제[380]의 국가종교로 기독교의 승격을 통해 교회는 로마제국의 국가조직으로 편입되었습니다. 여기서 감독들의 정치적이며, 행정적인 과제가 대체로 커지게 되었습니다. 5세기 이래, 다른 총(總)주교직과 마찬가지인 로마의 감독은 자신의 직분을 사도 베드로의 후계자로 귀속시키며 권한을 요구합니다. 로마 감독 우위성의 요구와 제국의 수도인 콘스탄티노플 총(總)주교의 요구는 첫 1000년의 중반 이후로부터, 동방교회와 서방교회 간에 소외(疏外)문제를 유발했으며, 마침내 1054년 형식적인 교회공동체 됨의 중단(교회 분리)으로 귀결되었습니다.

b) 중세시대

교회 내의 모든 권한의 토대요, 근원으로 존재했던 교황권의 요구를 통하여 중세 지역 교회들의 교제와 공동체로서 교회의 주된 모습은 후퇴하였습니다. 14세기와 15세기에 서방 지역 교회 내에서 한동안 3명의 교황이 등장해서 서로 대립 관계로 분열하게 되었습니다. 교황이 교회 내에서 최고의 권위라는 관점은 종교회의에서 최고의 위치가 정립되어야 한다(공의회의 수위설)는 이해로 논쟁거리가 되었습니다. - 영적 발흥과 각성 운동으로 새로운 수도회들이 생겨나게 했는데 - 예를 들어, 프란치스칸과 도미니칸, 아우구스티누스의 은자 수도단 - 이들은 설교와 사랑 실천행위로 백성 가운데서 경건성을 살렸습니다.

c) 종교개혁

종교개혁적인 남녀 지도자들은 공무적인 교회의 실천, 즉 조직된 제도적 교회의 요구와 성서적인 복음 신앙을 통한 기독교적인 순종과 삶 사이에서 명백한 불일치의 문제로 고통을 받게 되었습니다. 종교개혁자들이 살았고 활동했던 그 당시 가톨릭교회는 현저하게 그들의 제도화된 모습으로 교회와 삶을 이해하였으며, 더욱이 이러한 것들은 교황과 감독들의 권한(사도의 후계자로서 그들 스스로 이해)으로 선언된 것으로 생각했습니다. 이로써 한가지 문제가 첨예하게 대두되었는데, 그것은 벌써 고대교회 이래 - 늦어도 기독교가 공무상의 제국종교가 되었던 이후 - 다음과 같은 영역에 머물러 있었습니다. 즉 제도로서의 교회와 복음 가운데서 살아있는 공동체로서 본질적인 교회 모습 사이에 나타나는 구별이나 대립의 문제였습니다. 무엇보다도 이 질문에서 루터는 냉정한 통찰로 대답합니다. 즉, 교회는 양자 모두 필수적이라는 것입니다. 교회는 말씀과 성례에 무리 짓고 있는 실제로 믿는 자들의 무리이며, 동시에 직분들을 통해 법제화되고 현재화된 표면적인 결합체란 것입니다. 우리가 교회에 대하여 체험하며 경험하는 것은 특별히 가시적인 교회 내에서 이루어집니다. 그렇지만 교회와 그들 지체의 거룩함은 역시 그들의 통일성과 같은 가시적으로 나타나는 특이점들이 아니라 믿어진 실체라는 것입니다. 믿어지고 경험된 교회는 한 사물의 숨겨지고 가시화되는 부분이 있는 것처럼(라틴어 ecclesia invisiblis et visiblis), 불가분 하나입니다. 우리가 교회에 대하여 경험하고 체험하는 것은 특별히 가시적인 교회에서 이루어집니다. 그렇지만 교회의 통일성과 마찬가지로 교회와 그들 지체의 거룩성은 결코 가시적인 특이점들이 아니라, 하나의 믿었던 실체(實體)입니다. 믿고 경험했던 교회는 한 사건의 숨겨진 것과 가시적인 면처럼, 분리할 수 없게 연결되어 있습니다. 교회가 오류를 정결하게 하고 교회 속에 숨겨진 "거룩함"을 가시화하려는 시도에도 불구하고 명백성은 밝혀지게 할 수가 없을 것입니다. 교회는 절대적으로 완벽한 최종상태에 도달하거나, 또는 가시적이며 불가시적인 부분을 따로 벗겨낼 수 없는 혼합된 모습으로 존재하며, 개선이 필요한 이중성을 지니고 있습니다. 그 때문에 종교개혁자들의 우선적인 목표는 교회의 비판과 교회개혁이 아니라, 헤아릴 수 없는 하나님의 무한한 자비에 관한 복음을 기억하는 데 있었습니다. 이 복음을 경험하는 교회는 항상 새롭게 되어야 합니다. 바로 이것이 참된 교회의 원천이며, 그 교회의 목표입니다(이것은 후에 개혁교회의 전통에서 생겨난 문장으로, '교회는 항상 개혁되어야 한다'는 말이며, 라틴어, ecclesia semper reformanda). 만일 사람들이 믿어진 것과 경험되는 교회 사이의 긴장을 인내하면서, 필수적인 변화들을 시도할 때만이 교회는 새롭게 될 수 있습니다. 그러나 근본적으로 기독교는 교회의 이런 이중적인 실체와 함께 살아야 합니다.

루터는 기회가 있을 때마다, 교회의 7가지 특징들에 관하여 말합니다. (1) 하나님의 말씀, (2) 세례, (3) 성만찬, (4) 열쇠의 직무(참회), (5) 설교직으로의 부르심, (6) 하나님께 드리는 공적인 찬양과 감사(예배), (7) 십자가와 고난 등입니다. - 교회의 이러한 "특이점"은 사람들에게 하나님 앞에서 삶의 전체성과 정직성을 경험하게 할 것입니다. 또한, 이런 특이점들은 성령께서 개인의 육체와 영혼에 일러주는 의사소통의 필요적 수단입니다. 성령은 설교의 전파된 말씀과 적절한 성례의 표지, 죄용서의 무죄 선언 속에서 감추어져 계십니다. 그러나 성령은 사람에게 친절하게 다가오시는 하나님의 인애(仁愛)와 신실함으로 자신을 나타내실 수 있습니다. 그 모든 것들은 성령께서 언제 어디서나 하나님이 원하시는 곳에서 믿음을 일깨우며 강하게 하시는 수단과 길입니다(아욱스부르그 신앙고백 5항).

1530년의 아욱스부르그 신조(라틴어 confessio augustana)에 따라(7항과 8항), 공동체와 마찬가지로 교회는 복음이 올바르게 전파되고 성례가 제정에 적합하게 거행되는 "믿는 자들의 모임"(라틴어 congregatio sanctorum)입니다. 교회의 근본적인 사건은 예배로 표현되고 예배로 경험되며, 교회의 본질적인 특이점들로 확증되고 묘사됩니다. 이러한 일이 있는 곳에 교회는 실재하며, 그 실재는 개별 사람들의 거룩함과 이러한 "모임"의 사실적 구조와는 독립적으로 존재합니다.

한편으로 이런 정의는 지금까지의 존재하는 교회와 함께 복음적인 교회의 연속성을 증명하는 것이며, 또 다른 한편으로 이러한 토대 위에서 교회의 통일성을 회복하는 데 있습니다. 여기에는 교회의 "의례들"이 의식적이며, 곳곳의 예전적 형태가 필수적인 동일성을 지녀야 한다고 강조되지는 않았습니다. 예배의 구체적인 모습과 교회의 구조 역시도 한편에서는 말씀과 성례에 결부되었으며, 다른 한편에서는 차이나는 개별 형태에 있어서 상황에 상응하여 자유롭다 할 것입니다. 루터적인 교회 개념은 이러한 방식으로 집중과 넓이를 연결합니다. ╱종교개혁

d) 17-19세기

종교개혁과 반(反)종교개혁의 결과로부터 어쨌든 특정 지역에 지배적인 여러 신앙고백이 만들어졌습니다. 그 당시 통치자의 신앙고백은 모든 주민에게도 유효했습니다. 개신교 편에서도 통치지역의 교회(Landeskirche)가 생겨났습니다. 목사에 대한 감독과 마찬가지로 가르침과 예배와 전파와 성례, 영적 돌봄과 참회에 대한 신학적인 책임이 신성한 직임의 손에 놓여있었던 반면, 거기서 지역 성주는 표면적인 부분에서 내적인 지도력을 갖췄습니다. 교회는 왕의 권좌와 교회 제단의 연관성으로 인해 고유한 교회 질서의 형성에 있어 자유롭지 못했습니다.

교회 생활의 중요한 자극이 18세기 경건주의와 19세기 신앙각성운동에서 생기게 됩니다. 여기에서 여러 방향의 구별이 있는데, 그들의 심중에 둔 것이 성서인가 교회인가, 또는 개인적인 회심인가에 따라 다른 모습을 띠었습니다. 두 세기의 신앙은 오늘날까지 온 나라와 전 지역 교회에 영향을 미치고 있습니다. 뷔르템베르그, 니더라인의 지역, 한때 프로이센(폼메른과 슐레지엔), 니더작센, 슐레스비히 홀스타인, 바이에른(개신교의 각성운동 안에서 일어난 알고어의 가톨릭 각성 운동의 영향이 유입되었습니

다) 등지에서의 발전입니다. 그 운동들은 곳곳에 성서와 개인적인 신앙과 교회와 신앙고백을 위한 자의식을 강화시켰습니다. 그렇게 19세기에 각성 운동을 통해 교회의 본질에 대한 새로운 생각이 생겨납니다. 이에 대한 표본이 노이엔데텔스라우(Mittelfranken)의 빌헬름 뢰헤(Wilhelm Loehe, 1808-1872)입니다. 그는 목사요, 오늘날까지 계속해서 영향을 미치는 디아코니아와 선교적인 사역의 창시자이기도 합니다.

"전 세계에 많은 공동체가 있습니다. 그러나 어떠한 것도 하나의 교회보다 더 갈급한 의미를 만족하게 하지는 못합니다……. 이러한 하나의 공동체는 성도들의 공동체인 하나님의 교회입니다. 우리의 완전한 구원에는 그 교회가 있으며, 그 교회는 우리의 완전한 구원으로 세워지고, 보존되고, 영생에 있어 항상 충족한 수로 완성되었습니다……. 그 교회는 하나님의 고유한 인간 사랑과 감추신 얼굴입니다. 하나인 하나님의 교회는 그의 아들에게 보이시는 주님의 가장 아름다운 사랑의 생각입니다."(W. Loehe 교회에 관한 3권의 책들, 1845).

만인 사제권에 대한 재음미와 민주적인 사고의 영향은 교회의 지도에 대한 평신도들의 참여를 끌어냈습니다. 교회 지도부와 총회가 그것입니다.

e) 20세기

1918년 지역통치자들의 지도로부터 교회가 자유롭게 되었습니다. 그때 교회는 공회적(synodal)이며, 감독제도적(episkopal)인 요소들이 서로 결합된 자체의 지도조직체를 만들었습니다. 국가로부터 해방된 독립체제에도 불구하고 교회는 자신을 국민교회(Volkskirche)로 이해하였습니다. 제2차 세계대전 이후에 새롭게 되었던 '국민교회'의 구상은 그 이름이 뜻하는 것처럼, 원리적으로 국민 다수가 교회에 속했다는 착상에서 나온 것입니다. 여기서 교회는 근본적으로 말씀과 성례 안에 있는 복음을 그 어떤 조건 없이 모든 사람에게 제시하는 제도로서 이해합니다. 즉 삶의 경계 지점(출생, 성년, 결혼, 죽음)에서 특별한 동반자로서, 그리고 그 차원을 뛰어넘어 영적인 돌봄의 협력과 윤리적인 방향설정에서 교회는 중요하게 여겨졌습니다. 정규적인 예배참여나, 그 밖의 공동체 활동에 대한 참여가 모두에게 기대되지는 않았습니다. 오히려 원리상 사람들은 세례받고 교회 안에서 능동적으로 활동하지는 않지만, 정규적으로 참여하는 교회 구성원들의 거대한 수를 염두에 두었습니다.

이러한 이해에 따라, 교회의 정치 편당적 입장이 사회로부터 인정받는 공식적이고 필수적인 방식으로 제도로서의 교회에 대두하게 됩니다. 이런 입장은 앞서 기대되지 않았지만, 무엇보다도 문화적인 영향과 함께 사회 방향설정의 역할로서 나타납니다. 이러한 국민교회의 모델은 - 신학적으로 앞서 칭해진 - 교회의 이중적인 실체라는 종교개혁적인 입장에 연결할 수 있으며, 특히 의롭다 하시는 하나님의 말씀(행위의 조건 없이)과 성례 거행에 있어 공적인 복음전파의 사명과 더불어, 표면적이며 가시적인 제도로서 교회의 본질과 연결될 수 있을 것입니다.

교회를 접수하여 획일적으로 통제하는 국가 사회주의적인 정부의 시도에 대한 반작용으로 1934년 바르멘의 신학 선언문이 작성되었습니다. 이 선언문은 정부의 시도와 함께 모든 것을 허용할 위험에 직면해 있었던 전제주의(나치당) 통치와 공적인 교회가 당면한 책임적인 신앙고백과 의무를 지닌 공동체에게 호소합니다. 바르멘 선언문 3번째 항에서 "예수 그리스도가 말씀과 성례 가운데, 성령을 통하여 주님으로서 임재하여 행동하는 한 형제들의 공동체"로서 그리스도의 교회에 관하여 말합니다. 말씀 가운데서 이러한 의무를 지닌 공동체에 상응하는 교회의 질서는 - 선언문 4항에 따라 - "다른 것 위에 그 어떤 하나의 통치의 근거로 삼을 수 없는" 하나의 질서를 가진다는 것이었습니다. 제도적인 질서는 이와 같이 필요하지만, 그 어떤 다른 (국가적인)법이 적용되어서는 안 된다는 것입니다. - 그것은 그 당시 논쟁 되었던 것을 뜻합니다. 이같이 칼 바르트의 사상에 힘입고 있던 교회의 상(像)은 그리스도를 따르는 가운데서 하나의 의무를 지닌 공동체입니다.

동독의 개신교회가 그들 자체의 교회 이해에 있어, 근본적으로 바르멘 선언을 지향하고 있었던 것은 전혀 놀라운 일이 아닙니다. 절대 소수의 상황에서 정치적인 압력을 통하여, 그리고 표면상 변두리의 실존으로 위협 받았던 교회는 처음부터 자신을 말씀 가운데서 책무를 지닌 공동체로 이해하였습니다. 교회사역의 주된 목표가 수적으로 작은 공동체였지만, 복음적인 의무감을 의식하고 있던 자들의 구조 안에 형성되어 있었습니다. 더구나 바르멘 선언 3항을 넘어서 주도하는 추진력이 생겨났습니다. 동독의 공동체는 하나의 선교적으로 초대하는 모습을 지녀야 했던 이른바 동독(DDR) 안에서 기획된 교회 이해를 하고 있었습니다. 총체적인 교회는 그들 주변에 있는 비기독교적인 사회 안에서 "증언과 섬김의 공동체"로 이해하였습니다. 교회가 "타자를 위한 교회"로 존재할 때만, 올바른 교회라고 한 본회퍼의 진술은 이러한 관계에서 신학적인 도전으로서 거대한 의미를 주었습니다. 교회에 관한 이런 자기 이해 역시도 거대한 매력을 지닌 전 세계적인 교회 연합이란 틀 안에 있었기 때문에, 동독의 남녀 기독인들은 자신들을 전 세계적인 기독교와 결합 된 존재로 느끼게 되었던 것입니다. 실제에 있어서 그 강조점은 다시 한번 구별됩니다. 먼저, 복음주의적인 면으로 개인의 회심에 목표를 둔 복음전파의 의미에서 교회의 증거를 강조하였습니다. 사회 지향적인 발단은 세계의 인간화를 향한 교회적 섬김의 면모를 취했는데, 특히 평화와 정의와 창조의 보존에 관한 질문들의 모습에서 그러했습니다. 물론, 그 당시 서독의 신학이 이러한 방향에서 중요한 목소리가 되었습니다. ↗ **국가, 민주주의와 교회.**

통일 이후 이루어진 교회 통합에서, 교회의 과업과 형태로 축약되는 동서독 양 교회의 선택은 서로 많은 충돌을 경험하는 상황에 이르게 되었습니다. 생각했던 것보다 동독에서의 국민교회적인 실체의 많은 요소가 발견되었고, 또한 그 요소들은 - 이전에 있지 않았지만 - 현재 교회에 대한 공적인 기대였다는 것이 분명해졌습니다. 내적이거나 형태적인 교회탈퇴를 통해 교회에 등을 돌렸던 저편에 놓인 수세자를 위한 사역이 증가하면서, 교회의 책임에 대한 질문은 위협적이리만큼 분명하게 되었습니다.
↗ **교회에 대한 질문들.**

형성

1. 전체 교회와 공동체의 관계

기독인의 교제는 공동체 내 상호 간에 - 그리스도와 함께 - 구체적 이해와 경험으로 이루어질 것입니다. 공동체 안에서 말씀과 성례와 함께 대화가 시행되며, 영혼의 돌봄과 배움이 이루어집니다. 그 외에 최적의 규율과 공동체를 보완하는 구조와 시설이 있습니다. 이런 장치들은 하나의 공동체가 홀로 요청받는 과도한 일을 행할 수 있으며 행하게 합니다. 또한 이런 제도들은 협력과 교회의 지도와 공동체의 통일에 도움을 제공합니다. 공동체의 교류 또한 상호 간에 중요합니다. 여기서 두 가지 지평이 구별됩니다.

- 지역교회의 지평에서, 종교회의(총회)와 교회 지도부와 감독은 지역 교회 안에

서 공동체 전체가 행하는 결정과 마주하게 됩니다. 교회 전체를 감독한다는 의미에서, 그들은 교회의 가르침, 동역자의 전문교육, 예배질서를 위한 공동적인 책임을 짊어집니다. 그들은 각각의 공동체가 스스로 비교할 수 있는 공동적인 근본토대를 형성하도록 돌보고 있습니다.

- 각 주(州)의 교회들(Landeskirche)처럼 거대한 조직은 지역에서 영향을 미칠 수 있으며, 때때로 상황에 유연하게 대응할 수 있도록 교회의 모임/교회의 구역, 대교구, 수도회 등과 같은 중간적인 지평에서 비(非) 중앙화 구조들을 필요로 합니다. 공동작업과 목회자와 감독과 동역자를 동반하는 협력과 건축적이며 재정적인 결정에 그 비중이 놓여있습니다.

공동체의 상(像)은 최근 차별화되고 있습니다. 지역 공동체 외에 소위 말하는 "시설공동체"가 형성됐습니다. 예를 들면, 병원과 연방 군대나 사법 수행시설물 등에서입니다. 도시 안에서 새로 설립된 교회나 관광 분야에서도 개별공동체의 모임이 개최됩니다. 특정한 영성을 통하여 영향받아 교회 범주로 결합된 공동체도 있습니다. 동료 공동체와 영적인 공동체 중에는 침묵, 영적 돌봄, 영적인 동반, 풍성한 예배 생활을 찾기 위해 사람들이 왕래하는 가정 공동체도 있습니다.

지역 공동체 지평에서 현재 변화과정이 진행되고 있습니다. 구조적, 재정적 이유로 여러 공동체가 남녀 목회자의 사역을 그만두게 하고 있습니다. 목사의 직임을 중심으로 함께 연결되게 해야 하며, 다른 이들과 함께 공동으로 교회 생활을 형성하도록 하는 과제에 직면한 더 많은 수의 공동체들도 있습니다. 이런 과정은 오랜 세기의 전통을 해체하기 때문에, 신앙과 교회가 본질적인 삶의 방향을 모색하는 기독인들을 불확실하게 하거나 잘못 인도할 수도 있습니다. 때때로 이 현상은 작은 모임과는 단절하고, 교회 전체에 그 어떤 의미도 느끼지 않는 상태로 이끌기도 합니다. 교회가 직면한 정치적이며, 사회적이며 세계관적인 논쟁은 장래에도 감소하기보다 더 증가하게 될 것입니다. 독일의 기독교회는 - 더욱이 천천히, 그러나 분명하게 - 천 년 이상 지속하였던 국가권력의 보호 아래 모습을 드러내게 될 것입니다. 이러한 외관의 변화에서도 복음은 신용할만하며, 올바른 방향을 잡아줄 것입니다.

2. 공동체(지역교회) 발전의 구상들

a) 예배 중심적 공동체 설립(Chr. Moeller)

그는 예배에서 공동체의 고백 중심적인 목표를 서술합니다. 그 전제는 공동체의 세례 시행의 안정감 부여와 상대적으로 방문율이 높은 예배에서처럼 구성체의 안정에 있습니다. 세례 시행에 있어, 가장 구별된 그룹과 공동체적 표현을 주목하는 예배가 어떻게 보일 수 있는지, 또는 지속적인 환경 내에서 사회적 분열에 직면한 모두를 위한 하나의 예배를 제시할 수 있는지에 대하여 질문합니다.

b) 공의회 적인 공동체 설립(Chr. Baeumler)

이 구상은 전적으로 구별된 관심과 표현들로 나누어진 공동체 내에서 여러 그룹과 모임과 활동이 다중심적인 다양함이 있다는 데서 시작합니다. 여기에 공동체 생활참여의 여러 등급을 주목하고 수용합니다. 주된 문제는 원심적인 능력들의 통합에서 생겨납니다. 교회나 공동체 품 안에 여러 활동이 실제로 무엇을 함께 공유할 수 있는지? 그 활동이 어떻게 함께 모두를 이끌어지게 할 수 있는지? 대체로 공의회적인 과정에서 다양성과 동기의 현존은 첫 모델에서처럼 대부분 국민교회(volkskirche)적 관계가 전제됩니다.

c) 선교적인 공동체 설립(M. Herbst u.a.)

이 제안은 공동체 중심의 집중적인 활동에서 출발하며, 공동체 밖에 있는 자들을 공동체 안의 신앙과 삶으로 초대하는 노력을 분명히 합니다. 이 모델의 문제성은 이따금 각각 그 중심이 다르게 특징화된 공동체들을 과소평가하는 쪽으로 인도할 수 있는 잠정적인 하나의 영성이나 제한된 약속을 통한 특징에서 발생합니다. 교회설립의 근본적인 관심은 2004년에 그라잎스발드(Greifswald)에 설립된 복음화와 공동체 발전을 위한 연구소 (IEEG) 작업에서 수용되었으며, 국민교회 이후의 교회 구조에 있어 동독교회의 특별한 모습을 이끌어주고 있습니다.

d) "영적 공동체의 갱신"의 구상

이 역시 전 세계적인 은사 운동의 자극을 독일의 복음적인 공동체들 가운데서 도입하려는 것입니다. 그 출발점은 영적인 삶의 새로움의 경험이며, 특별한 영적 경험에서처럼 참회와 함께 하나님을 향한 새 헌신의 결단이 결합 되었습니다. 표현의 강도와 감정적이며 신체적인 측면에서 공동체가 총체적인 영적 움직임에 참여하여 자발적으로나 계획적으로 영적 과정에 향을 미치는 "찬양의 예배"를 축하하고 있습니다. 어떤 이들은 배타적이며 다른 형태를 과소평가하고 있습니다. 이들에게는 표현법과 선택적인 영적 강조로 인해 결정적인 은사나 은사주의로의 고립 위험이 보입니다.

e) 기획 지향적인 공동체 발전

독일 루터교회연합회(VELKD)는 (이전에 첼레 Celle 에서, 지금은 에어푸르트의 노이디텐도르프에서) 공동체 대학에 개입했던 것처럼, 기획 지향적인 공동체발전을 돕고 있습니다. 이 발전 기획은 "선교적인 이중전략"으로 진행됩니다(1983). 즉 처음에는 공동체를 위한 그 어떤 전환이론도 없는 계획을 제시하는데, - 예를 들면, "일상에서의 영성", "임종자들과의 동반에서 배움", "새롭게 시작하기", 또는 "교회들이 믿음에 관해 말합니다"처럼,

- 주 직무수행자와 명예 직무수행자의 익숙하지 않은 사역 형태를 제시하며, 심화 된 영적 경험의 공간을 열어줍니다. 기획 작업은 그 첫 모습부터 진지한 공동체의 발전을 위한 형태를 이룹니다. 그 때문에 사역 형태의 관심사는 공동체발전의 총체적인 과정에 순응합니다. 그 한 예가 2001년부터 공동체 대학과 선교적인 섬김(AMD)의 사역공동체의 협력 가운데서 태동한 "공동체 발전훈련"(GET) 기획입니다.

f) 모범적인 모습을 지향하는 공동체의 발전

공동체 대학에서의 계획적이며, 과정 지향적 요소들의 결합은 무엇보다도 바이에른의 개신교 루터교회의 공동체 아카데미로 룸멜베르그(Rummelberg)에서 시작된 지향적인 공동체 발전(H. Lindner, G. Breitenbach)과 유사점이 있습니다. 일치를 지향하는 모델은 공동체를 위한 주된 모습을 함께 찾아봄에서 출발합니다. 물론, 그 공동적인 모습은 여러 계획과 사역 형태에서 온전하게 될 수 있을 것입니다. 모범상을 지향하는 과정은 여러 차원의 지평에서 자극되어야 합니다. 그 과정을 지역에서 시작한다는 것에 그 의미가 있습니다. 교구에서처럼, 교회의 지역 모임은 공동체의 각인(刻印)력에 있어 현저한 차이를 보여줍니다. 참여자들은 전적으로 스스로 다른 직관과 함께 논쟁하면서, 교회 다수의 공동의 동질성을 발전시켜야 합니다.

이들 구상은 때때로 교회 적인 실체의 다양성으로부터 특별한 관점들을 끌어내고 이를 확고히 합니다. 특별한 관점은 특정한 것이지만, 다른 것을 통하여 보완됩니다. 교회의 범주적 조건들은 발전하면서 변화하는데, 이를 토대로 공동체들은 미래적으로 지금보다는 더 강하게 될 것입니다. 또한 해당 지역은 새로운 발전구상을 위한 지평이 될 뿐 아니라 교회 행위의 공간이 될 것입니다.

3. 독일 교회의 날

"우리는 평신도가 막다른 골목에서 뛰어나와 세계를 향한 문과 성문들을 넓게 열게 되도록 평신도의 교회를 도우려고 합니다. 평신도는 그들을 필요로 하는 교회에서 저들의 삶의 근사치를 중계하는 위치에 있게 될 것입니다."

1949년 타덴-트리그라프의 라인홀트(Reinhold)는 이런 기치로 독일 개신교회의 "교회의 날"(DEKT)을 설립하게 되었습니다. 그는 두 가지 목표를 두었습니다. 그것은 제2차 세계대전 이후 신앙 갱신(신학), 그리고 과거 여러 해 동안의 경험에서처럼, 사람들이 다시는 잘못된 길로 가지 않도록 하는 양심의 강화(윤리)였습니다. 그로부터 시작된 교회의 날 운동은 재빨리 거대한 성과를 얻게 되었습니다. 1954년 라이프지히(Leipzig)에서는 650,000명 이상의 사람들이 모였습니다. 70년대에 이르러 "교회의 날" 행사는 두 거대한 목표인 종교적인 개혁과 윤리적인 자의식을 더 분명하게 드러내었습니다. 즉 정치적인 사안을 밤새워 기도했던 것처럼, 새로운 형태의 예전(禮典)은 창조의 여러 주제를 위한 예전의 날과 축제 만찬으로 발전하였습니다. 그리고 사회적, 정치적인 사안에 관한 토론은 교회의 날을 "개신교의 국민대학"에 가깝게 만들었으며, 또한 그러한 파장은 새로운 대화를 이어가도록 하였습니다. 예를 들면, 유대교와 기독교 사이의 대화나 여성 신학의 주제가 그것입니다.

아침 성서공부는 정치적인 토론과 축제와 만찬 축하와 더불어, 독일 "교회의 날"(DEKT)에 3번째 주요행사가 형성됩니다. 총체적인 "개신교 시보(時報)"처럼, 이런 행사들은 시종일관 교회의 날에 중심이 되는 교훈의 말씀을 주목합니다. 남녀 평신도와 신학자들, 그리고 참여한 사람들은 현금의 문화와 정치 속에서 성서 본문 말씀으로 살게 됩니다.

오래된 침묵의 영성은 새로운 형태를 위한 장(場)이 되어, "순례자의 길들", "개신교 수도원", "축복의 예배당"과 함께 묵상 기도를 자리 잡게 하였습니다. 이러한 경험적 영성은 교회 참여자들 사이의 특별한 기대감을 일으켰습니다. 왜냐하면, 참여자들은 자신의 강한 경건(영성)을 경험하기 때문입니다. 특히 청소년의 많은 참여는 교회의 날을 현저히 새롭게 할 뿐 아니라, 신앙의 경험에 대한 용기를 확실하게 해 줍니다.

2년마다 독일의 큰 도시에서 개최된 교회의 날 속에서, 10만 명 이상의 사람들이 평신도의 날에서 서로를 마주하게 되면 - 독립적이지만 교회 부분적인 일로 - 이 사건은 행사장에서 체험하는 강한 영적 도전이 아니라, 그들의 일을 교회 공동체 안으로 끌어들이고야 맙니다. 이제 "교회의 날 행사"는 언제나 3만 명 이상이 함께하는 활동으로 발전되었습니다. 그리고 평신도 운동과 더불어 고도의 정체성이 능동적으로 만들어졌습니다.

'교회의 날'의 본질적인 원동력은 참여의 원리입니다. - "교회의 미래를 위한 열쇠의 원리"(M. Klessmann)입니다. 그것은 춤추는 것, 연극과 음악, 카바레와 함께 많은 의사소통적인 그룹에서 발견됩니다. 특히 그런 그룹과 주동자, 교회와 사회에서의 조직체는 스스로 소개하는 소위 가능성의 시장에서 기회를 얻습니다. 이에는 물론 참여의 규정이 있는데, 그 규정이 요구하는 바는 논쟁문화가 빈약한 독일 사회에서 각자로부터 "관용과 격론과 대립으로부터의 화해를 위한 최소한의 일치"에 있습니다.

'교회의 날'에서도 - '가톨릭의 날'처럼 - 다른 신앙고백을 가진 많은 사람이 언제나 참여하게 되며, 이따금 다른 집회에 의해서도 영향을 받기도

합니다. 이러한 함께 함은 첫 번째로는 2003년 베를린에서, 두 번째로는 2010년에 뮌헨에서 교회 연합차원의 "독일 교회의 날"이 개최되는 방향을 유도하였습니다. 물론, '교회의 날'의 매력 포인트는 거대 공동체 안에 수천 명의 같은 생각을 하는 사람들이 있다는 사실입니다. 지역 공동체에서는 믿는 자들의 작은 수가 예배와 공동체의 범주에서 모임을 개최하는 반면, 기독인의 고유한 실재는 많은 사람을 위하여 거대한 전시 홀에서나 성서공부와 토론과 공동으로 예배하는 장소에서 그 최고점을 경험하게 될 것입니다. 질문은 누구에게나 개방되어 있습니다. 교회 날의 자극이 어떻게 공동체의 일상으로 옮겨지게 할 수 있을지, 어떻게 교회의 날에서 도전을 받은 젊은 사람들이 지역 공동체 내에서 협동의 공간을 발견할 수 있을지 등이 있습니다.

4. 미래적인 전망

21세기의 첫머리에, 미래 사회의 도전을 향하여 독일 개신교회(EKD) 위원회는 교회를 위한 전망에 대하여 토론과정을 마련하였고, 2006년 고무적인 보고서 "자유의 교회"를 발표하였습니다. 이 보고서는 먼저 도전과 기회를 서술하고, 미래 변화를 위한 4가지 동기를 말하고 있습니다. 영적인 윤곽, 중점설정, 형태들과 외부지향성에서의 운동성 등에 관한 것입니다.

a. "불분명한 활동 대신 영적인 윤곽. 복음적인 것에서 복음이 경험되어야 합니다······.
b. 완벽성을 기대하는 것 대신에 중점설정. 교회의 활동은 곳곳에 존재하는 것이 아니라, 곳곳에서 잘 가시화되는 것······.
c. 구조적으로 꽉 붙드는 것 대신 형태 안에서의 운동성. 모든 일이 공동의 목표로 인해 같은 방식으로 곳곳에서 이루어져야 하는 것이 아니라, 오히려 그 같은 목표는 역시 여러 방식으로 성취될 수 있을 것입니다. "그리스도의 몸"이란 형상

안에서 사람들은 유대인에게는 한 사람 유대인으로, 그리스인에게는 한 사람 그리스인으로 있어도 좋은 것입니다(비교, 고전9:20).
d. 자아 만족감에 안주하는 대신 외부지향성. 타인도 하나님의 자비를 경험할 수 있게 되어야 하며, 타인도 그리스도에게 속하여 있습니다. 공동체의 머리로서 그리스도에 관한 상(像)은 그분의 임재(臨在)가 세상 가운데서 항상 더 크게, 더 넓게, 각기 본래의 믿음과 공동체로서 존재함을 가시화합니다(비교, 골1:15 이하).”

이 보고서는 생생하고도 구별적인 반응을 일으켰습니다. 즉 한편의 사람들은 도전과 전망의 분명하게 거론된 것들을 환영하는 반면, 다른 이들은 보고서에서 유보하는 태도를 보이는데, 그 이유는 보고서가 행정 언어에만 도움을 주며, 아주 조작할만한 것을 지향하며, 무한하신 하나님의 영의 역사를 나태하게 한다는 것입니다. 그 외에도 지역 공동체 안에서 사람의 출신에 대한 충분한 여지를 두고 있는지, 왜 교회 연합차원이 상세하게 거론되지 않는지 등이 질문되었습니다. 보고서가 밝힌 목표는 하나의 토론을 자극하고, 모든 지평에 개혁의 논의를 설정하려는 것입니다. 즉 비판적인 소리는 변화의 과정으로 흘러 들어가야 합니다.

개혁의 과정은 여러 가지 방식으로 개신교 지역 교회에서 수용되었습니다. 예배, 2009년(Kassel)에서 미래사역장, 예배에서(Hildesheim)의 질적인 발전을 위한 설교문화(Wittenberg), 지역 선교(Dortmund, Stuttgart und Greifwald)를 위한 3가지 중심에 관한 기간이 설정된 시설 - 예로서, 인터넷의 공통광장이 독일 개신교협의회(EKD)를 통한 선하고 성공적인 실천 과정의 정착에 도움이 되는 것처럼(www.kirchich im aufbruch.edk.de).

모든 개혁의 노력에서 사람들은 하나님으로부터 부여받은 은사가 영향을 미칠 수 없는 것과 홀로 하나님의 영이 역사할 수 있는 것 사이의 그

관계를 주목하게 될 것입니다. "기도하며 일하라"(ora et labora)라는 옛 베네딕트 수도원의 원칙에 맞추어, 미래를 위한 교회는 주요한 역할로서 모든 활동 영역에서 기도하게 될 것입니다. "그것은 군대나 힘의 능력이 아니라, 나의 영을 통하여 이루어지리라, 만군의 여호와(주님)는 말씀하신다"(슥4:6).

"주여, 당신의 교회를 일깨우시고, 나에게서 시작하소서.
주여, 당신의 공동체를 세우시고, 나에게서 시작하소서.
주여, 평화와 하나님을 아는 것이 지상의 곳곳에서 일어나게 하시며
나에 의하여 시작하소서.
주여, 당신의 사랑과 진리를 모든 사람에게 가져가며
나에게서 시작하소서."

중국에서.

[참고도서]

- 베르텔스만 재단(Bertelsmann Stiftung), 세계는 무엇을 믿는가?(Woran glaubt die Welt?) 종교 감시에 대한 분석들과 해석들(Analysen und Komentare zum Religionsmonitor (세상은 무엇을 믿는가? 종교 감시에 대한 분석들과 해석들), 2008, 2009.
- 프리드리히(Friedrich,M.): 사회적인 변화 가운데 있는 교회
    (Die Kirche im gesellschaft-lichen Umbruch), 2006.
- 기어르츠(Giertz,B.): 예수 그리스도의 교회(Die Kirche Jesu Christi), 1985.
- 요수티스(Josuttis, M.): 우리의 국민교회와 성도들의 공동체
    ("Unsere Volkskirche" und die Gemeinschaft der Heiligen), 1997.
- 자유의 교회 - 독일 개신교협의회 위원회의 충격보고서
    (Kirche der Freiheit – ein Impulspapier des Rates der EKD), 2006.
- 퀸(Kuehn,U.): 교회(Kirche), 1990.
- 뢰회(Loehe,W.): 교회에 관한 3권의 책들(Drei Buecher von der Kirche)전집 6/1, 1951-1986.
- 로핑크(Lohfink,G.): 하나님은 교회를 필요로 하는가?(Braucht Gott die Kirche?),
    4.Aufl. 2002.
- 루터(Luther,M.): 공의회와 교회에 관하여(Von den Konzilien und Kirchen), 1539.
- 지베르츠/칼브하임/리겔(Siebertz,H.-G./Kalbheim,B./Riegel,U.):

오늘날 종교적인 신호들(Religioesen Signaturen heute).
경험적인 청소년연구에 대한 종교교육적인 기여
(Ein religionspaedagogische Beitrag zur empirischen Jugend-forschung), 2003.

6.1.2. 종교개혁

인지

종교개혁은 다양하게 현재 우리의 역사를 각인(刻印)시키고 있습니다. 면죄부 선전에 대항한 무명의 한 수도승의 항변을 통해 야기된 종교개혁은 곧 유럽의 사건이 되었으며, 영원한 구원에 대한 그들의 원천적인 질문을 넘어서 멀리 나아갔으며, 근본적으로 유럽의 문화와 사회를 변화시켰습니다.

루터의 종교개혁 이래로 현재 전 세계적으로 총 7천 180만의 기독인들과 함께, 220개 이상의 교회(교단)들과 선교단체들과 독자적인 공동체들이 활동하고 있습니다. 독일루터교회의 가장 큰 부분(약 1천만 정도의 루터교회 성도)은 독일 개신교루터파 연합체(VELKD)와 연결되어 있습니다.

방향

이미 15세기부터 교회의 종교개혁을 위한 주요 세력들이 움직이고 있었습니다. 마르틴 루터가 속했던 아우구스티누스 은둔자 수도원의 분원 수도원들 역시도 이러한 세력의 영향 아래에 있었습니다. 개혁자의 목표는 수도승의 원천적인 규범으로 되돌아가는 것과 성서적인 기독교의 "단순함"에 대한 재고였습니다. 로테르담의 에라스무스(Erasmus, 1469-1536)는 인문주의 학자로서 그의 염원을 교회개혁에 관한 소망으로 결합하였습니다. 즉 그것은 "고대의 원전으로 돌아가는 것"이었습니다. 비 신학자들로부터 강하게 옹호된 이런 움직임은 내면적인 개인 경건(신앙)의 발전과 고양(高揚)에 힘쓰고 있었습니다. 근대시대 서방교회의 길에 결정적이었던 과정들의 시초는 마르틴 루터(1483.11.10 - 1546.2.18)와 그의 활동과 결부되어 있습니다. 루터는 먼저 법학 공부에 매진했으나, 하나님의 만남 체험은 그의 인생을 형성하게 되었으며, 결국 1505년 아우구스티누스의 은자들의 에어프르트 수도원에 가입하여 1507년 사제 서품을 받게 됩니다. 1511년 그는 비텐베르그(Wittenberg) 수도회의 성직자로 설교의 직무를 넘겨받았으며, 1512년 신학박사 학위를 받은 후, 성서의 학문을 가르치는 교수가 되었습니다. 그가 고해성사의 사제(司祭)로서 중세기의 면죄부 문제들과 대면하게 되었고, 1517년 10월 31일 회개 신학에 대한 학문적인 주제로 로마교회와 대질하는 행동에 이르렀습니다(1518년 아욱스부르그에 있는 교황 특사, 토마스 카에탄(Thomas Cajethan)을 통하여 청문을 받았으나, 폐기의 거절과 함께 이단으로 처리함). 1520년 교황 레오 10세는 루터에게 추방의 벌로 위협하였습니다. 이 벌은 루터에게 성례에 참여하지 못하게 하는 수찬 정지를 뜻하였습니다. 루터가 교황 교서의 추방위협을 받고, 인쇄된 결정적인 문서들이 공개적으로 불태워진 뒤, 그는 1521년 보름스(Worms)국회에 소환되었지만, 그는 다시 한번 그의 주장을 폐기하기를 거절합니다. 마침내, 보름스의 교황 칙령은 그와 그의 추종자들의 파문과 국외 추방을 허용하였습니다. 루터는 위장 습격을 받고 납치된 후, 1521/22년 아이제나하(Eisenach)의 바르트부르그(Wartburg)의 성주를 만나게 되었습니다. 이러한 바르트부르그 체류의 결실은 루터가 독일어로 번역한 신약성서였습니다.

공공 분야에서 그의 영향은 사회윤리에 관한 질문에서처럼, 일상 신앙의 핵심적 질문에 대한 입장발표(예를 들면, 1519년 "죽음의 준비에 관한 설교", "신약에 관한 설교")로 이어졌습니다(1520년 "선한 행위들에 관한 설교", "기독인의 자유에 관하여", "교회의 바벨론 포로에 관하여", "기독인 신분의 개선에 관한 독일국가 기독인 귀족들에게"). 그 긴장은 처음에는 루터에게 가까이 서 있는 친구와 동정적인 인사들에부터 시작되어, 본연의 목표를 추종했던 자들의 활동으로까지 성장했습니다. 1521/22년 안드레아스 카르-슈타트(A. Kar-Stadt)는 비텐베르그에 루터가 부재한 동안에 교회 안에서 종교적인 형상들의 제거와 예전의 변화에 대하여 호소하였습니다. 루터가 비텐베르그(Wittenberg)로 되돌아온 후, 1522년 3월에 설교순서(Invocavitpredigten, 사순절 설교들)을 통해 이러한 카르슈타트 사건에서 양심적 사고의 이면에 있던 그의 폭력사용을 경고했습니다. 1523년 토마스 뮌쳐(Th. Muenzter)는 튀링겐의 알스테드(Allstedt)에서 종교개혁을 제안하였습니다. 그의 종교개혁은 임박한 세상의 종말과 하나님의 심판을 호소하면서 세계의 변화를 관철해야 할 것을 주장하였고, 자신 역시도 1525년 튀링겐의 핵심들과 함께 농민혁명의 선두에 서기도 하였습니다.

인간의 종교적 능력을 중요시했던 로테르담의 에라스무스와 루터(비자유의지에 관한) 간의 논쟁 중 지속적인 긴장감이 형성되었습니다. 이 논쟁으로 두 사람 사이의 파트너 관계는 단절되었습니다.

3번째 긴장의 불길은 1527/28년에 비텐베르그에서의 개혁 운동과 스위스의 종교개혁운동가 취리히의 목사 홀드리히 쯔빙글리(H. Zwingli,1484-1531) 사이에 발생합니다. 핵심적인 차이는 성만찬의 떡과 잔에 나타난 그리스도의 임재에 대한 질문에 있었습니다. 루터의 관점에서는 예수께서 최후의 만찬에 제자들에게 설명했던 만찬의 요소와 함께, 떡과 포도주는 예수님의 몸과 피와 연결되었다는 것은 거부할 수 없는 복음의 모습이었습니다. 쯔빙글리에게 만찬은 단순히 영(靈)안에서 그리스도의 임재를 기념하기 위한 보충이며 상징이었습니다. 1529년 마부르그(Marburg)의 종교 대화를 통하여 시도한 일치의 좌절에서처럼, 공개적으로 이루어진 논쟁은 비텐베르그와 스위스 종교개혁 사이의 균열에서, 후에 루터파와 개혁파로 불린 교회들과 두 가지 신앙고백의 생성에 가장 중요한 뿌리가 되었습니다.

먼저 북독일의 도시에서 동감을 찾았던 스위스의 종교개혁은 그들의 역사적인 효력의 모습은 프랑스 출신이요, 특히 제네바에서 활동했던 신학자, 요한 칼빈(J. Calvin, 1509-1564)의 생애 사역을 통하여 지탱하게 됩니다. 그의 노력은 프랑스와 네델란드, 스코트란드, 남동 유럽, 그리고 후에 북아메리카와 오스트랄리아 등에서 칼빈주의의 반향을 발견하였습니다. 독일에서 개혁교회들의 가장 중요한 신앙고백서는 1563년에 나온 "하이델베르그 요리문답서"입니다. 프랑스에서 1598년 낭트칙령에서 피 흘리는 논쟁들이 발생한 지 수십 년 이후, 칼빈주의적인 휴그노파는 제한적인 신앙의 자유를 얻었습니다.

마르틴 루터를 위해서 개인적으로 1525년은 깊은 숙고 후에 보라의 카타리나(Katharina von Bora)와 결혼하였는데, 그녀는 작센(Sachsen)에 있는 그림마(Grimma)지역 님브센(Nimbschen)의 지스터진저 수녀회(Zisterzienser)의 수녀였으며, 수도원의 생활을 의식적으로 작별하였습니다. 다음의 수십 년간 비텐베르그에서 시작된 종교개혁운동은 중단 없이 확대되었으며, 제국 내에 - 국회와 교황과 황제들의 개입을 통하여 현저하게 위협받게 됩니다. - 스칸디나비아에서처럼, 합스부르그 가문의 유산인 땅(나라)들에서도 그러하였습니다. 이러한 과정은 루터의 추종자들을 통하여 지지 되었고, 고난을 견뎌내었습니다. 그들 가운데 필립 멜란히톤(Ph.Melanchthon,1497-1560)의 역할은 특별히 중요하였습니다. 형식적으로 인문주의적인 영향에 강하게 각인된 그의 신학은 많은 제자에게서 수용되었습니다. 루터는 스스로 대소요리문답서 저술과 사회적인 문제의 입장에 대한 여러 글을 통해서, 개별적인 질문들에 전문가의 감정과 설교문의 인쇄를 통하여, 그리고 하나님의 말씀과 교회 전체에 관련된 개혁 운동의 지지와 안정을 위하여

1534년에 완전하게 제시한 성서 전체의 번역을 통하여 더 큰 영향을 미치게 되었습니다.

개혁 운동의 첫 제도적인 구조화가 이루어진 계기는 1529년 스파이어(Speyer)의 제국의회의 시도였는데, 그것은 종교개혁이 정치적인 조치와 굴복에 따르도록 다수의 결정을 통하여 효력을 가지게 되었습니다. 비텐베르그의 종교개혁에 문을 열었던 지역들과 도시들은 차례로 대응하며, 다수의 결정에 대항하는 "이의제기"(protestatio)란 말이 만들어졌고, 여기서 "프로테스탄트"(Protestant)란 명칭을 얻게 되었습니다. 1530년 6월 25일에 그들은 공동으로 옛 독일의 제국의회 위원들과 함께 국회의 요구에 따라 서명자들이 함께 고백했던 기독교 신앙을 요약한 원본을 제출하였습니다. 그 원본이 "아욱스부르그 신앙고백"(Confessio Augustana)이란 이름의 표시 하에서, 비텐베르그의 종교개혁을 통하여 각인(刻印)된 교회 일치의 띠로서 효력을 가진 루터 종교개혁의 신앙고백(신조)이 되었습니다. 같은 해에 아욱스부르그 신앙고백의 추종자들을 대항하여 신앙을 근거로 기도(企圖)된 군사적 공격의 경우에 결정된(슈말칼덴의 동맹) 방어동맹의 토대로서 하나의 정치적인 기능을 얻게 되었습니다. 그 동맹은 1547년 4월에 뮐베르그(Muehlberg)에서 벌어진 전투에서 황제의 군대에 대항하여 프로테스탄트는 패하고 말았습니다. 이러한 극적인 사건들은 1555년 제국의 권리로 1806년까지 아욱스부르그 국회의 날에까지 그 효력을 가진 규정의 뿌리가 되었습니다. 즉 논쟁적인 신앙 질문들의 해명에까지 기존하는 차이들은 더이상 군사적인 폭력으로써는 해결할 수 없게 되었습니다. 신앙 권력의 책임자들은 그들 통치의 영역에 있는 지역 성주들이어야 했습니다.

부분적으로 격분했으나, 비텐베르그 종교개혁운동의 내면에 철저한 신앙의 확증들에 기인한 논쟁들은 1580년 소위 신조일치서(Konkordienbuch)

에서 하나의 해명이 주어졌습니다. 그것은 루터의 요리문답서와 아욱스부르그 신조가 만들어진 이래로 효력을 발휘했던 고대교회의 가장 중요한 고백들과 연속된 신앙고백 원본들을 포함하였습니다. 그리고 아욱스부르그 신앙고백의 표준적인 해명으로서 일치의 형식("Konkordienformel")을 통하여 보완되었습니다. 신조 일치서는 아욱스부르그 신조의 교회를 위한 의무적인 가르침(신앙 교리)의 토대로 머물렀습니다. 로마가톨릭 교회 안에서 불만을 가진 권력자들은 비텐베르그 종교개혁운동의 확산과 함께 교회를 새롭게 함에 최종적인 반격의 동인을 찾아냈습니다. 오랜 후에 - 항상 다시 장해들을 통하여 중단된 - 1545 트리엔트(Trient)에 소집된 종교회의는 신앙의 물음들과 역시 오랜 기간 생겨나는 의사 일정에 대한 오해들을 설정하였고, 1563년 종교회의의 마지막에 이르기까지 해명과 제거할 것들을 결정하였습니다. 역시 감독의 주교구들에서 행한 결정들의 이식(移植)은 부분적으로 더 많은 기간이 필요했었다면, 그렇지만 종교회의는 15세기 말 이래로 스페인에서 전복되어 효력 있는 영적인 궐기들이 뚜렷한 변화들로 그렇게 이끌었습니다. 로마가톨릭 교회는 신앙고백적인 교회의 모습을 얻게 되었습니다.

특별한 교회 정치적인 정황들을 통하여 조건적으로 영국의 교회는 자체의 길을 가버렸습니다. 그 길은 교황 직분이 없는 고대교회적이며 중세 교회적인 헌법을 통하여 개혁교회에 의존된 가르침과(1559)의 연결로 형성되었습니다.

2. 종교개혁은 루터의 신앙 경험에 뿌리를 두고 있습니다.

분명히 종교개혁은 많은 요소에 힘입었습니다. 즉 상승하려는 평민 생활의 경제적인 강화에서처럼 역시 사회적인 개혁들에 따른 농민들의 요구와 지역 성주들과 황제적인 중앙권력 사이의 정치적인 긴장에, 교회 안에서의 오해들에, 가지가지 개혁의 시도들에, 그리고 원천들에 방향을 잡은 인문주의의 학풍(ad fontes)과 르네상스에서, 고대의 재발견과 새로운 신학적인 조류와 경건운동들에 힘을 입었습니다. 그렇지만, 모든 요소는 함께 얽혀져 있어서, 종교개혁의 역사적인 사건을 충분히 밝혀낼 수는 없을 것입니다. 왜냐하면, 개혁의 목소리는 이미 루터 이전 세기(100년)에 교회 안에서 크게 울려졌기 때문이며, 종교회의들과 승려수도원들, 종교적인 운동들, 인문주의적인 학자들이 이미 움직이고 있었기 때문입니다. 루터는 모든 것들로부터 영향을 받았습니다. 그러나 고유한 종교개혁의 출발점은 루터 자신이었습니다. 그는 "내가 어떻게 한 분 은혜로운 하나님을 만날 수 있는지?"란 질문에 의심하기를 시작하였기 때문에, "하나님의 의"에 관한 성서 말씀의 실존적인 진지함을 자신 스스로 경험했던 것입니다. 교회가 그리스도에 관하여 고백하는 모든 것은 "나를 위하여" 이루어졌으며, 그러므로 "나"의 삶에 관계가 있습니다. "기독인은 스스로 노력해야 하며, 스스로 믿어야 합니다." - 루터는 기독교 신앙의 인격성에서 이러한 통찰을 그의 성서연구에서 얻었습니다. 즉 그는 공상적인 강요에서 나아와 인간들과의 관계에서 항상 곳곳에서 스스로 의롭게 되어야 하며, 자유로울 수 있는 하나님의 사랑을 발견했습니다. 즉 나의 행위를 통한 것이 아니라, 단지 믿음을 통하여(sola fide) 인간이 하나님 앞에서 유효한 의(義)를 발견한 것입니다. 이러한 발견을 통하여, 루터는 자신을 되돌아봄(1545)으로, "나는 전적으로 새로이 탄생했으며, 열려있는 문을 통하여 천국으로 들어갔음을 느꼈다"고 서술하였습니다. 하나님은 자신을 계시하십니다.

↗ **칭의**.

루터는 참회의 의자(신부에게 하는 고해성사)에서 면죄부 행상(行商)

의 황폐한 결과들을 알게 되었습니다. 즉 사죄권의 증서를 통하여 사람들은 자신과 "연옥(煉獄)에 있는 불쌍한 영혼들을" 일시적인 교회의 벌로부터 돈을 주고 빼냈던 것입니다. 도미니크 수도원의 승려인 테첼(Tetzel)과 같은 시장에서 소리 지르는 면죄부 설교자들을 통하여 유혹할 때, 많은 기독인은 면죄부 증서의 매입을 통하여 하나님에 대한 죄용서의 예약권을 획득하게 되는 확실성을 거절하였으며, 어떤 이들은 참회의 자리에서 그들의 면죄부를 보여주었으며, 사죄를 요구하기도 하였습니다. 루터는 학술적인 토론으로 이 문제를 해결하기를 원했습니다. 그리고 면죄부에 대한 라틴어로 작성한 95개 조항을 발표했었습니다. 그것은 그가 그 안에서 널리 퍼진 교회개혁의 요구에 적중하는 표현을 잃어버린 것처럼 보였습니다. 왜냐하면, 이러한 주제들은 그의 의지와는 상관없이 곧 독일어로 번역되었고, 전 독일에 알려졌기 때문입니다.

95개 주제들에서, 즉

- 우리의 주님이요, 선생이신 예수 그리스도가 "회개하라"(마4:17)고 말씀하신다면, 그래서 그는 믿는 자들의 전 삶이 회개 되기를 원하는 것입니다(주제 1).

- 교황은 죄가 하나님으로부터 용서되는 것을 해명과 확약을 통한 것보다 달리 그 어떤 죄도 용서해 줄 수 없습니다(주제 6).

- 그의 죄를 올바르게 뉘우치는 모든 기독인은 역시 면죄부 없이도 그에게 이를 벌과 실수의 완전한 유산을 가지게 됩니다(주제 36).

- 교회의 참된 보화(寶貨)는 하나님의 은혜와 영광으로부터 지극히 거룩한 복음입니다(주제 62).

3. 종교개혁은 성서에서 명령합니다.

　종교개혁자들은 그들이 유일한 표준으로 높이 평가하는 성서에서 그들의 가르침을 "증명"합니다. "하나님의 말씀은 신앙의 항목을 내 세우며, 그 밖에 누구도, 천사도 역시 하지 못하는 일입니다(스말칼덴 항목 II,2,15). 설교는 그것이 성서에 근거할 때, 하나님의 말씀일 수 있습니다. 왜냐하면, 지금 성서는 모든 인간적인 교회 안에서의 제도들에 대하여 하나님의 말씀으로 존재하기 때문에, 종교개혁자들은 성서에서 모순되는 전통들에 대한 비판에 자격이 있음을 보는 것입니다. 성서의 부르심은 홀로 그들에게 종교개혁에 대한 용기와 권리를 주게 됩니다. 물론 그 당시 "성서에 대항하는 성서"의 논쟁이 없었던 것은 아닙니다. 즉 성서가 하나님의 말씀이라는 그 어떤 면의 논쟁이 없었기 때문이며, 역시 종교개혁의 반대자들도 성서 구절들로 논증했기 때문입니다. 이러한 논쟁은 루터를 위해서 결정적인 해석의 근본원칙을 통하여 밝혔습니다. 즉 성서는 그들의 중심에서 말하자면, 그리스도로부터 해석되어야 하며, 더욱이 십자가에 달리신 자로부터 - 인격(몸) 안에 나타난 하나님의 은혜이었습니다.

　루터는 성서의 유일하고 적절한 통찰을 발견했던 것으로 확신했습니다. 그리고 이러한 업적에 따라 개별적인 성서를 판단합니다. 그는 더욱이 전통적인 범위 안에서 성서 책들의 수집을 성립하게 하며, 그러나 차이를 만듭니다. "기독교를 움직인다"라는 그 같은 성서 문서들은 그에게 결정적입니다. 그러므로 루터는 역시 놀라운 자유 안에서 개별 성서에 대항하여 비판적인 이의(異義)들을 이끌 수 있었습니다. 예를 들면, 칭의(稱義)에 대하여 인간적인 행위에 근거하여 말하는 것으로 보이는 야고보서에 대항하여 그러했습니다. 이러한 루터의 판단들은 오늘날까지 성서가 동등한 가치를 가진 문서들인 책이 아니라, 그리스도가 중심이라는 것, 그리고 역시 그가 가장 중심에 있다는 의식을 깨우쳐 주었습니다.　　／**성서**

이러한 새로운 성서이해는 전통적인 교회 성서해석의 이면에 대한 숨 막히는 자유에서 종교개혁자들을 도왔습니다. 그렇습니다. 저 모든 교회의 전통의 이면에서입니다. 그것은 반대로 결코 더 편협한 무 역사의식으로 인도하지 않았습니다. 성서에 적합한 모든 전승은 주목되었으며, 교회 안에서 가장 중요한 것, 그리스도를 통한 죄인을 의롭다 하는 칭의는 침해되지 않은 채 머물러 있는 동안, 그것은 예배와 경건에서 역사적으로 성장한 형태들의 풍요를 나란히 제시할 수 있을 것입니다.

4. "십자가의 신학"

루터의 신학적인 사고를 통하여 근본적인 차이가 드러납니다. 그것은 즉, 두 가지 원칙적으로 구별된 종교적인 길인 "십자가의 신학"과 "영광의 신학"입니다.

- "십자가의 신학"은 하나님이 어떻게 인간으로 강림하셨으며, 그의 사랑의 권세가 반대로 고난의 무능력 안에 숨겨졌는지를 설명합니다. 그것은 모든 이성에 모순이지만, 그러나 믿음의 경험에 상응합니다. 즉 십자가의 무능 안에서 "십자가의 신학"은 그들의 주인을 알게 됩니다. 그리스도의 십자가는 인간에 대한 하나님의 외면을 계시하시며, 그것을 동시에 극복했습니다. 다만, 그렇게 하나님은 인간 안에서 활동하실 수 있으며, 인간은 하나님으로부터 자신을 선물하게 하십니다.

- 루터가 스콜라적인 사색의 신학에 앞서 발견했던 "영광의 신학", 즉 다른 길은 합리적이거나, 도덕적인 노력을 통하여 그의 것이 확실하게 되도록 하나님께로 상승하는 인간의 길을 설명합니다. 이러한 최종적인 자기를 영화롭게 하는 시도들은 그리스도 안에 계신 하나님을 무효화시키며, 인간을 자기 자신을 구원할 아무런 능력이 없는 시도들에서 자유롭게 합니다. 그 모든 것은 다만 이론적인 교리형성을 밀쳐버리며, 루터가 그것을 스스로 관철했던 것처럼, 믿음의

실존적인 경험의 후예가 됩니다.

- 기독교적인 신앙은 그러므로 앞서 나타나는 것에서부터 참된 실체로 현저한 운동으로서 이루어집니다. 그리고 "십자가의 신학"은 결코 역설적인 놀이의 기쁨에 힘입고 있지 않습니다. 그것은 오히려 생명의 진리가 자신에게서 나타나는 것이 아니라, 사실들의 배경에서 먼저 발견되어야만 하는 진지함을 만들게 됩니다. 그것에 대하여 그리스도의 십자가는 완전히 새로운 표준을 드러냅니다.

- 하나님의 은혜는 현세적인 모순 가운데 숨겨져 있습니다.

- 참된 교회는 아주 깊이 인간적인 제도들 가운데 감추어진 채 머물러 있습니다.

- 의롭게 된 인간은 시간적인 삶에서 죄인으로 머물게 됩니다.

"십자가의 신학"은 결과적으로 그리스도에 대한 신앙고백에 직접 작용합니다. 즉 그리스도가 참된 하나님이며 참된 인간이라는 것을 종교개혁자들은 고대교회 가르침의 결단들과 함께 상세한 일치 가운데 고백합니다. 그들은 그러나 신성과 인성의 관계가 대체로 어떻게 생각되는지의 문제를 극복합니다. 그들을 위해서 예수의 신성과 인성 사이에 어떤 경쟁적인 관계가 더 이상 존재하지 않기 때문입니다. "십자가의 신학"에 상응하게, 우리가 예수의 인성과 낮아지심(라틴어 humilitas)에서 스스로 전능하신 하나님을 만나며, 예수가 인간과 교제하는 것처럼, 그러한 방식으로 그것을 하나님이 우리와 함께 생각하는 것처럼, 인식하는 것에서 그것들은 분명해집니다.

5. 종교개혁은 하나의 교회를 인정합니다.

a) 교회 - 믿는 자들의 공동체

종교개혁의 관점들은 교회에 관한 가르침에 역시 영향을 미쳐야만 했습니다. 하나님의 은혜가 "다스리는" 권세가 충만한 인간의 제도를 대신하여, 그리스도를 믿는 사람들의 공동체가 등장합니다. 그들이 비록 분리된 교회 공동체 안에서 살고 있지만, 그들 모두는 교회를 형성하며, 그들의 주님을 "직분 수행자들" 안에서가 아니라, 홀로 믿음을 불러일으키시는 그분 안에서 알게 됩니다. 그는 그리스도이십니다. 교회의 본질에 관한 이러한 이해 안에서 로마교회의 교황 직분에 대한 종교개혁자들의 비판은 근거를 가집니다.

"나는 성도들의 공동체인 거룩한 그리스도의 교회를 믿습니다." - 사도신경에 있는 이러한 말을 루터는 온전히 자신의 것으로 만들 수 있었습니다. 사람들이 전통적으로 "거룩한 자들" 아래서 특별한 경건을 통하여 일치된 뛰어난 기독인들로 이해하는 반면, 루터에게서는 - 신약을 위하여 통상적인 것처럼 - 역시 그리스도를 믿는 모든 사람으로 생각되었습니다. "거룩한 자", 그것은 자체의 경건한 노력에 근거한 것이 아니라, 하나님이 그들을 거룩하게 하시기 때문입니다. 물론 이러한 "거룩한 자들"은 세상으로부터, 또는 특별한 경건의 연습들을 등지는 모습으로 표현하는 것이 아니라, 바로 불가시적인 것에서, 그러나 일상의 실존적인 삶에 가까운 도전들에서 바로 입증되는 것입니다.

b) 교회 - 하나님의 말씀을 통하여 만들어졌습니다.

교회를 믿는 자들의 공동체로 이해하는 사람은 그것이 동일하게 생각된 자들의 자유로운 연합에 힘입고 있다는 것을 생각할 수 있습니다. 종교개혁자들은 결단코 이러한 이해를 나누는 것이 아니며, 단지 하나님의 말씀 안에 근거한 믿는 자들의 공동체를 보는 것입니다. 그러나 그들 지체의 경건한 신앙에서도 아니었습니다. 이러한 교회 이해와 함께 교회의 인간적이며 제도적인 면을 조화롭게 견지하는 것과 두 가지 오해들에 대항하여 한계를 긋는 것이 그들에게 성취되었습니다.

- 말씀이 그들 교회에 앞서 지배했던 것처럼, 제도학파(制度學派)에 반대하여, 그들은 믿음을 강조하게 됩니다.

- 재세례파들과 "광신주의자"들이 영성주의에 대립하여 그들은 표면적인 표지(標識, 말씀과 성례)에서 스스로 하나님과 결합을 강조합니다.

c) 교회 - 가시적인 동시에 불가시적입니다.

교회는 신앙의 공동체이며, 믿음은 표면적으로 고정적인 것이 아니므로, 사람들은 항상 다시 참된 교회는 불가시적이라고 결정지었습니다. 교회는 역사적으로, 표면상 가시적으로 실현되자마자, 곧 그들의 고유한 본질에서 벗어난다는 것입니다. 이에 비하여 루터에게서 교회는 동시에 가시적이면서, 숨겨진 것으로 이해됩니다.

- 교회는 함께하는 사람들로부터 현존하며, 가시적이며 들을 만한 행위들이 수행되기 때문에, 그리고 역사적인 제도로 존재하기 때문에 가시적입니다. 그 교회 안에서 실제로 활동하시는 분은 - 성령이신데 - 그분은 물론 인간적인 눈에는 숨어계신 분이 분명합니다.

- 교회의 참된 지체에 속한 자는 역시 숨겨져 있습니다. 다만 하나님은 홀로 그 믿음을 아십니다. 어떤 사람도 여기서 다른 이들을 판단할 수 없습니다. 하나님의 말씀과 성례가 믿어진 곳에 성령은 스스로 활동하십니다. 교회가 있는 곳에서 그렇게 잘 말하게 합니다. 그러나 그들의 참된 지체들에 종속된 분은 아닙니다.

양자(가시적인 것과 불가시적인 것)는 분리해서는 안 됩니다. 종교개혁자들은 그 때문에 통상적인 교회에서 "거룩한 자들의 공동체"를 구분하기를 방어합니다. 왜냐하면, 진리 가운데서 홀로 하나님이 다가오시는 그 안에서 인간의 판단 능력이 오만해지지 않게 해 주시기 때문입니다. 그러므로 역시 가시적이며 불가시적인 두 교회가 아니라, 그 하나의 교회는 두 가지 다른 관점들 아래서 표면적이며 내적인 것으로 주목되어야 합니다.

↗ 신자들의 공동체.

d) 종교개혁 - 새롭게 하는 운동이지, 새로운 교회는 아닙니다.

종교개혁은 그 당시 교회 내면에 교회를 종교적으로 새롭게 하는 갱신(更新)운동이었습니다. 종교개혁자들 그 누구도 하나의 새로운 교회를 세우려는 의도를 가지지 않았습니다. 독립적인 개신교회의 기원은 교황과 감독 대부분이 종교개혁을 거절했을 때, 먼저 필수적인 일이 되었습니다. 종교개혁의 고백교회들은 종교개혁으로부터 설정된 기본진리들이 총체적인 기독교로부터 인정될 때까지 하나의 비상 적인 해결책으로 존재했습니다.

결과적으로 종교개혁자들은 참된 교회를 개신교회에다 한정하지 않았으며, 하나님의 말씀이 설교 되며, 믿어진 곳곳에 존재하는 교회를 알고 있었습니다. 루터는 교황에 대한 가장 예리한 공격 가운데서도 역시 교황 아래에서도 참된 교회가 있다는 것을 스스로 부정하지는 않았습니다. 그렇게 종교개혁은 그들의 근거와 본질로부터 교회 연합적이었던 것입니다.

↗ 작은 종파들의 정보.

"우리는 교황권 아래 많은 기독교적인 유산이 모든 기독교적인 귀중한 것과 역시 거기서부터 우리에게 유래한다는 것을 고백합니다. 말하자면, 우리는 교황권에서 올바른 거룩한 문서와 올바른 세례와 제단의 올바른 성례, 죄의 용서에 대한 올바른 열쇠, 올바른 설교의 직무, 주기도문, 십계명, 사도신경, 올바른 요리 문답서 등이라는 사실을 고백합니다."(M. Luther 재세례에 관하여, 1528).

6. 종교개혁의 효과들

a) 종교적으로

- 종교개혁은 르네상스와 인문주의와의 상호작용에서 종교적인 개성의 재발견과 문화화로 인도합니다. 교회가 가르치고 믿는 것의 총체적인 양도와 함께 만족을 주는 것 대신에 종교개혁은 개인으로부터 기독교적인 신앙을 자신의 마음과 양심에 자신의 것으로 만들기를 요구합니다.

- 종교개혁은 완성에서 "내적으로 접합된" 태도에 힘을 입고 있습니다. 즉 개인적인 책임 안에서 살았던 삶과 고유한 양심은 전승된 규범에 앞서 우선권을 가집니다. 모범적인 강조점에서 종교개혁은 자율성(인간의 자기 책임)과 함께 신율성(하나님께 삶의 복종)을 연결합니다.

- 이로써 획득된 개별적인 종교성은 하나의 풍성한 프로테스탄트적인 경건 문화(교회의 노래들, 교회의 문서들)와 교회에 부여된 교육의 과제를 요구합니다.

b) 교회적으로

- 종교개혁은 전쟁과 정치로 잘못 끌려들어 감에서 교회를 그들의 본래의 과제로 되돌리며, 내적인 새로움의 것들에 힘입고 있습니다.

- 책 인쇄의 최근의 발견과의 동맹에서 종교개혁은 중세기의 기독교적인 평신도 운동을 도우며, 기독교의 성직화를 만듭니다. 그것은 기독교적인 진리의 과도한 책임을 더 적게 다루는 것이 항상 불가능하다는 것을 뜻합니다.

- 종교개혁은 서유럽지역 기독교의 종파주의로 인도합니다. 즉 루터적이며, 칼

빈주의적이며, 가톨릭적인 면들이 다른 신앙형성의 분리로 어쨌든 자체의 신앙이해를 정의하며, 고유한 종파 문화를 형성합니다. 이로써 1054년 동방교회와 서방교회의 분열에 따라, 오늘날 서방교회는 여러 가지 원리적으로 동등한 자격을 가진 신앙의 가족들이 나누어지게 됩니다. 거기서 서로를 알려주는 일과 교회 연합적인 일체에 대한 필요성이 나타납니다.

c) 신학적으로

- 종교개혁은 기독교 신앙 진리의 목록에 하나의 새로운 구조를 제공합니다. 그것은 모든 개별적인 가르침의 진술이 그 중심에서 칭의의 가르침과 관계를 갖는 한 그렇습니다. 즉 인간이 오직 믿음을 통하여(sola fide), 오직 그리스도를 통하여(solus Christus), 그것은 성서가 끊임없이 계시하고 있는 것처럼(sola scriptural), 구원의 순수한 은혜(sola gratia)에 참여하는 것입니다.   ↗ 칭의

- 그것은 더 많은 동등한 위치에 있는 신앙원리 중 하나가 아니라 – 삼위 적이며 기독론적인 신앙고백과의 해결할 수 없는 관계에서 – 교회가 세워지고 넘어지(라틴어, articulus santus et cadendis ecclesiae)는 유일한 신앙의 결정적인 항목입니다. 역시 스위스 종교개혁의 신학자(Zwingli & Calvin)들은 그 어떤 다른 토대 위에 근거하고 있지는 않습니다.

d) 정치적으로

- 종교개혁은 – 동시에 한계를 지으며 – 현대세속적인 국가의 전문교육에 도움을 줍니다. 왜냐하면, 현대 세속교육은 양심의 자유를 보급하고 있기 때문입니다. 1555년(아우그스부르그 평화화의)의 평화 결정과 1648년(베스트팔리아 평화조약)는 그것에 상응하게 이중성을 시도하였습니다. 즉 세속화와 동시에 종파화인데, 그것들은 종교적 진리의 물음을 국가적인 힘의 해결에 의한 의식적으로 마무리 지었기 때문에 그러하였습니다.

- 이로써 종교는 결코 사적인 일로 축소하지 않고, 사적이며 교회적이며, 공(사회)적인 차원에 따라 기독교를 구분하기를 시작한 것입니다.

- 칼빈주의는 루터적인 전통보다도 역시 더 강하게 현대 경제윤리와 사회윤리에 영향을 미쳤습니다. 그것은 예정론과 함께 노동과 직업에 긍정적 관점을 결부시켰기 때문입니다. 믿는 자가 하나님으로부터 선택되었는지, 유기되었는지에 대한 중요한 특이점을 경제적인 성과에서 보았기 때문에, 경제적인 영역이 종교적인 질을 가지게 됩니다.

e) 문화적으로

- 종교개혁은 청렴한 진리의미의 의무적인 계명을 기억합니다. 종교개혁은 전통들에 대하여 원리적으로 질문을 제기하기 때문에, 역사를 위한 순간을 강화하며, 교회 역사과학을 위한 공간을 열게 됩니다. 종교개혁은 학술적인 연구경영에서처럼, 일반적인 학교교육의 조력에 동일한 영향을 미치는 기독교적인 교육책임을 강조합니다.

- 종교개혁은 새로운 직업의 열정을 발전시키며, 그것에 상응하게 모든 인간(성직자만이 아니라)은 그의 직업을 직접 하나님으로부터 받으며, 그 안에서 기독교를 보존하며, 그것에 대하여 하나님께 변호를 제시하게 됩니다. 종교개혁은 세속적이며 거룩한 영역에서 실체의 분리를 극복합니다.

- 모국어의 돌봄과 함께 루터 성서는 프로테스탄트 주의의 고유한 언어문화를 자극하며, 그렇게 그 언어문화는 거의 모든 유럽의 나라들에서 포괄적인 국민 언어적인 성서 운동을 위한 괴도를 나타냅니다. 루터는 인정했습니다. 즉, 모국어가 홀로 복음이 그의 인격적인 긴급성에서 이해되었던 것을 보증합니다.

- 하나님이 그의 복음의 사명을 알리는 말씀의 강조와 함께 종교개혁은 음악과 마찬가지로 시와 종교적이며 교회적인 앞선 통치에서 자유롭게 형성하는 예술 등의 품격을 높이게 됩니다.

- 하나의 특별한 요소는 역시 여기에 스위스적이며 개혁주의적인 전통이 힘의 놀이에 반영됩니다. 즉 그것은 성서적인 형상금지(출20:4이하)를 들어냈기 때문에, 개혁교회는 하나님을 다만 영적으로 알기를 원하며, 처음부터 교회의 공간에서 도구적인 음악처럼 묘사하는 예술을 금지했습니다. ↗ **조형예술**.

형성

1. 종교개혁의 기념일

아주 일찍 교회들은 매년 종교개혁을 위한 "종교개혁축제"로 감사하기를 시작하였습니다. 루터의 생일(성 마틴 11월 10일)이나, 그의 죽음의 날(2월 18일), 또는 아욱스부르그 신앙고백(Cconfessio Augustana)을 6월 25일에 넘겨준 날로 경축합니다. 결과적으로 - 국가적인 공휴일로서 오랜 기간 - 95개 조항을 제시한 날(10월 31일)이 축하기념일로 관철되었습니다. 개신교와의 이웃인 로마가톨릭 교회가 "모든 성자를" 축하하는 날로 11월 1일을 기념하기 때문에, 루터기념의 대립적인 모양새를 피하는 것과 교회 연합적인 예배에서나, 또는 그러한 과제의 시행에 따라 교회가 항상 "회복과 개혁"을 필요로 한다는 것을 생각하도록 도울 수가 있을 것입니다.   ↗예배

종교개혁 축제의 윤곽에 대하여 지난 여러 해 동안 - 역시 상업적인 관심을 통하여 특별히 봐 주었던 - 할로윈의 축제관습의 확산과 함께 논쟁이 일어났습니다(10월31일/11월1일). 이와 관련하여 종교개혁의 날을 국지적이며, 지역적으로 다시 공적이며, 교회적인 축제일로 강화하여 형성되게 하는 주도권이 만들어졌습니다(예를 들면, 주도권은 www.hallo-luther.de - 그리고 종교개혁일의 형성에 대한 독일 개신교협의회 EEK 가 제시한 주제들의 자료집 참고).

2. 루터파 교회들

아욱스부르그 국회의 날(1530)은 벌써 자율적이며, "루터적인" 지역 교회들의 형성을 아욱스부르그 신앙고백서의 제출과 함께 알게 해 줍니다. 1555년 아욱스부르그 종교평화 회의와 1648년 베스트팔리아 평화조약은

더 많이 그것을 공적이며, 정당하게 확인시켜 주었습니다. 먼저 루터의 종교개혁은 독일 교회들 외에 특히 동유럽과 남동유럽, 그리고 서유럽의 부분 영역들과 스칸디나비아 전역과 연결되었습니다. 망명자들과 이주자들의 흐름이 루터교를 북남아메리카와 오스트랄리아로 확산하게 되었습니다. 새로운 세기에 루터적인 기독교의 중심이 아프리카(특히 탄자니아)와 아세아(특히 인도네시아, 파푸아-뉴기니아, 인디안과 중국)에서 거대한 교회들로 이동하게 되었습니다.

이러한 루터파 기독교에 예속된 자의식은 1747년 루터파 세계동맹(LWB)의 설립으로 이어졌습니다. 이 동맹체는 지상에서 가장 큰 기독교 공동체 중 하나가 되었는데, 141개의 교단과 약 6천8백3십만의 구성원을 대변하는 교회가 되었습니다. 루터적인 영향을 받은 "연합교회"(Die Unierte Kirche)안에 있는 지역들과 공동체들과 마찬가지로 몇 개의 매우 엄격한 루터파 교회들(미국의 미조리주 총회, 독일 내에서 SELK에 속한 교회들)은 루터파 세계동맹(LWB)에 소속되지 않았습니다. 국제적이며, 신앙을 초월한 대화모임과 같은, 예를 들면, 로마 가톨릭교회와의 쌍방의 대담과 같은 개발도상국의 자원봉사와 망명자와 천재지변의 협력체들은 벌써 그의 전문화된 작업 프로그램에 속해 있습니다. ╱ **교회연합운동**(Oekumene)

"루터파의 세계동맹은 삼위일체 하나님을 고백하며, 하나님 말씀의 복음전파에서 일치하며, 강단과 성찬 교제에 결합한 하나의 공동체입니다. 루터파 세계동맹은 하나의 거룩하고 보편적이며 사도적인 교회를 믿으며, 세계전체에 기독교의 통일에 봉사하기를 원합니다"(세계 루터교회 동맹의 헌법 제2조). 개신교-루터교회의 한 서술은 소 신앙고백 알림의 6.1.6장에서 찾을 수 있습니다.

[참고 도서]

- 칼빈(Calvin,J.): 연구출판물(Studienausgabe), 부쉬 편집(Hg.v. E. Busch), 1994.
- 코트렛(Cottret,B.): 칼빈(Calvin), 1998.
- 로제(Lohse,B.): 루터의 신학(Luthers Theologie), 1995.
  루터의 독일어(Luther Deutsch), 편집-쿠르트 아란드(Hg. v. K.Aland), 1975-1983.
- 폴만(Poehlmann,H.-G.) u.a.: 루터교회의 신앙고백문서의 신학
  (Theologie der lutheri-schen Bekenntnisschriften), 1996.
- 쉬나이더(Schnyder,C.): 종교개혁(Reformation), 2008.
- 슈밥(Schwab,H.-R.): 필립 멜란히톤(Philipp Melanchthon).
  독일의 스승(Der Lehrer Deutschlands), 1997.
- 슈바르츠(Schwarz,H.): 마르틴 루터(Martin Luther).
  삶과 작품에서의 입문(Einführung in Leben und Werk), 2010.
- 슈바르츠(Schwarz,H.): 루터(Luther), 2004.
- 첼러(Zeller,E.): 여성 루터(Die Lutherin), 5.Aufl. 2009.
- 쯔빙글리 문서들(Zwingli Schriften): 편집-브룬슈바일러/
  루츠(hr.v.Brunschweiler,T./Lutz,S.),1995.

6.1.3 교회 직분의 근거

인지

1. 준비

- 당신은 성서에 제시되고 개신교-루터교회의 신앙고백 안에 증언된 것처럼, 예수 그리스도에 관한 복음을 설교하며 가르칠 준비가 되어있습니까?

- 당신은 예수 그리스도가 제정하신 세례와 성찬으로 회중을 섬기며, 하나님을 찬양하고 인간을 구원으로 인도할 준비가 되어있습니까?

- 믿음 안에서 간구하는 영적인 돌봄의 침묵과 참회의 비밀을 보호할 준비가 되어있습니까?

- 고독한 자와 병자를 방문하며 죽어가는 자의 임종에 함께하고 고난에 처한 사람들을 도우며 평화와 화해에 힘쓸 준비가 되어있습니까?

- 우리는 교회의 법을 존중하고, 공동체의 단결과 예수 그리스도 교회의 통일을 위하여 전력을 다할 준비가 되어있습니까?

- 믿음 안에서 매일 기도와 성서 읽기를 통하여 자신을 강하게 무장하며 지식을 심화하고 자신의 영혼 돌봄의 책임을 짊어질 준비가 되어있습니까?

- 당신에게 맡겨진 임무에 상응하게 언제든지 예수 그리스도의 제자로 살며 활동할 준비가 되어있습니까?

이러한 질문은 목사직을 받기로 결단한 남녀 목사안수식에서 제시됩니다. 그 질문들 속에는 이들이 수행해야 하는 본질적인 과제가 언급되어 있습니다. 즉 복음전파와 성례(세례와 성찬) 거행과 영혼의 돌봄과 고난받는 자들을 돕는 것 등입니다. "예, 나는 준비되어 있습니다." 그리고 "예, 성령의 능력 안에 계신 예수 그리스도를 통하여 하나님이 나를 도우십니다"라고 목사직을 부여하는 안수자들에게 대답합니다. 그런 후에 무릎을 꿇고 기도와 안수로 사명의 맡은 자로 부름을 받게 되고, 축복기도 후 공적인 복음전파와 성례 거행의 사역에 파송됩니다. 그런 후, 예배의 의식은 거룩한 주의 만찬과 함께 계속 이어집니다.

2. 기대하는 것들

남녀 목사는 안수를 통한 직분 부여와 함께 다음과 같은 기대들을 가집니다.

a) 설교자

전통적인 개신교적 이해에 따라, 남녀 목사는 정해진 지역교회에서 복음전파, 영혼의 돌봄과 말씀과 가르침, 그리고 말과 행동의 개인적인 증거를 통하여 하나님의 말씀을 계속 전해주는 과제를 갖습니다. 남녀 목사는 여러 다른 섬김의 수행자들과의 협력관계에서, 교회의 부흥에 격려하고 조정하면서 함께 활동하며, 그런 관계에서 지역교회에서의 지도적인 행위를 인지합니다. 이러한 전통적인 상(像)은 - 표면적으로 볼 때- 역시 지배적 군림의 모습으로 보이지만, 그러나 남녀 목사는 특수적이며, 보충적인 전문교육을 통하여 더 많은 부분작업 영역들에도 열중하게 됩니다. 이러한 전통적인 모델에 따른 섬김을 위해 각각의 영역에서 적절히 형성된 은사는 오늘날에도 해당됩니다.

b) 하나님과 사람들 사이에 중재자

짐작하기로 핵심적인 교회의 기본욕구로 소급되는 가장 오래된 기대들이 그것을 지향합니다. 즉 목사는 하나님께 간청하며 사람들이 불행을 피하고 사람들을 축복하며 비상의 경우 악한 것에 대해 선을 긋는 일입니다. 이러한 중재자의 직무, 또는 사제의 직무는 인간사회 안에서 형성된 가장 오래된 직무 중 하나입니다. 그 때문에 그것은 다른 문화들 가운데도 나타납니다. 그러한 기대들이 현대적인 사회에서 발견되는 것은 인간적인 삶이 이따금 불확실하며 예측할 수 없는 힘들의 지배에 내맡겨졌다는 것을 느끼게 되는 일과 연관되어 있습니다. 삶의 위기들은 그러한 속수무책의 깊은 점들을 말해줍니다. 그 때문에 남녀 목사를 찾는 부름이 그러한 위기 가운데서 특별히 커지게 됩니다. 목사들은 감추어져 있는 거룩의 영역으로 사람들을 인도해야 하며, 그들이 먼저 종교적 감수성에 처해 진 한계를 뛰어넘도록 '신비주의자'들로서 치유하는 경험들을 중재해 주어야 합니다. 만일 남녀 목사들이 한계상황의 극복에 동반자로 계신 예수 그리스도의 이름과 그의 보호 아래서 행하지 않을 때, 거기서 각자의 한계상황의 극복은 실패하리라는 것은 분명합니다.

c) 영혼의 보호자(목사)

종교개혁 이래로 목사는 주로 강단 설교자로 보였으며, 이후에는 종교 교사나, 또는 도덕 교사로, 오늘날은 특별히 영혼의 보호자로 여깁니다. 특별히 이러한 기능에서 목사는 공적인 보호자의 역할을 경험합니다. 즉 그는 법정에 서서도 교회법을 통해 성실히 보존할 의무가 있는 개별 신자가 참회한 내용의 비밀 폭로를 강요받지 않습니다. 목사는 예수 안에서 계시 된 인간적 친절인 하나님 사랑의 의미에서 그들의 삶이 형성되며, 다스려지도록 사람들을 도와야 합니다.

d) 공동체의 경영자

오늘날 남녀 목사들에게 제기된 기대들 가운데, 공동체의 지도에 대한 능력이 특별히 강조되고 있습니다. 남자 목사나 또는 여자 목사는 공동체의 경영자이어야 하는데, 경영으로 그룹의 교양을 자극하고 그들의 상호 접촉을 도와야 하며, 공동체가 살아있도록 만들어야 합니다. 목사는 성장에 영감을 불어 넣으며, 기독교 신앙의 관심을 공중 가운데서도 신실하게 대변해야 합니다. 그의 사역은 정치적으로도 영향을 미쳐야 합니다. 즉 사회제도의 불의한 부분이 나타난 곳에서, 목사는 해당자들을 도움으로 사회관계를 개선하며, 더욱이 그들이 스스로 해결의 과정에 참여하도록 방법과 조직 형태를 발전시켜야 합니다.

e) 사람들 가운데 중심

특히 남녀 목사들은 여러 방면에서 사람들을 스스럼없이 만나, 그들의 언어로 말할 수 있도록 의사소통적이어야 합니다. 특별히 복음이 말과 행동으로 증언하는 것이 중요하게 여겨지는 곳에서는 복음은 삶과 가까워지도록 계속 말해주어야 합니다. 목사는 자신들의 직업과 분명히 일치해야 하는데, 그 직업을 단지 일시적인 잡(Job)으로 생각하는 것이 아니라, 실제적인 하나님의 소명으로 인식해야 합니다. 현대적인 삶에서 당연한 노동과 휴가의 분리는 목사직업에 대한 150% 이상의 기대를 품게 하고 있으며, 이것이 이따금 목사들에게 어려움이 될 것입니다.

오늘날 남녀 목사에 대해 다양한 기대는 과한 요구를 하고 있습니다. 주간 노동시간은 빈번하게 정상적인 양(정도)을 분명히 뛰어넘고 있습니다. 어떻게 그것을 저지할 수 있을까요? 다음과 같은 것이 제안될 수 있을 것입니다. 즉 교회 안에서 다른 주된 직업적인 행위자와 목사들의 밀접한 공동작업, 핵심과제 축소, 명예직을 통한 책임적인 과제들의 양도, 예를 들면 행정이나 업무수행의 영역에서, 특별한 후속 교육과 명예직 봉사들을 정신적으로 동행해 주는 것 등에서 입니다.

방향

1. 교회 직분의 신학적인 목적

고대교회는 공적인 복음전파와 성례 거행의 섬김에 그리스어 '디아코니아'(diakonia)란 개념을 사용했습니다. 라틴어로는 '미니스테리움'(ministerium = 봉사, 섬김)입니다. 교회는 복음이 서방 지역으로 넘어가는 과정에 켈트어(Keltik) '암파흐트'(ampaht)란 말을 수용하였습니다. 거기서 독일어 '암트'(Amt, 공적직무)가 생겨났습니다. 이러한 섬김은 그리스도 안에 나타난 하나님의 사랑의 기쁜 소식을 사람들에게 전파하고, 그들을 믿음으로 초청하는 교회의 총체적 사역 안에 있습니다. 아욱스부르그 신조 제5항은 이에 관해 다루고 있습니다.

"이러한 믿음에 이르게 하려고, 하나님은 설교의 직분을 제정하였고, 하나님은 성령으로 하여금 복음을 듣는 자들 안에서 언제 어디서나 그가 원하는 믿음을 주시는 복음과 성례를 주셨습니다. 그 복음이 가르쳐지는 곳에서 - 우리의 공로가 아니라 그리스도의 공로를 통해 한 분 은혜로운 하나님을 우리가 소유하도록 - 우리가 믿을 때 영향을 미칩니다."

성령은 말씀과 성례를 통하여 믿음을 일깨우며, 강화해 주기 때문에 말씀과 성례는 교회 안에서 현저하게 공적으로 시행하는 사역과 이 섬김이 역시 제도적 예전의 모습으로 형성되는 사역이 필요합니다. 그것에 관해서 "교회의 통치에 관한" 제14조에서 말하고 있습니다.

"교회의 통치에 관하여(교회의 직무) 교회 안에서 그 누구도 질서에 적합한 소명 없이 공적으로 가르치며, 설교하거나, 또는 성례를 거행할 수 없다는 것을 교훈했습니다."

사적인 영역에서 하나님의 소식을 계속 말하고, 그의 임재를 느끼게 하는 것은 남녀 기독인들의 임무입니다. 그러나 교회 공동체와 공공단체의 공중 가운데 하나님의 말씀을 전파하는 일은 그 본질에 적합하게 공적으로 성례가 거행되도록 부름과 축복의 은사를 받은 파송된 사람들의 과제입니다.

직무수행자와 교회도 이러한 소명에 참여하고 있습니다. 제14조의 "교회통치"는 궁극적으로 설교의 직무를 말합니다. 왜냐하면, 교회 공동체의 지도는 우선적으로 복음전파를 통하여 이루어지기 때문입니다. 모든 다른 지도과제와 기능은 이 부분에서 유도되어야 합니다. ╱ **신자들의 공동체**

아욱스부르그 신조(信條)는 두 번째 부분 역시 교회 생활 형태에 있어 새로운 질서를 중요하게 여기고 있습니다.

제23조는 목사의 혼인 신분을 다루고 있습니다. 여기 아욱스부르그 신앙고백의 이해에 따르며, 신약성서가 혼인한 교회공동체의 지도자들에 관해서 말해주고 있기 때문에 신학적인 근본문제가 중요하지 않습니다. 목사들의 의무적인 독신 생활의 요구는 아주 후기의 교회 역사에서 관철된 것입니다. 그 때문에 아욱스부르그 신조는 영적인 돌봄의 목회적인 논증으로 목사 혼인을 수용하게 됩니다.

제28조는 감독들의 권력에 관해 말합니다. 특별히 역사적인 상황을 조망해 보며, 이 신조는 영적이며 세속적인 통치에 관한 혼합을 반대합니다. 감독직무 역시 하나의 영적 지도직무라는 생각은 특별한 의미에서 설교직무의 한 특별한 형태입니다. 감독이 목사직과 비교하여 더 높은 등급에 있는 것이 아니며, 감독은 전 지역의 교회 공동체를 위한 책임을 짊어지게 됩니다. 감독은 인간적인 권력에

의해서가 아니라, 홀로 하나님의 말씀을 통하여 그의 영적인 지도과제를 수행해야 합니다. 신앙고백서의 진술들은 각각의 행위, 특히 지도행위가 권력에 기인한다고 싫어할 수 없게 합니다. 권한의 행사는 교회 안에서 터부시되어서는 안 되는 것이며, 다른 이들을 지배하려는 충동으로부터 자신을 다스리는 것이 중요합니다.

2. 신약에서의 직무

신약성서에서 근본적인 의미가 사도의 직무(職務)에 담겨 있습니다. 왜냐하면, 부활하신 그리스도가 그들을 만났으며, 이후 사도들은 그리스도의 섬김을 이어받아 교회 공동체에 안에서 거대한 권위(權威)를 지니게 되었기 때문입니다. 예수님의 12제자 모임과 완전히 같은 모습은 아니었지만, 이 두 그룹의 모습은 서로 중첩되어 있습니다. 사도들은 순회하는 선교사였으며 승천하신 주님과 만남이 있었기 때문에 그들은 근본적으로 믿음의 증인들이 되었습니다.

사도들 외에 신약성서는 공동체 안에서 특별한 은사로 활동하던 남녀들을 칭합니다. 즉 이들은 선지자들과 교사들이 있으며 그 밖에도 기적을 행하며, 병자를 치유하며, 도우며, 지도하거나, 또는 방언으로 말하는(고전12:28) 은사를 가진 사람들입니다. 초기교회는 은사의 궐기로 형성되었으며, 거대한 내적인 역동성이 특징적이었습니다. 물론, 교회 역시도 사도바울의 편지가 알려 주고 있는 것처럼 특별한 위험을 지닌 채 출현하였습니다. 공동체 내에 교회 질서적인 요소의 형성은 기다리던 주님의 재림이 지연되었기 때문에 그리 놀라운 일은 아니었습니다. 교회지도를 통해 직분과 특정한 임무분배가 생겨납니다. 유대 기독교공동체 출신 사람들은 그 당시 유대교에서 잘 알려졌던 공동체의 장로(Presbyter)의 직무를 기꺼이 채택합니다. 다른 공동체에서는 다른 표시를 가진 직분들이 형성되었습니다. 예를 들면, 감독직과 집사직(빌1:1)이 그것입니다. 그들의 중심된 과제는 항상 복음전파와 사도적인 전통에 합당하게 교회 생활을 빚어가는 것이었습니다. 에베소서에서 직분들은 그리스도의 은사로 이해되었습니다.

그리스도는 몇몇을 사도로 세우셨으며, 몇몇은 선지자로 세우셨고, 몇몇은 복음 전하는 자로, 성도들의 섬김의 사역에 준비되도록 몇몇을 목자와 교사로 세우셨습니다(엡4:11). 이처럼 섬김이 모든 이들의 목표였습니다. 그 직분들은 각각의 고유한 목표에 봉사하는 것이어야 합니다. 즉 그 직분은 공동체를 향한 그리스도의 선물이기 때문입니다. 사도와 선지자는 교회의 초석입니다(엡2:20). 그들의 섬김은 목자와 교사의 모습 안에서 계속됩니다. 사람들은 사도직의 단회적인 기능과 반복적인 기능을 구별해야 합니다. 사도직은 부활하신 분의 증인으로서 복음전파의 원천적인 보증인으로서는 단회적이며, 복음전파와 세례와 성찬과 공동체의 지도에 관계된 섬김에서는 반복적입니다.

3. 역사와 현재 안에서 직무

신약 시대의 교회 공동체는 통일된 구조가 없었습니다. 공동체 안에 다양한 구성원들의 자발적인 활동이 선행되는 공동체(고전12:12-14) 외에도 분명한 부름을 받은 한정된 소수의 사람에 대한 기능적 분할, 즉 감독직과 장로직의 구별이 없던 형식도 있었습니다. 주후 1세기 말경, 점차 모든 공동체에 관철되었던 교회직무의 한 구조가 형성되어 발전됩니다. 감독은 세례와 설교와 성만찬을 통하여 공동체를 이끌며, 장로(여기서부터 '사제' Priester 란 독일말이 유래함)는 사제(목사)를 돕는 것입니다. 집사(디아콘 Diakon)는 도움이 필요한 자들에게 공동체 내의 재물 분배를 책임지며 동시에 예배에서 제한적 기능을 가지며, 복음전파의 직무에도 참여합니다(행 6-8). 공동체는 구성원 중 직무를 맡아야 할 자들을 선택합니다. 직무 위임은 예배의 틀에서 기도와 안수로 시행되었습니다. 감독직의 제정(制定)을 통해 이웃의 감독이 함께 활동하고 여러 공동체의 교제가 상호 표현되었습니다.

교회 역사가 진행됨에 따라 직무의 이해에 대한 구약의 사상들이 영향을 크게 미쳤습니다. 즉 감독과 장로는 하나님 앞에서 지금도 사제(목사)로서 효력을 지니게 되는데 하나님 앞에서 백성과 평신도를 대표하며, "미사 제물"은 - 그렇게 거룩한 만찬으로 이해되어 - 사제가 봉헌하게 됩니다. 공동체의 금치산(禁治産) 선고는 성직의 중재적 입장에 부응하였습니다.

종교개혁자들은 직분의 성직화(聖職化) 특히, 제물 사제직의 입장에 항거하였습니다. 모든 기독인이 사제이며 모두는 하나님 앞에 기도와 제물로 나아가는 권리를 가지며, 모두는 그들을 부르신 분의 권세를 큰소리로 높이는 의무가 있습니다(Luther). 모든 기독인은 성령을 영접하였으며, 그 때문에 영적인 실체들이며 단순히 직무의 전담자만이 아닙니다. 그렇다고 교회의 특별한 직무가 불필요한 것도 아닙니다. 왜냐하면 신앙을 다른 사람들에게 증언해야 하는 개별 기독인의 의무 외에 공동체 전체를 위한 공동의 증언으로서 공적인 복음전파가 있기 때문입니다. 그것은 한 기독인이 스스로 요구할 수 있는 것이 아닙니다. 더욱이 이 직무(職務)는 공적으로 부르심을 받아야 합니다. 이 공적 소명에 근거하여 공동체 전체가 함께 활동합니다. 또한 그 공동체 역시 가르침을 판단해야 하는(Luther) 권리와 의무를 집니다. 루터에게 있어 직임으로서의 소명은 교회를 식별하는 표지 중 하나였습니다.

"…. 다섯째로 사람들은 교회의 시종으로 성별 되거나 부름을 받거나, 교회가 선임한 직무를 가진 자가 있음으로써 교회를 외적으로 식별할 수 있다. 왜냐하면 공공연히 언급한 네 직분이 있거나, 아니면 구원의 수단을 제공하고 권하고 실행하는 감독이나 목회자나 설교자가 사람들에는 반드시 있어야 하기 때문이다. 교회이기에 교회라는 이름으로, 그리고 그리스도의 직임 부여에 근거하여 그러하다. 성자 바울은 에베소서 4:1에 '그분이 사람에게 은사를 주셨다'라고 말하고 있다. 그리스도께서 어떤 이들은 사도로, 어떤 이들은 예언자로, 어떤 이들은 복음전도자로, 어떤 이들은 교사와 다스리는 자로 세우셨다. 왜냐하면, 한 떼의 군중이 이 일을 할 수 있는 것이 아니다. 그들 모두가 지시하고 지시받아야 한다."(공회와 교회, 1539)

교회직무의 뿌리는 사도의 직무에 있습니다. 그런데도, 현재 교회직무의 형태는 아무런 단절됨이 없어 종교개혁이나 신약성서로 소급될 수 있는 것도 아닙니다. 오히려, 복음은 시대마다 직무의 특수한 표현을 부각하여 각기 현재에 설교하도록 하였습니다. 새로운 창조적 양식은 삶의 표출에 있어 의무가 있듯이 마찬가지로 교회도 그들의 전통에 대한 의무가 있습니다.

오늘날 교회의 직무에 따른 봉사(섬김)를 말한다면, 우선적으로 그 봉사는 개신교회의 남녀 목사들의 직무를 뜻합니다. 공식화된 신앙고백 문서에 따르면 오늘날 우리는 복음의 설교자 직무가 아니라, 단순히 목사직무만을 말합니다. 이 직임에 선포 성례 관장과 교육 위기에 처한 사람들과 동행하며 도와주는 것이나, 사회-정치적인 분야에서 봉사의 업무가 덧붙여집니다. 남녀 목회자의 업무는 오늘날 현저하게 확장되었습니다. 오늘날 목회자는 교사, 영혼의 돌봄자, 행정관리자와 지역교회의 "매니저"로 자신을 훈련해야 합니다.

4. 직무에 대한 논의

a) 영적 직무에 대한 루터의 해석

19세기 이후 오늘날까지 루터교회 내에서 영적 직무에 대한 해석의 논의들이 있습니다. 루터는 절대 이 문제를 포괄적으로 언급한 적이 없고, 자신의 학문적 입장을 항상 다른 견해와의 논의과정 속에 방어하였습니다. 한편으로 그것은 로마가톨릭 교회와 논쟁이었고, 다른 한편으로는 소위 재세례파와의 논쟁이었습니다. 루터는 학문적 논의의 양대결장에서 영적 직무의 중대한 의의를 견고히 하였습니다:

- 그는 한편으로는 모든 신자의 사제(만인)됨을 전면에 내세웠습니다. 원칙상, 그는 하나님이 임명하신 교회의 직무를 모든 신자와 공유한 것입니다. 그렇지만, 공적인 실행은 교회 공동체의 사명 부여라는 임직(任職)과 결부되어 있습니다.

- 다른 한편, 루터는 교회 직무(職務)가 그리스도의 제정(制定)에 근거하지, 세례 받은 모든 신자의 사제성(司祭性)으로부터 파생되지 않는다는 것을 강조합니다. 위에 인용한 「공회(公會)와 교회」는 이 양대 지침을 상호연결하고 있습니다.

이러한 배경에서 아욱스부르그 신앙고백 자체도 루터의 불분명한 언급을 다양하게 해석합니다. 이 논의가 교회연합운동과 현재 교회 생활에서도 영향을 미치고 있습니다. 예를 들어 이 논의는 목사직의 교회와 관계를 특정화시키는 부분에까지 영향을 미치고 있습니다. 그럼에도 공적인 선포와 성례전의 관장 직무가 교회 존재에 필수 불가결하다는 것에는 모두가 일치하고 있습니다.

2006년 "질서에 따른 소명"이란 주제의 독일루터교연합(VELKD)의 감독 콘퍼런스는 공적직무 수여에 대해 다음과 같이 말합니다: "중요한 것은 엄중한 의미에서 필수 불가결한 원칙이다. 이 직무 위임을 시행하는 것은 교회의 호불호나 사람의 능력에 따라 책임성 있게 규율하고 그렇지 않고에 있지 않다." 그것이 의미하는 바는 다음과 같습니다. "공적 선포의 직무는 개혁신학의 원리에 따른 한 직무이다. 그 직무는 기도와 안수 교회의 성령임재의 청원 하에 - 일반적으로 감독직무의 소지자를 통해서 - 덧입혀진다." 공적 선포의 직무를 위임받은 사람들이 교회의 위탁과 예수 그리스도의 약속 중에 말하고 행한다. 그들은 교회의 단일성에 책무를 지고 원 증언을 그들의 말과 행동 속에 공적으로 선포함을 통해 살아간다. 그런 점에서 공적 선포의 직무는 공(公)교회성과 교회의 사도성과 연관이 있다."

b) 개혁교회와 루터교회

개혁파와 루터파 교회는 설교의 고차원적 존중에는 일치하지만, 영적 직무의 견해에 있어 차이가 있습니다. 개혁파 교회는 성서의 표본에 따른 교회 규율의 형성을 추구합니다. 요한 칼빈은 에베소서 4:11이 그 시절의 교회에 실현되었다고 보고 싶었던 일련의 직무들을 발견했습니다. 그것은 교사, 목자, 장로와 집사의 직무입니다. 칼빈에서는 직무 간의 위계는 없고 각 직무는 각자의 방식대로 교회운영에 참여하였습니다. 이미 이른 시기에 교사의 임무와 목자의 임무는 목회자의 직무 속에 연결됐지만, 집사의 직무는 뒤처졌습니다. 반면 장로의 직무는 교회운영에 있어 두 번째 직무로 유지되었습니다. 그 때문에 장로와 노회는 루터파 교회보다 개혁파 교회에서 더 독립적으로 영향을 미칠 수 있었습니다. 역시 개혁파 교회는 실제로 감독직이 없습니다. 양자의 종교개혁적인 전통 사이에서 이러한 차이의 특성들을 그렇지만 배경에는 증대하면서 등장합니다.

↗ 소요리 문답

c) 로마 가톨릭교회와 루터교회

로마 가톨릭교회와 루터교회 사이에 - 모든 원리상의 차이에도 불구하고 - 교회 직무의 이해 안에서 접근이 뚜렷하게 나타납니다. 특히 이것은 로마 가톨릭교회 편에서 항상 더 강하게 뚜렷이 부각 되는 하나님 백성으로서의 교회 이해에서 확인되는 것으로 근본적으로 교회와 감독직무와 사제들과 평신도들의 과제에 대해 깊이 성찰했던 제2차 바티칸 공회 (1962-1965)로 거슬러 올라가는 새 동향에서 그러합니다. 로마 가톨릭교회는 그 당시 모든 신자의 사제성(Priestertum)을 재발견하였습니다: "평신도 사도"(Laienapostolat)의 개념은 이러한 새로운 발견을 집약시켰는데, 그것은 평신도들이 세계 가운데로 교회의 파송 부분을 가진다는 것을 뜻합니다.

사제 직무의 특수성에는 어떠하든 간에 아무것도 변경된 것은 없습니다.

- 오로지 성별 된 사제만이 성만찬 축하의 예전을 거행하며, 설교를 행 할 수 있습니다. 물론 이것은 총체적인 교회에서와 마찬가지로 역시 동방교회에서도 모사(模寫)하는 전체 하나님의 백성의 공동체 안에서입니다.

- "동방교회" 아래서 책임적인 감독의 직무영역은 이해되었습니다. 감독은 책임자이며, 개별 사제들은 단순히 감독과의 밀접한 관계 속에서 사역하게 됩니다. 감독의 협의체는 그들 편에서 교황과 교제 안에서 세계교회를 지도합니다. 제2차 바티칸 공회 이후, 감독직무는 로마 가톨릭교회의 토대를 이루는 근본적인 직무로 이해되었습니다. 감독에게 사제성별의 전권이 있으며, 감독이 사제를 서임 합니다. 그는 영적인 판결직무를 가지며 교리를 지키는 임무를 지니게 됩니다.

- 집사의 직무는 - 수백 년간 단지 사제 직무의 전 단계 - 오늘날 교회 안에서 특별한 과제에 자격을 부여하는 다시 고유한 직무를 설명합니다. 집사들은 말씀예배와 직무 행위를 수행할 수 있으나, 감사 만찬의 축하는 수행할 수 없습니다.

- 가톨릭교회의 3가지로 구성된 계급적인 직무(감독, 사제, 집사)에 대한 편입 안에서 평신도들은 과제들의 한 행렬(예를 들면 말씀 예배)을 넘겨받을 수 있으

나, 교회의 지도에는 참여하지 못합니다. 성례전 수행은 오로지 봉헌된 직무수행자에게 부여되며 특별히 교황과 함께 있는 공동체에서는 감독들에게도 성례전 수행은 유보됩니다. 가톨릭교회의 종교회의는 일반적으로 감독의 회의입니다.

로마 가톨릭교회와 함께 하는 루터교연맹의 국제적인 대화는 다음과 같은 공동 증언(1981)에 이르게 되었습니다. 물론 이러한 공동 증언은 지금까지 공적으로 수용되지는 않았습니다. "직무가 교회를 상대하여 있는 것처럼 교회 안에 있는 것이 루터교회와 가톨릭교회를 위해 성직의 바른 이해를 위한 기본이었습니다. 직무가 예수 그리스도의 위임 가운데 있으며, 그의 임재로서 수행되었던 점에서 그것은 권한 가운데서 교회의 상대편에 있게 됩니다. "너희 말을 듣는 자는 곧 내 말을 듣는 것이요"(눅10:16). 그 때문에 직무의 권한은 회중 권한의 양도로서 이해하지 않아야 합니다. 우리의 교회들은 안수받은 성직 수행자의 본질적이고 특수한 기능은 하나님 말씀의 선포와 성례의 축하를 통해 그리스도의 공동체를 소집하고, 교화하며, 예전과 선교와 봉사의 영역에서 공동체의 삶을 지도하는 그 안에서 이루어지는 것은 오늘날 그렇게 함께 말할 수 있을 것입니다."

감독직과 사제직의 승계(承繼)와 관련하여 대략적 접근들이 있습니다. 루터교회는 감독직을 긍정하며, 사도직의 승계로써 이러한 직임의 전수가 곧 교회의 지속성과 일치의 표지로 인식하여 직무의 긍정적 진가를 인정하나 - 로마 가톨릭교회와 구별하여 - 그것들은 교회 존재를 위한 필수적인 조건으로 보지는 않습니다. 루터교회와 로마 가톨릭교회의 연구문서「교회의 사도성」(2009)은 이러한 직무의 문제를 전체 교회의 "사도성"의 더 큰 차원 안에서 직무의 문제성을 제시합니다.

"사도직의 승계에 대한 본질은 신앙 안에서 추종입니다. 신앙 안에서의 추종 없이 직무 안에서 추종은 무가치할 것이다. 직무는 사도적인 복음 안에서 섬김입니다. 「칭의론에 대한 공동 성명」과 함께 로마 가톨릭교회와 루터교회 사이에 '칭의론의 근본 진리 안에서의 의견일치'가 확인되었습니다. 이로써 두 진영의 신앙 안에서의 공통점에 대한 - 사도적 승계의 핵심을 표현한 것으로 - 대단히 높은 정도가 알려지게 되었습니다…… 「칭의론에 대한 공동선언」의 서명은 양교회 안에서 성령의 능력으로 안수와 결부된 직무가 이러한 선언에 기술된 신앙의 핵심질문 안에서 사도 적인 복음에 대한 신의를 보존하는 그의 섬김을 성취했다는 인정을 함의합니다"(288).

d) 리마(Lima) 문서 - 일치의 노력

세계교회협의회(WCC) 안에 교회 사이에 교리적 차이를 극복하기 위한 다양한 대화들이 개최되었습니다. 이들 중 가장 중요한 문서는 소위 "리마 문서"입니다. 더 정확하게, 1982년 "세례, 성찬과 직무에 대한 세계교회협의회의 신앙과 교회 헌법을 위한 수렴 해명"을 뜻합니다. "리마 문서"는 하나님의 백성 전체의 소명을 강조합니다. 그것은 3가지 형태 안에서 전개하는 근본적인 직무에 관하여 말하는데 말하자면, 감독, 사제, 집사의 직분들 안에서입니다. 여기에는 "가톨릭"과 "개신교"의 관심사가 서로 연결하기를 시도합니다.

"믿는 자들의 공동체의 모든 지체 평신도처럼 안수받은 자들은 서로 연관되었습니다. 한편으로 교회는 안수받은 직분 수행자들이 필요합니다. 그들의 현재는 신적인 주도와 그들의 파송과 통일의 원천인 예수 그리스도 교회의 의존에 대한 교제를 기억합니다. 그들은 그리스도 안에 있는 공동체를 세우는 일이며, 그들의 증언을 강화하도록 섬기게 됩니다. 교회는 그들이 거룩함과 사랑이 가득한 참여에 표본이 되기를 원합니다. 다른 한편 안수받은 직무수행자는 그들의 소명을 공동체 안에서 공동체를 위하여 성취할 수 있습니다. 그들은 공동체를 통한 인정과 지원과 격려가 필요합니다." (제12항)　　／**교회연합운동**

5. 목사 취임식

남녀 신학자들이 목사직을 넘겨받을 수 있기 위한 전제는 - 성공적으로 진행되는 신학전문교육 후에 - 목사 취임식입니다. 즉 그것은 공적인 말씀선포와 성례 거행의 직무 안에서 부르심과 축복과 파송이 이루어진 예배입니다. 거기서 영적 직무의 신약적인 시작이 기억되었습니다. 남녀 후보자들은 성서와 교회의 신앙고백에 적절하게 직무를 인도하는 약속을 맹세합니다. 회중은 남녀 목회자를 위해 도움을 기도하면서 등장합니다. 마침내 남녀 해당자들(목사)에게 기도와 안수를 통하여 성령의 선물이 그들의 섬김을 위해서 약속되었습니다. 이러한 목사 취임식은 감독이나, 또는 감독으로부터 위임받은 교회 지도적인 직무의 수행책임자로부터 시행됩니다. 목사 취임식은 교회의 시작된 이래로 있었으며, 상응하는 안수와 축복들로부터 보도된(딤전4:14; 딤후1:6) 신약 안에 그들 모범적인 예들이 있습니다. 목사 취임식은 개별 회중에 대한 직무 도입이 아닙니다. 그것은 오히려 성직을 받은 자의 섬김의 시간의 시작에 있으며 평생 효력을 지닌다고 할 것입니다.

초기 신약의 증언들은 여러 다양한 직무와 봉사에 여자들이 활동하였다는 것을 분명히 말하고 있습니다. 그렇지만 가톨릭의 사제직과 개신교의 목사직이 특별히 남성들에게 유보되었던 교회의 시작과 현재 사이에 긴 단계가 존재합니다. 여성들의 목사 취임식은 먼저 20세기의 사회적인 변화들의 배경에 앞서 신약의 관점들을 발견하는 여론형성의 과정을 가능하게 하였습니다. 갈라디아서 3:28의 바울의 기획적으로 서술하고 있는 것이 헤아려집니다. "너희는 유대인이나 헬라인이나 종이나 자유인이나 남자나 여자나 다 그리스도 예수 안에서 하나이니라." ╱**여자와 남자**

그렇지만 여성 목사안수의 질문에서 교파들 사이에서와 마찬가지로 그들 내에서도 역시 의견의 차이가 존재합니다. 로마 가톨릭의 신학자들과 교회의 구성원들 가운데는 물론 대체로 여성 목사 취임이 가능하고 의미 있는 것으로 지지하지만, 일반적으로 그것은 가톨릭의 교리직(職)으로부터 엄격하게 거절되었습니다. 개신교회 안에서 많은 사람은 그들의 구체적인 경험들에 근거하여 여성 목사의 섬김 안에서 영적 직무의 확대를 보고 있습니다. 세계교회협의회의 회원들 가운데 특별히 동방교회는 여성 목사안수를 거절하고 있습니다.

6. 감독직

루터교회는 공적인 말씀선포와 성례 거행의 직무로서 여성을 목사로 안수하는 직무를 이해하고 있습니다. 남녀 감독직은 이런 전제에서 직무의 특별한 형태로 이해하였습니다. 그것은 회중들의 공동체로서 한 지역에 교회의 영적 지도의 기능을 가집니다. 자체의 신앙고백 판단에서와 마찬가지로 안수와 수업 시찰에서처럼 교회 연합의 교제 가운데서 역시 통일에 대한 섬김은 그들의 과제들에 속합니다. 감독직무는 이러한 과제의 범주에서 교회지도의 다른 조직에 의존되어 있습니다. 특히 안수받은 자와 받지 않은 자들로 구성하는 종교회의에서입니다. 종교회의는 감독을 선출하고, 이웃교회의 감독들은 예배 중 기도와 안수를 통해 그를 그의 직무로 인도합니다. 감독의 기능들은 "감독" 타이틀을 갖지 않은 직무수행자들(전교구 감독자, 교구장, 시찰장, 교구 감독자)로부터 대변되었습니다. 몇몇 연합된 주 지역교회들 안에서 감독의 과제들이 교구의 평의회 의장(Präses)이나, 또는 교회의 의장(Kirchenpräsident)들에게 위탁될 수 있습니다.

형성

1. 섬김의 다양성

모든 교회의 회원들은 예배와 기도, 선포와 가르침, 선교, 봉사, 영혼 돌봄 안에 있는 교회의 과제에 상응하게 그들의 은사들로서 참여할 수 있습니다. 여기에서 공동활동의 다양한 가능성이 나타납니다. 몇 가지 섬김은 무보수 명예직으로, 다른 직무는 본직이나, 부직으로 인지되어 시행되었습니다. 이런 다양성에서 여러 섬김이 공적인 선포의 직무에서 어떻게 관계해야 하는지의 질문이 제기됩니다. "질서에 적합하게 부르심"이란 주제의 루터교회 감독 컨퍼런스의 추천은 공적인 선포의 직무가 만인 사제직의 섬김을 강조합니다. 아욱스부르그 신조 14항에(CA XIV) 적합하게 위임된 공적 선포의 직무는 모든 신자의 사제직으로 봉사합니다. 그것은 기독공동체의 삶에 모든 믿는 자들의 참여가 장려되는 거기서 보여줍니다. 먼저 위임과 특별한 과제의 책임 적인 넘겨받음과 위임은 아닙니다. 그것이 의미 있게 나타나며 소원 될 때, 예배의 축하 안에서 그와 같은 과제들과 직무들로 안내될 수 있으며 되어야 합니다. 공적인 선포와 성례 거행의 직무에서 합법적인 소명은 위에 언급한 종교 개혁적인 통찰에 근거하여 분명히 구별되어야 합니다.." ↗ **신자들의 연합**.

공적인 선포 직의 내면에 이러한 직무를 모든 기능과 함께 평생 수행하는 자들(남녀목사)과 구체적으로 특정한 과제를 가진 자들 사이에 넓은 구별이 마주쳤습니다(부목사들).

- "목사직의 총체적인 과제들을 포함하는 섬김의 인지에서 공적 선포의 직무는 공동적이거나, 또는 공동체를 뛰어넘는 섬김일지라도 교회 지도부(장로회)와 법적인 책임성에 대한 관여를 포함하여, 위임된 사람들에게 맡겨졌습니다. 목사직 서임과 결부된 직무의 위임은 시간적인 기간이 한정되지 않습니다. 그 직

무는 안수받은 자들의 전삶을 형성하게 됩니다.

- 공적 선포의 직무가 위탁되어 계속 이어가는 사람들은 위임되었습니다. 위임 받은 자가 권한이 있는 직임을 받은 자들과 함께 조정하여 섬김을 인지하는 것 은 이러한 과제의 규정대로의 수행에 속해 있습니다. 직무의 위임과 함께 결부 된 구체적인 과제는 그것이 예를 들면 설교자들의 규정에 정해진 것처럼, 단지 예배들의 감독이 실제로 포함합니다. 이러한 과제는 통상적으로 기간이 설정 된 것으로 인지되었습니다. 그것을 위한 새롭게 예배의 위임이 요구되는 것 없 이 그의 인지는 연장될 수 있습니다.

이러한 질문의 토론에서 공적 선포와 성례 거행에 부름받은 모든 사람을 목사로 안수하는 것이 먼저 루터교의 신앙고백에 일치하는 것인지 이의(異意)가 제기되었습니다. 교회지도부는 교회의 법적인 근거에 따라 거론된 구분을 분명히 준수하기를 원하며, 그러나 두 경우 모두 아욱스부르그 신조 14(CA XIV)에 따른 소명의 중요함을 강조합니다.

"공적인 말씀선포와 성례 거행에서 자격과 위임은 이와 같이 목사안수의 형식 안에서나, 또는 기도와 안수와 축복 가운데서 남녀 직무수행자들에 대한 위임 안에서 적법한 부르심을 통하여 위임되었습니다."

다른 직무들의 전망에서 다음과 같이 실현되었습니다. "목사 안수를 통하여, 또는 위임을 통하여 공적 선포의 위임된 직무로부터 공적 선포의 협력의 섬김은 구분합니다. 예를 들어 협력하는 직무에 속한 것은 교회 음악가와 교회 사찰의 직무 등입니다. 남녀 집사직이나 교회의 남녀 교사직은 공적 선포의 직무에 독자적인 부분을 가지지 않습니다. 그들은 남녀 설교협력자들로서 자체의 위임을 갖지 않는 한, 그들은 달리 성취되었기 때문입니다."

이런 모든 구별에서 평가들을 피하는 것이 중요하며, 오히려 모든 기독인은 그리스도의 몸의 지체들이며 이러한 몸의 생명을 위해 모든 은사의 중요성을 기억하는 것이 필요합니다. "몸은 하나인데 많은 지체가 있고 몸의 지체가 많으나 한 몸임과 같이 그리스도도 그러하니라 우리가…. 다 한 성령으로 세례를 받아 한 몸이 되었고 또 다 한 성령을 마시게 하셨느니라…. 그러나 이제 하나님이 원하시는 대로 지체를 각각 몸에 두셨으니"(고전12:12f, 18).   ╱ **신자들의 연합**

2. 부분 사역과 명예직에서의 남녀 목사들

재정적인 수단의 감소로 인하여 신학교육을 마친 모든 남녀 신학생들은 더이상 풀타임 목회직을 가질 수 없게 되었습니다. 그 때문에 교회에서 파트파임 사역을 하며, 교회의 직무를 분할하여 사역을 할 수도 있습니다. 여기서 문제는 교회가 풀타임을 원하지만 사역자로 온전한 위임을 하는 경우는 제한적이라는데 있습니다. 중요한 것은 파트파임 사역의 상황에 대한 이해를 일깨우고 무보수 명예직의 참여를 장려하는 일입니다.

그 사이에 역시 무보수 명예직 봉사에 대한 목사 안수가 역시 존재합니다. 감독 컨퍼런스는 이것을 긴급시책이 아니라, 역시 하나의 새로운 기회로 보고 있습니다:

"목사안수와 함께 결부된 과제를 위해 신학적인 능력을 행사할 수 있는 사람들이 준비된 곳에서, 이러한 과제의 성취에 근거하여 그들이 생계비를 수급받지 않거나, 또는 부분적으로 수급받는 것이 아니라 다른 방식으로라도 - 이것은 이용되어야 할 하나의 기회임을 말합니다. 그것은 신학적 역량을 갖춘 사람들이 이러한 방식으로 자주 교회와 그들의 사명에 거리가 있는 사회의 기업들과 조직체들과 기관들 안에 현존하는 가능성을 제공합니다. 그리고 장기적으로 볼 때, 이런 사역은 공적인 삶에서 멀어진 사람들에게 새로운 접근을 열어주는 교회의 현재에 중요한 기여로서 증명될 수 있을 것입니다. 안수와 결부된 직무의 인지와 함께 직업소득의 조화 가능성은 매번 검토하는 것입니다."

3. 교회의 직업들

교회의 모든 사역은 각기 고유한 방식으로 교회의 과제가 성취될 수 있도록 자기 몫을 다하고 있습니다. 2006년 한 통계에 따르면, 독일의 개신교회와 그들 자체의 교회들에서 대단히 많은 65만 명의 사람들이 고용되었습니다. 이들의 활동 영역은 다양합니다. 공적이며 법적으로 제도화된 "공직의 교회"(Amtskirche)들은 홀로 약 21만 6천 명의 남녀 고용인들에게 급여를 제공합니다. 그리고 43만 6천 명의 남녀 협력사역자들이 디아코니아 사역의 기관들과 일자리에서 풀타임 또는 파트타임으로 고용되었습니다. 약 2만 3천 명의 남녀 신학생들의 수는 계산하지 않았습니다. 남녀목사 외에 중요한 직업군들은 다음과 같습니다:

a) 남녀 집사들

남녀 집사로 활동하는 사람은 누구나 인정된 전문교육을 마치고, 이 직임을 위해 봉헌되었습니다. 대체로 남녀 집사는 전문대학에서 종교 교육학이나 사회 교육학을 공부했습니다. 그들은 교회 공동체와 디아코니아 기관에서 다양한 과제를 수행합니다. 그렇게 그들은 자주 아이들과 청소년들을 돌보거나, 또는 입교준비자들을 돕는 일을 행합니다. 남녀 집사들은 여러 다른 목표 그룹들과 함께 활동하는데, 예를 들면 양로원의 남녀 노인들의 보살핌이나, 또는 가족과 예배 가운데서 함께 활동합니다. 그들의 직무 중에는 병원에서의 영혼 돌봄, 호스피스 사역, 특별 프로젝트에 조력하거나 지도하는 사역, 그리고 학교에서 종교 수업의 사역 등에도 협력합니다. 남녀 집사들은 여러 교회사역의 협동에서 여러 분야의 협력자로 임명되었습니다.

b) 교회의 남녀 음악가

예배의 음악적인 색채나 회중 찬송의 동반, 성가대와 어린이와 청소년 합창의 지도는 트롬본 합주와 플루트 앙상블과 같은 악기그룹들에서처럼 그리고 연주회를 주도하는 것은 대학들에서 대부분 전문교육을 받고 주 직무로나, 또는 부 직무로 일하는 남녀 음악가들이 담당합니다(성가대의 남녀 지휘자들).

교회 합창에 대한 높은 평가와 더불어 선포의 중심과 찬양의 중심으로서 음악에 대한 새로운 의미는 종교개혁의 운동을 의연하게 진행했습니다. 그래서 개신교 교회음악의 기나긴 직무의 역사 안에서 교회 음악가들은 선포 사역의 협력자로서 있으며, 동시에 새로운 음악적인 표현양식을 모색합니다. 교회음악은 거기서 교회의 영역을 넘어 빛을 발하게 됩니다. 비 기독인들은 항상 다시 성가대와 교회 합창단을 친숙하게 느끼며, 오르간 연주나 오라토리움과 같은 교회의 음악적인 제공들이 교회를 멀리하는 사람들에 의해 큰 관심을 불러일으키게 됩니다.

c) 남녀 사찰 집사

남녀 사찰 집사 - 때에 따라 남녀 교회지기, 또는 성구 관리인 - 는 교회의 일을 감당하고 있으며, 예배와 세례, 성만찬을 준비하고, 전후로 정리하며, 제단과 예배당의 거룩한 공간을 꾸미는 일을 맡습니다. 그들은 교회 문을 여닫는 시간을 준수하며, 성만찬 성구와 교회 예술품을 손질하고 보관합니다. 그리고 교회 내외와 교육관의 청결을 돌보고 있습니다. 때때로 사찰 집사는 교회 종탑직무를 감당하기도 하고, 교회 행사장이나 교구 교회 행사를 준비하고, 심부름 왕래를 담당하며 필요한 물품들을 관리합니다.

집사직은 가르침의 직무는 아닙니다. 교회의 중직들은 자주 기술적인 직능을 갖춘 사람들을 남녀 사찰 집사로 임명을 합니다. 이럴 경우 교회 봉사 이외에 건물관리나 정원관리가 봉사직무에 포함됩니다. 특별히 농촌 지역에서 위에 언급된 직무를 무보수 명예직 분들이 담당하는 경우가 흔합니다.

d) 남녀 양육자

유치원 시설에서 안전한 장소에서 그리고 청소년 사역에서 교회의 환경 안에 있는 사람들은 국가적으로 인정받는 남녀 교육자들을 만나게 됩니다. 이분들은 국립이나 교회 전문대학에서 교육을 마친 사람들입니다. 이 직업군의 전형적인 섬김 분야는 어린이 양육과 교육과 돌봄입니다. 그들은 어린이와 청소년들의 자기학습 과정을 도와주고, 인성을 강화하고 사회적으로 책임성 있는 행위를 하도록 격려합니다. 더 나아가 이런 전문 인력들은 종교적인 신앙 양육에 협력하고 있습니다. 이들의 사역은 특별히 부모와 학교의 협력 사역에 방점이 있습니다.

e) 남녀 사회사업가

남녀 사회사업가나 사회교육가들은 대체로 디아코니아의 시설이나 지방이나 교구에서 만날 수 있습니다. 이들은 사회교육학과를 졸업하고 일반적인 분야에서 사회적인 상담 사역을 하고 있습니다.

예를 들면 고령자의 경우 근심이나 문제가 있을 때, 일상을 극복하도록 돕고 있으며, 병원이나 감옥에서 활동할 뿐만 아니라 임신 중 갈등상황에서 조언하거나 부채상담을 합니다. 더 나아가 장기실업자들이나 어려운 처지에 놓인 사람들을 위한 프로젝트에 가담하고, 난민을 지원하고, 다세대주택 설립을 위해 동반자적으로 활동합니다.

f) 목사관에서의 남녀 사무원

목사관의 남녀 사무원들(교회 사무실이나 목양실의 남녀 협력자들)은 교회 회중의 명함카드와 같습니다. 이들은 교회 회중의 문의나 교회의 문서 왕래를 처리하며, 기록부와 문서처리를 정리하고, 교회 회원카드와 교인명부를 관장합니다. 더 나아가 민원업무, 교회 금고 관리, 전화 봉사, 우편물 수신과 발신, 일정표 정리, 교회 공간 예약, 예배 일정 공고 준비와 비품 정리도 이들의 업무에 속합니다. 또한, 공동묘지 관리도 목양실이 담당합니다. 목회자의 남녀 사무원에 대한 특별 교육분과는 없습니다. 일반적으로, 이들은 적당한 교육과정에 참여하여 행정직이나 상업적인 지식을 가지고 있는 사람들입니다.

4. 한계를 받아들이기

- 나는 더 이상할 수 없어요! 완전히 탈진상태입니다!
- 더 이상 해낼 자신이 없어요!
- 용량초과입니다!
- 나는 지쳐가고 있어요!

스트레스와 과로로 "재만 남았다"라고 느끼는 사람들의 한숨이 그렇습니다. 이런 맥락에서 종종 '번 아웃'(Burn out)을 말하곤 합니다. 번 아웃의 조짐은 피로, 우울, 소진, 의욕 상실입니다. 사생활 영역으로 확대되는 직업적 사회환경과 무보수의 초과시간 근무가 이런 상태를 촉진하고 있습니다. 사회적 직종에서도 종종 이런 일들이 발생합니다: 일생 다른 사람들을 돕고 지지해주었던 사람들이 더 이상의 출구를 찾지 못할 때, 탈진하고야 맙니다. 카스텔러 링(Casteller Ring) 공동체의 모처인 슈반베르그(Schwanberg)의 인공호흡(Respiratio)의 집이나, 또는 뮌스트터슈바르츠아흐(Münsterschwarzach)에 위치한 가톨릭의 베네딕트 수도회의 기억의 집 등은 교회의 남녀 협력자들이 도움을 구할 수 있는 곳이며, 사람들은 이곳에서 쉼의 시간을 위한 가능성을 가질 수 있습니다. 이런 기관의 목표는 행함과 쉼, 기도와 일의 영적인 균형을 유지하는 데 있습니다. 침묵의 시간, 자신을 하나님께 열어놓아 그분이 주시는 선물을 허용하는 시간, 자기 자신에게 주목하고 휴지기를 가지며, 일을 멈출 줄 아는 삶은 생에 필수적입니다. 이런 장치들은 교회에서 활동하는 사람들에게 인간의 삶은 자신의 공로가 아니라 먼저 행하시는 하나님의 온정 덕택임을 상기시킵니다.

일찍이 클레르보의 베른하르트(J.K.Bernhardt,1091-1153)는 한 편지로 이제 교황직무의 상처로 위협받고 있는 일전의 자기 형제, 교황 오이켄(Eugen) 3세에게 이 사실을 강조하고 있습니다: "나는 어디에서 시작해야 하는가? 최선으로는 당신이 몰두하는 수많은 일 중에서 시작합니다. 왜냐하면 대체로 나는 당신의 그런 일들로 인해 연민을 느낍니다. 나는 당신이 진력하고 있는 일들에 당신이 끼여서 탈출구를 찾지 못하고 머리가 굳어질까 염려하고 있습니다. 당신은 점점 구원의 기대가 있는 올바른 아픔에 대한 감각을 잃고 있습니다. 당신이 이따금 몰입하는 일에서 벗어나는 것이, 그 일이 당신을 끌어당겨 점점 안착하려고 하지 않는 지점, 마음이 굳고 강퍅해지는 시점에 인도하는 것보다 더 현명한 것입니다……. 당신의 인간성이 모든 것을 아우르며 완전해질 수 있도록 당신은 모든 다른 사람뿐만 아니라 자기 자신을 위해서 깨어있는 마음을 가져야 합니다. 주님의 말씀(눅 6:26)처럼 모든 것을 얻었으나 유일한 자기 자신을 잃어버린다면, 그것이 당신에게 무엇이 유익하겠습니까? 모든 사람이 자신에 대한 권리를 가지고 있다면, 당신 역시도 자신의 권리를 가진 한 사람입니다. 왜 유독 당신만은 자신을 위한 그 무엇도 하지 않으려 합니까? 그렇습니다! 자기에게 나쁘게 대하는 사람이 누구를 선대 할 수 있겠습니까? 그러니까, 유념하세요! 자신을 즐기세요. 나는 항상 그렇게 하라고 말하지 않습니다. 나는 그렇게 자주 하라고 말하는 것도 아닙니다. 그러나 즐기는 것을 항상 반복해 보라는 것입니다. 다른 모든 사람을 위해 당신이 있듯, 당신 자신을 위해서도 당신 자신이 있으십시오. 여하튼 다른 모든 사람도 그렇습니다."

[참고도서]
- 부라잇 케슬러/덴너라인(Breit-Keßler,S./Dennerlein,N). 편집(Hg.): Stay wild statt but out. 균형 가운데 있는 삶(Leben im Gleichgewicht), 2009.
- 그레트라인(Grehtlein,C.): 목사 - 신학적인 직업(Pfarrer – ein theologischer Beruf), 2009.
- 요슈티스(Josuutis,M.): 목사는 다릅니다(Der Pfarrer ist anders), 4. Aufl. 1998.
- 루터(Luther,M.): 종교회의와 교회들에 관하여(Von den Konzilien und Kirchen), 1539, 인젤-출판물 5권 안에(in: Insel-Ausgabe, Bd. V.)
- 통일을 위한 루터적이며- 로마가톨릭위원회(Lutherisch/Römisch-katholische Kommision für die Einheit): 교회의 사도성(Die Apostolizität der Kirche), 2009.
- 독일루터교연합회의 루터교회의 직무(Lutherisches Kirchenamt der VELKD) 편집(Hg.): 법에 적절한 부르심(Ordnungsgemäß berufen), 2006.
- 밀덴스베르그(Mildenberger,I.):안수의 이해와 안수의 예전-교회연합의 통찰 (Ordinations-verständnis und Ordinationsliturgien-Ökumensiche Einblicke), 2007.
- 세례와 성찬과 직무(Taufe, Eucharistie und Amt). 세계교회협의회(EKD)의 신앙과 교회법을 위한 위원회의 논쟁 해명- 리마의 문서(Konvergenzerklärungen der Kommision für Glabuen und Kirchenverfassung des Ökumenischen Rates der Kirchen (Lima-Dokument), 1982.)
- 바그너-라우(Wagner-Rau,U.): 문턱에서(Auf der Schwelle): 교회의 변화과정 안에 있는 목사의 직분(Das Pfarramt im Prozess kirchlichen Wandels), 2009.

6.1.4. 교회의 명예로운 직분

인지

2008년 한 해 동안 독일개신교회의 각 주 교회에 무보수 명예직 종사자는 약 1만 1000명에 달합니다. 전체 독일 연방 차원에서 볼 때, 이 수치는 지속적인 의무를 지고 교회에서 활동하는 명예직 회원 중 약 4%에 해당합니다. 이 추세는 점점 증가하고 있습니다. 이미 연방정부의 가족과 고령층, 여성과 청소년을 위한 두 번째 "명예직무에 대한 자원봉사자의 조사, 자원봉사의 일, 시민참여"는 2004년에서 이것을 확인해 줍니다. 무보수 명예직의 경우, 다른 사회 분야와는 달리 교회 속에 여성 참여가 남성보다 약 65% 더 높게 나타나고 있습니다. 나이 든 분들을 살펴본다면, 교회 회원 중 명예직 참여에 높은 준비성을 나타내는 연령층은 45-56세입니다.

교회 내에 명예직으로 협력하는 가능성은 다양하며 - 그리고 형태들의 폭이 넓습니다. 참여 가능성은 아주 한시적인 개별 활동(예를 들어 교회 축제를 위한 케이크 굽기)이나 프로젝트에서부터 "부업" 수준에서야 할 수 있는 광범위하고 시간 집약적인 과제들(예를 들어 명예직무의 주된 직무들 안에서)에 이르기까지 미치고 있습니다.

그러나 교회의 애착과 명예직은 교회 밖에서도 역시 유대관계를 가집니다. 독일에서 교회 영역 밖에서 이루어지는 명예직 활동들의 51%가 제2차 자원봉사자의 조사에서 교회와 함께 아주 강하게, 또는 강하게 결합한 것으로 느끼는 사람들로부터 이루어졌습니다.

아주 적은 자원봉사의 참여가 준비된 사람들의 그룹은 독일에서 총체적으로 현실의 여론조사에서 끊임없이 더 작아지고 있는 것으로 알려졌습니다. 그래도 다만 "명예직"이란 주제에서 3명 중 1명은 외면하고 있습니다. 동시에 이미 명예직에 가담한 사람 중 많은 이들은 주어진 경우에 그들의 준비와 참여를 확대할 것을 밝히고 있습니다.

방향

1. 명예직: 개념과 역사

a) "자발적 참여" – "시민참여"

현재 전통적인 개념인 "명예직"과 나란히 "자발적 참여" 또는 "시민참여", 때에 따라 "시민봉사"라는 개념이 사용되고 있습니다.

- "명예직"이란 개념은 "명예"가, 곧 "보상"이 되는 활동들에 대한 고전적인 표시입니다.

- 영어 "발룬티어링"(volunteering)에서 차용된, "자발적 참여" 또는 "자원봉사"는 수년 전부터 독일에서 두루 사용되는 용어입니다. 그러는 동안, 전체 주(州) 연방의 수많은 도시와 교구 교회에 신설된 "자원봉사 센터"나 "자원봉사 대리점"을 통해 "자발적 참여"는 모든 형태에서 자발적이며, 무(無) 대가성과 공동선(公同善)을 지향하는 활동에 대한 집합 개념으로 발전되었습니다.

- 특별히, "시민참여"나 "시민봉사"는 독일 연방의회와 정당 출판물에서 사용되고 있습니다.

이 모든 개념적 다양성에도 공통점이 있습니다: 이들 개념은 직업 활동이나 가족 영역 외에서 자발적이고 대가를 받지 않지만, 책임성 있게 특별 임무나 기능을 인계받는 것을 지칭합니다.

b) 역사에서의 조망

사람들은 일찍이 고대(古代)에서 공공체(公共體)를 위한 비이기적 봉사와 삶의 의미를 성취하는 생활이란 관념과 연결하였습니다. 예를 들어 그리스 도시국가의 경우 특별히 남성 시민들에게 공동의 관심사와 폴리스(Polis: 도시국가)의 안녕을 위한 참여를 기대하였습니다. 로마제국의 정치 문화에도 다채로운 형태의 자발적인 협력이 있었습니다.

물론, "명예직"이란 개념은 1800년 이후 생겨났고, 그 개념 형성에는 "명예"와 "신분"의 분리라는 정신사적인 부분과도 연관되어 있습니다. 19세기 초 프로이센의 남작 슈타인(Stein)과 하르덴베르그(Hardenberg)의 개혁은 당시 왕에게만 집중되어 있던 국가를 현대화하기 위해 국가적 정치적인 임무에 대한 시민층의 협조를 전망하였습니다. 그래서 서유럽 사회학 전통은 "공공체 참여"를 명예직의 근거와 목적으로 강조합니다.

19세기가 지나는 동안 이런 정치적인 명예직에 당시 생겨났던 협회 중 두각을 나타내던 사회적 명예직이 추가됩니다. 그것은 소방협회, 체조협회, 사냥협회, 정치적 지향성을 가진 노동운동과 여성운동 연맹, 교회의 협회나 교회와 근접한 연맹체입니다. 1920년대에는 극장 영화관 그리고 교육 분야가 자발적 참여의 새로운 영역으로 부상되었습니다. 독일의 국민대학운동은 당시의 명예 직종에서 일하던 사람들의 결실이었습니다. 제2차 세계대전 이후, 자발적인 참여자들이 없었다면 전후 사회 재건과 사회적 위기 완화는 생각할 수 없었을 것입니다. 20세기 후반부터는 평화운동이나 환경운동 내의 자조 단체와 시민운동이 새로운 형태의 명예직 봉사로 등장하게 됩니다. 또한 연맹체의 노력 역시도 끊임없는 대중적 인기를 누렸습니다. 1962년에 8만 8천 개의 사단법인 협회가 있었고, 2008년에는 약 60만 개에 달하였습니다.

그 무렵 19세기 이전으로 소급되는 명예직의 활동 전통과 영미 문화권에서 들어온 "자원봉사"라는 사상이 만나게 됩니다. 자원봉사는 참여의 자발성과 개별성을 강하게 부각시킵니다. 두 개념은 상호 결합하여 서로 영향을 주고받게 됩니다.

2. 교회 명예직의 발전

기독교의 시작이나 교회 초기의 명예직이나 자원봉사의 흔적 추적은 근대와 마찬가지로, 단지 제한적으로만 가능합니다. 우리는 예수님의 남녀 제자들을 교회의 첫 명예 직분자들로 말하거나, 자비한 사마리아 사람(눅10:30-37)의 모습에서 기독교의 명예적인 원형을 찾을 수 있습니다. 그렇지만 이를 통해 현대 명예직의 성서적 전형을 확인하였다고 말하기는 어렵습니다. 오늘날 현대적 관념 속에 명예직과 소위 예루살렘 모(母) 교회의 부름을 받은 일곱 "빈민 구제가"(행6:1-6)들은 아주 제한적 의미에서만 비교해 볼 수 있습니다.

분명한 것은 "그리스도로 인하여" 보수를 받지 않은 참여는 교회의 뿌리 중 하나이며, 초기 공동체의 자명(自明)한 본질에 속한 요소입니다. 사도들과 그들 제자의 서신은 이를 증명해 주고 있습니다.

초대교회에서 특별한 재능을 수행할 수 있었다는 신뢰의 표현뿐 아니라 영예의 표시로써 특별한 임무를 부여받은 경우는 적은 수의 남녀 구성원들뿐이었습니다. 교회의 내부구조가 더 복잡해지고 임무에 점점 더 많은 시간이 요구됨에 따라 교회는 사람들을 따로 세워 특정 활동 위임에 대한 보수를 주었습니다. 교회 봉사자리 중 첫 번째 보수 받은 분야가 빈자 구호와 간호사역에서 생겨났습니다. 명예직으로는 충당할 수 없었던 사역만 보수를 지급받는 인력으로 위임하였습니다.

종교개혁 이후 - 개신(복음)교회만 아니라 - 명예직 협동의 강화로 이끌었던 세례 안에 토대를 둔 보편사제직을 더 광범위하게 실현하려는 노력이 항상 있었습니다. 그리고 공공의 안녕에 봉사하는 명예직에 대한 19세기의 발전된 사상은 세례를 통해 이미 주어진 분깃이 "교회 공공체" 참여로 치환되어야 한다고 생각하는 신학적 확신과 만나게 되었습니다. 그런 다음 아주 다양한 운동들이 생겨났습니다. 명예직의 봉사자들은 신앙의 확신으로부터 책임과 의무를 위임받아 하나님과 사람을 섬겼습니다. - 그들에게는 분명 이를 통해 기쁨을 누리며 영적으로 의미 가득한 것을 한다는 의도가 있었습니다.

- 그 일례로 어린이 예배가 생겨납니다. 우선, 성직을 받지 않은 사람들이 주일학교의 가난한 아이들에게 읽기와 쓰기를 가르치고 그들에게 성서 이야기를 들려주었습니다. 그들이 이 사역을 너무 감격스럽게 행하여 이로부터 운동이 생겨났고, 그 운동은 영국과 아메리카에서 출발하여 처음에는 함부르크에 도착하였고, 종국에는 전 독일로 확대되었습니다.

- 기독교 내의 명예직 참여의 또 다른 실례가 바로 19세기에 설립된 디아코니아(봉사)-협회들입니다. 디아코니아-협회들은 18세기의 빈자 구호 사역을 계승하여 사회적 폐단과 맞서 싸웠습니다. 요한 힌리히 비헤른(Johann Hirich Wichern, 1808-1881)과 같은 선구적 사상가들은 구조화된 현대의 사회사업을 위한 근본 토대를 창안하였습니다. 국지적인 움직임으로부터 기관들의 네트워크가 태동하였습니다. 그리고 신자들은 삶의 모든 차원에서 신앙적 삶의 근본적인 표출로써 디아코니아(봉사)를 받아 들였습니다. 20세기의 "녹색 귀부인"(Grüne Damen)이나, 호스피스 운동 역시도 명예직 참여의 맥락에 속합니다.

- 명예직으로서의 복음 선포의 뿌리는 훨씬 이전으로 거슬러 올라갑니다: 여기에는 중세 후반의 여러 다른 운동의 여파와 아울러, 신학 교육과 공적인 위임

대신 평신도 설교자의 신앙을 신뢰했던 종교개혁 시절의 극단적인 분파, 그리고 17세기와 18세기의 경건주의 시대의 사려와 경험이 영향을 미치고 있습니다. 필립 야곱 슈펜너(Philipp Jakob Spener, 1635-1705)는 "하나님께 상당한 지적인 소양을 부여받았다"고 여기는 그리스도인들이 "자기만 홀로 드러나는 곳이 아닌", 즉 회중 가운데 말씀을 나눌 수 있기를 원했습니다. 19세기 중엽, 교회와 노무자 사이의 골이 깊어 갈 때, 요한 힌리히 비헤른(Johann Hinrich Wichern)은 대학공부를 한 신학도 보다 평범한 사람과 더 가까이 설수 있는 "국민 설교자"가 필요함을 말하였습니다. 19세기 중엽 복음 전도자와 평신도 설교자가 함께 했던 각 주(州) 교회의 공동체 운동은 이 명예직 선포단에 가담하였습니다.

제2차 세계대전 동안 수많은 목사직이 사라졌을 때, "응급 원조자"로 예전 예배를 인도하고 성서 봉독 설교를 수행하였던 공동체 일원들이 있었습니다. 1945년 이후 이런 움직임은 부분적으로 쇠퇴하였지만, 고백 교회의 전통으로부터 예배를 통해 명예직의 직분으로 위임을 받았던 성서낭독 사역과 평신도 설교자의 사역이 곳곳에서 발전되었습니다.

명예직 참여에 관심은 아직 많은 남녀 기독인에게 끊임없이 남아있었지만, 1960년대 이후 나타난 특수성과 전문성에 대한 요구는 "평신도"의 상실상태를 만들었습니다. - 이것은 교권주의의 후견으로 인한 것이 아니라, 사회 거의 모든 분야에 전문인과 숙련된 인력이 편재함이 원인이 되었습니다.

"교회 회원과 명예직 활동가가 간헐적인 일에 대해 시간이 부족하거나 충분한 교육을 받지 못했기 때문에 이를 더 이상 할 수 없었을 때, 주된 직업으로 봉사하는 사람들이 필요하게 되었다면, 오늘날의 상황은 정반대가 되었다. 주된 직업으로 봉사하는 사람에게 요구되는 바가 너무나 많기에 명예직으로 봉사하는 사람들이 필요하다. '동역'이란 오늘날 한편의 사람들이 사역하면, 다른 한편의 사람들이 함께 돕는다는 것을 의미한다. 일과 동역의 차이는 한쪽의 사람들이 보수를 받는

다면, 다른 한편의 사람들은 보수를 받지 않는다는 데 있다." ⁽K. Foitzik⁾

1990년대 이후 교회와 신학에서 지금까지는 찾아볼 수 없었던 명예직 참여에 대한 사회적인 관심은 명예성을 새롭게 고찰하고 있고, 오늘날 명예직 활동가의 동기와 기대는 새롭게 주목받고 있습니다. 이러한 맥락에서 주된 직업적 사역자와 명예직 사역자들의 협력을 위한 대단한 감수성도 일깨워지고 있습니다.

3. "신(新) 명예직"

우리는 명예직의 동기와 명예직 활동의 형성에 관한 21세기 초의 변화를 서술해 볼 수 있습니다. 사람들은 전통적으로 자신의 자발적인 참여를 이타적 즉 타인을 위한 비이기적인 행위로 이해하였고 "의무"와 "돌봄"과 같은 가치와 연결하였습니다. 반면 오늘날 사회 전체 속에 일어나고 있는 명예직 활동은 자아실현과 자기를 위한 유익으로 인식되고 있습니다. 자원봉사자 조사와 같은 설문은 이 사실을 아주 분명히 보여주고 있습니다. "전통적"이고, "이타적"이고, "근대"에서 비롯된 것이 아니었던 동기들이 자기실현의 가능성을 지향하는 동기들로 대체되었습니다. 개별적이고 다양한 명예직 참여 활동이 주고-받음이란 상호성으로 이해되어 동기혼합도 생겨납니다. 명예직 활동가는 다른 사람을 도와서 자신의 능력을 펼쳐 보이고 발전시키기를 원합니다. 그들은 공공체를 후원하고, 또한 그 활동에 재미와 즐거움을 취합니다. 그래서 공동의 안녕에 대한 봉사의 파토스가 냉정한 명예직 업무 뒤로 물러나게 됩니다.

"신 명예직" 경향은 다음과 같이 서술할 수 있습니다:

- 의무에서 유의미한 과제로
- 의무에서 프로젝트로
- 봉사자에서 협력자로
- 희생에서 체험으로
- 도우미에서 설계자로
- 사명에서 맞춤형으로

이런 경향이 의미하는 바는 명예직 활동가가 사적인 관심과 개인적인 이득을 더욱더 바라보고 있으며, 자신의 가능성과 한계를 분명히 하며, 어떤 기관에 평생에 미치는 포괄적인 프로젝트를 위해 한정된 시간 내에 명확하게 개관 가능한 참여를 선도해 간다는 것입니다. 이 사실은 직장과 가족과 합의로 장기적이고 시간 집약적인 활동을 하기란 점점 더 어려워지고 있다는 것과 상관관계가 있습니다.

"신 명예직"의 본질적 특색이 교회 영역에 가감 없이 직접 전용될 수도 있겠지만, 교회 명예직 역시도 자발적인 활동에 대한 이해의 변화와 마주치게 됩니다. 예수 그리스도께 매인 바 되어 증인 공동체로서, 그리고 봉사 공동체로서 교회에 대한 긍정에서 비롯된 교회 명예직 행위의 영적인 토대는 타인에 대한 헌신의 태도를 견지하며, 예수님의 지상 대 명령에 대한 순종을 가능하게 합니다. 예수님의 지상 대 명령은 시간적인 제한을 넘어서 자신의 이해가 아니라 이웃의 이해를 앞세우고 있습니다. 동기에 있어서 "재미"와 "개인적인 이득 추구"를 목표로 보고 있는 경험주의적 연구는 교회 내의 명예직 활동의 영적인 차원은 주변적인 것으로 보고 있습니다. 그런 동기 역시도 경시하지 말아야 할 것이나, 이런 부분에 있어 원리적인 주의를 기울이는 것 역시 정당합니다. 예컨대 신학자 필립 슈퇼거(Philipp Stoellger)는 "교회를 살아 있게 하며 성령"을 언급하며 이를 강조합니다:

"참여는 - 우선 자신의 인간됨이 아니라 - 자기 삶의 무게중심을 진력하고 있는 다른 일이나 다른 사람에게 둔다. 사람의 인간됨이 어떤 이에게 뭔가를 '해줄수 있다'는 것은 좋고 온당한 것이지만, 그것은 본연적인 '무엇을 인하여'가 아니다. 타인의 인정과 자기 계발을 추구하는 사람은 자기의 최선만을 추구한다. 그렇다면 그것은 교회를 살아 있게 하시는 성령의 뜻에 있지 않을 것이다."

우리는 명예직에 대한 전통적인 접근과 새로 변경된 접근, 그리고 변화된 자아확인 태도를 교회 내에 확인할 수 있습니다. 명예직 활동가의 서로 구별되는 접근들을 예수 그리스도를 따르며 하나님의 부름에 헌신하는 사역에 대한 고유한 양식으로 이해하고 존중하는 것 역시도 교회의 과제입니다. 명예직 활동가는 일반적으로 자기 참여를 다른 사람을 위한 행위와 자신의 유익을 하나의 동기 보따리에 넣어서 - "의미" 추구에 있어도 - 자기 정당성을 부여한다는 것이 오늘날의 핵심입니다. 우리는 또한 명예직의 참여를 더 이상 신앙의 표현양식으로만 이해할 것이 아니라, 교회 생활과 그리스도교의 신앙에 다가서려는 양식으로 나타나고 있다는 것을 인식할 필요가 있습니다.

4. 명예직의 신학적 토대

직전까지 교회 내의 명예직 장려가 실용적인 사려에서 벗어나 응급상황에 수행되고 있었기에 이에 대한 신학적인 토대에 대한 고찰은 포기할 수 없는 성격의 것입니다. 종교개혁시대 이후 변화와 명예직 활동의 다양성과 동기의 다변성이 있지만, "명예직 신학"을 키워온 두 가지 신학적 토대가 있습니다:

a) 서로 다른 은사들

우선 명예직 신학은 고린도전서 1장에 바울의 교회론적 고찰에서 보이는 은사 교리와 결합할 수 있습니다. "은사는 여러 가지나 성령은 같고 직분은 여러 가지나 주는 같으며 또 사역은 여러 가지나 모든 것을 모든 사람 가운데서 이루시는 하나님은 같으니"(고전12:4-6).

하나님의 영은 교회 내 각각의 차이에 앞서, 모든 사람이 협동할 수 있도록 능력을 부여하십니다. 여기에서 중요한 것은 서로 구별된 다양한 은사 사이의 균형과 모두가 "그리스도의 몸"을 세운다는 뜻에 있습니다. "몸은 하나인데 많은 지체가 있고 몸의 지체가 많으나 한 몸임과 같이 그리스도도 그러하니라"(고전14:12).

바울은 이것을 또 다른 신학적 맥락에 있던 로마교회에 제시합니다. "우리가 한 몸에 많은 지체를 가졌으나 모든 지체가 같은 기능을 가진 것이 아니니 이와 같이 우리 많은 사람이 그리스도 안에서 한 몸이 되어 서로 지체가 되었느니라 우리에게 주신 은혜대로 받은 은사가 각각 다르니"(롬 12:4-6).

이러한 영적인 기본토대의 맥락은 한 세대가 지나서 교회 내 개별과제가 점점 강조되는 시점에도 옛날의 것으로 간주 되지는 않았습니다. "그가 어떤 사람은 사도로, 어떤 사람은 선지자로, 어떤 사람은 복음 전하는 자로, 어떤 사람은 목사와 교사로 삼으셨으니 이는 성도를 온전하게 하여 봉사의 일을 하게 하며 그리스도의 몸을 세우려 하심이라 … 오직 사랑 안에서 참된 것을 하여 범사에 그에게까지 자랄지라 그는 머리니 곧 그리스도라 그에게서 온몸이 각 마디를 통하여 도움을 받음으로 연결되고 결합하여 각 지체의 분량대로 역사하여 그 몸을 자라게 하며 사랑 안에서 스스로 세우느니라"(엡4:11f. 15f.).

주후 1세기 말, 베드로전서 저자 역시도 이를 알고 있습니다. "각각 은 사를 받은 대로 하나님의 여러 가지 은혜를 맡은 선한 청지기같이 서로 봉사하라" (벧전4:1).

교회에 대한 이런 견지는 주된 직업 활동가나 명예직 활동가 모두를 포함하여 구성원 중 그 어떤 사람의 협력도 포기할 수 없는 봉사 공동체로 묶어주고 있습니다.

b) 만인 사제론

특별히 종교개혁자 마르틴 루터(M.Luther)는 세례받은 모든 기독인이 제사장 됨을 중점적으로 말합니다: "사람들이 세례에서 얻게 된 그것은 비록 자신이 그런 직분을 수행하기에 적임자가 아님에도 불구하고, 벌써 자신이 제사장 감독 교황으로 봉헌되었다는 사실을 자랑할 수 있을 것이기 때문입니다. 우리가 모두 동등한 제사장이기에 그 누구도 자신을 특출나게 드러내거나 자신을 하대하거나 하지 말아야 합니다. 우리 모두 동등한 권한을 가지고 있기에 자발성과 선택의 자유가 없이는 이것을 행하지 말아야 합니다. 그러므로 기독교의 제사장 신분은 공직자와 다를 바 없습니다. 공직(公職)에 있는 동안 그는 앞서지만, 그가 공직을 내려놓았을 때는 여타의 사람들과 같은 농부요 시민입니다." (루터, 독일의 그리스도인 귀족들에게).

이 부분에 있어, 루터 또한 베드로전서 1장의 교회 은사에 대한 바울의 가르침을 상기하고 있습니다. "그러나 너희는 택하신 족속이요 왕 같은 제사장들이요 거룩한 나라요 그의 소유가 된 백성이니 이는 너희를 어두운 데서 불러 내어 그의 기이한 빛에 들어가게 하신 이의 아름다운 덕을 선포하게 하려 하심이라" (벧전2:9 이하).

여기에 모든 신자의 전체가 총합하여 믿는 자들이 사제직을 형성합니다. 중세시대의 교회에서 선택되고 봉헌된 자들을 반대하여 말해진 그것이 지금 모든 신자에 관해 말한 것입니다. 루터는 그렇게 그의 "신약성서 설교에서 그것이 거룩한 미사(1520)입니다"라고 핵심적으로 기록할 수 있었을 것입니다. "그러므로 모든 기독인 남녀 사제들은 젊은이나, 늙은이나, 남녀 주인이나 종이나, 학자나 평신도이며 여기에는 차별도 없습니다." 그러므로 세례받은 모든 자가 직접 하나님께로 향하며 더욱이 화해의 소식(복음)을 계속 전하기 위하여 부름을 받은 것이 분명하게 될 것입니다.

동시에 역시 비텐베르거(Wittenberg) 종교개혁의 시각에서 - 모든 남녀 기독인들의 이러한 동등권에 손상 없이 - 개신교-루터교회들이 오늘날까지 견지하고 있는 목사직에서의 특별한 입장에 이르게 됩니다.

루터는 공적인 말씀선포와 성례 거행의 이러한 직분을 교회 질서를 위해 그리스도를 통하여 제정된 것으로 봅니다. 전적으로 만인 사제직과 교회 목사직은 적절한 방식으로 서로 관계를 갖도록 종교개혁의 교회들에 제시되었습니다. - 어느 정도까지 모든 남녀 기독인들이 그들의 은사를 교회 내에 도입하는 것이 가능한지에 대한 과제는 - 곧 실제로 교회 생활 모든 영역에서 명예직들의 성공적인 협력이 의미하게 되리라는 것에 달린 일입니다.

교회 연합에서의 경험들은 특히 로마 가톨릭교회 편에서 교회의 성례로 이해된 직분과 위계 질서적인 이해가 명예직의 협동을 아래에 결박하지도 않으며 본질에 제한시키지 않아야 한다는 것을 보여줍니다. 더욱이 명예직의 책무가 한계에 직면하게 되는 교회지도나, 또는 예배의 지도와 같은 영역들이 있습니다. 그렇지만 오래전부터 명예직의 협조 가운데서 이루어져야 할 많은 과제가 놓여있습니다. 늦어도 제2 바티칸 공의회와 함께 또한 가톨릭교회 안에서 명예직들이 새롭게 격려받고 있음을 경험하였습니다. 거기에 모든 믿는 자들의 "공동의 사제직"에 관하여, 그리고 모든 믿는 자가 "특별한 방식으로 그리스도의 사역에 참여하고 있다"(Lumen Gentium, 10)는 것에 관한 말이 있습니다.

독일에 있는 가톨릭교회들과 기관들과 협회들과 시민운동 단체들은 그렇게 수백만의 사람들에게서 그들의 재능과 생각들을 명예직으로 활용하고 있습니다. 가톨릭의 구호단체 카리타스(Caritas) 하나만 해도 백만이 넘는 사람들이 무보수 명예직으로 활동하고 있습니다

또한 지(枝)교회 예전 예배와 청소년 사역과 노년 사역, 방문 사역에서 수많은 명예직 활동이 섬기고 있습니다. 보이스카우트, 성당 미사 예전의 도우미, 교회의 합창단 분야에는 로마 가톨릭 신자의 세대 전체가 참여하고 있으며, 10만 이상의 사람들이 사제관 자문회, 행정 자문회, 주교 교구 관할구 자문회에서 활동하고 있습니다. "독일 가톨릭 신자 중앙위원회"(ZdK)는 평신도 자문회, 협회, 운동, 시민참여와 기관 속에서 사회형성과 교회발전에 적극적으로 참여하는 가톨릭 남녀 신자들을 대변합니다. 위원회는 명예직 활동가들의 조합으로서 "의사와 의지표명 포럼"을 통해 현저한 영향력을 미치고 있습니다.

5. 교회 명예직 사역의 형태

우리는 교회 생활의 모든 영역에서 명예직 참여자들을 만날 수 있습니다. 여기서 중요한 활동 분야를 간략하게 정리하면 다음과 같습니다:

- 지도적이며, 연대 정치의 과제들(예: 교회와 기독교적인 협회 활동; 중심적이며, 총체적인 차원에서 지역교회 안에 있는 교회 지도부)

- 선포와 예전 (예: 어린이 예배, 설교, 교리문답 교육, 예배 협력과 인도)
- 교육적이며 성인 교육적인 사역 (예: 어린이 사역과 청소년 사역; 구역모임 인도)
- 디아코니아 (예: 노인 조력, 장애인 사역, 호스피스 사역)
- 청소년 사역 (예: 입교자, 청소년 예배, 동아리 활동),
  영적 상담 (예: 방문사역, 전화상담)
- 발행물 (예: 교회 서신, 진열대 문서들)
- 예배 준비 (예: 성례 준비)
- 예능과 수공업

교회 합창단, 트롬본 합주단, 성가대 대원과 같은 교회음악도 오래전부터 명예직 활동가들로 채워지고 있습니다. 교회건축 협의회에 기독인뿐 아니라 비 기독인 명예직 활동가들이 가담하여 교회 건물의 유지보수에 참여하고 있습니다. 명예직 활동가가 없었다면 다양한 분야의 사회운동과 기초단체, 노동 운동권에서 정의, 평화, 창조의 보존을 위한 기독인들의 참여는 상상조차 할 수 없었을 것입니다.

명예직 활동가들이 자신들의 사회참여를 바라보고 서술하는 다섯가지 예를 살펴봅시다(출처, 명예직 안내서):

어린이 예배

"내게 있어 어린이들에게 성서 이야기를 설명하는 것, 연령에 맞게 내용을 꾸미고 어린이들과 대화하는 것은 아주 많은 것을 의미합니다. 어린이들과의 교류, 그리고 '하나님과 세상'에 대한 어린이들의 직접적인 질문은 나와 내 신앙에 언제나 도전적입니다. 저는 이 명예직 활동이 마음에 듭니다." (Frank Wagner)

꽃꽂이모임

"저는 교회 안 10여 명 여성들과 함께 우리 교회의 꽃장식을 담당하고 있습니다. 저는 이 교회에서 세례와 견신(입교), 그리고 결혼을 하였습니다. 이제 은퇴 후 조용한 시간을 보내고 있으며, 저의 시간을 자유롭게 사용할 수 있기에 '내 교회'에 무엇인가를 되돌려줄 수 있습니다. 저는 꽃장식을 즐거합니다. 소망하기로는 예배에 참여하는 분들이 아름답게 장식된 교회를 보고 즐기기를 바랍니다."

(Marie Luise Hold)

교회운영

"내가 가진 조직적인 달란트를 교회를 위해 사용하는 일은 처음부터 나에게 매력이 있습니다. 교회운영위에서 저를 선출한 다음 나는 곧바로 의장직을 수여받게 되었습니다. 이를 통해 저는 참여적인 사람들의 모임을 인도할 뿐만 아니라 교회의 지도적 책임을 감당해야 하는 도전 앞에 섰습니다. 그것은 약 3천 5백 명의 교회 회원으로 구성된 중견급 기업을 운영하는 것과 비교됩니다. 나는 매일 흥미로운 많은 사람과 관계하며 그들과 교제하고 일을 해야 합니다." (Anke Göbber)

식탁 나눔 봉사

"나는 10년 전부터 '식탁 나눔'에 함께 하고 있습니다. 나는 사람들과 잘 아울리고 사람에 대한 감각이 있습니다. 우리 사역에서 들은 것에 대해 말하지 않고, 사람을 편견 없이 친절하게 대하는 것이 중요합니다. 우리는 최상의 팀원입니다. 무거운 식탁을 운반하려면 신체적으로도 최적이어야 합니다. 나는 누군가 우리 팀에 합류하려 할 때나 뭔가 문제가 있을 때, 대화 상대자가 되었습니다. 나는 교회 운영하시는 분들과 연락을 나누며 반년마다 의견교환의 만남을 주선합니다. 나는 우리가 이런 디아코니아 활동으로, 교회에서 볼 수 없는 사람들을 향해 - 남녀 고객이었든 아니면 팀이든 - 열린 태도를 보여줌이 중요하다고 생각합니다."

(Diemut Tamke)

교회 서신 편집

"나에게 교회 신문은 아주 중요합니다. 왜냐하면 사실 나는 정기적인 예배참석자가 아니지만, 교회의 움직임이 어떤지 알고 싶기 때문입니다. 나는 보도를 수집하여 맞추고 사진을 고르고 뭔가를 적습니다. 이따금 보도기사를 쓰는 일을 돕기도 합니다. 최종적으로 모든 것을 교회 교구의 출판 일을 담당하는 사무실로 넘겨줍니다. 그런 다음 교구에서는 교회 서신의 편집작업을 수행하며 지역과 교구의 논고와 일정을 추가합니다." (Diana L. Müller)

6. 주된 직무와 명예직무의 함께 함

명예직무의 봉사자들이 없는 교회는 교회가 아닙니다. 명예직무의 사역 권장은 위급함으로부터 생겨났지만, 사실 명예직무는 교회의 부분적 실천에서 더 큰 충족에 도달할 수 있는 길입니다. 보증된 명예직무자가 현장에 들어오게 되는 경우 이것은 주된 직업 활동을 하는 사람들의 전문화(專門化)와 더불어 교회의 특징을 살려주는 부가가치를 창출할 것입니다. 왜냐하면 근대사회란 틀 안에서 주된 직업으로 활동하는 이들 없이는 교회가 사명을 성취할 수 없기 때문입니다. 그러하기에 하나의 사역을 위한 명예직무와 주된 직업의 자매결연과 동반자 관계의 공동체가 중요합니다.

교회 활동의 전문성은 그 때문에 단지 명예직무의 활동가와 주된 직무자와 부수적 직무 사역자들의 협연으로 나타납니다. 명예직무의 활동가들은 자신의 관점에서 주된 직무의 활동가와 그들의 전체와 전문성, 그리고 그들의 충성됨을 "신뢰"할 수 있습니다. 이따금 주 직업과 명예직 활동가의 관계가 다소 어렵고 신학적으로 충분하게 설명된 것은 아닙니다. - 무엇보다도 교회 생활의 핵심일 수 있는 선포와 성례 주관, 직무상 행위, 전체 차원의 교회운영 분야가 그러합니다.

주된 직무자와 명예직무자와의 함께 함은 영적인 과정입니다. 명예직 활동의 역할 가능성과 문제성에 대해 다른 사회 분야에서 개발된 통찰력 역시도 양자 간의 동반과 관계 설정에 있어서 그 결실을 보아야 할 것입니다.

형성

1. 교회 자원봉사자 관리

교회의 책임자들은 교구나 지역교회 내에서 느껴지는 명예직의 참여와 관련하여 사회 문화 정신적인 변화를 인지할 필요가 있습니다. 명예직 활동에 대해 교회는 세상과 다른 요소들이 작용하고 있음을 고려한다 해도 위에 언급된 변화들은 새로운 질문을 낳게 하고 시선의 방향을 변화시킬 것입니다. 이런 의미에서 제도로부터 사람에게로 관점전환이 화두가 될 것입니다. 즉 교회의 책임자들이 더 이상 "교회 내에서부터", 즉 교회라는 제도의 기대 문제 임무로부터 질문하는 것이 아니라, "밖을 향해" 바라보는 것, 즉 은사와 만나는 사람들의 준비성을 바라보는 새로운 시각이 요청됩니다.

그러므로, 더 이상 "우리에게 누가 혹은 무엇이 필요한가?"를 묻는 것만이 아니라, "우리가 이런 은사를 지닌 사람들에게 무엇을 제안할 수 있는가?" 내지는 "은사를 가진 이런저런 사람들이 어떻게 우리를 풍성하게 할 수 하는가?"를 질문해야 합니다.

거기서 교회에 자기성찰적인 "자원봉사 관리"나 "명예직 관리"가 발전될 것입니다. 자기성찰적 관리는 명예직 활동가들의 계획적인 발굴만 아니라 전략적 개념적 반성을 거쳐 이들을 교회와 교회 사역과 사업에 참여

시킴을 말합니다. 이 개념의 핵심은 직업적 활동자와 명예직 활동자의 "감사 문화"를 통한 동반자적인 것과 인정받는 협력에 있습니다.

이런 맥락에서 명예직 근로의 다섯 가지 토대에 관하여 이따금 언급되었습니다. 이것들은 다음과 같은 것으로 포함합니다.

- 시작 : 잠재적인 명예직 봉사자와 상담을 통해 타진해 봅니다. 기대를 맞추어보며, 소망과 직능에 대해 말해 보며, 명예직 활동의 가능성과 조건을 상의해 볼 수 있습니다. 예배입문과 예배에 대한 관점도 "시작" 부분에 속합니다.

- 동행 : 우선 명예직 봉사자들은 업무 분야 숙달과 더불어 정기적인 교류가 필요합니다. 이를 위해 신뢰받는 대화 상대자를 정하는 것이 중요합니다. 연수(研修)나 마땅한 인정과 정기적인 피드백 역시 "동행"의 일부입니다.

- 참여 : 명예직 봉사자들은 필요한 모든 물품과 장소 접근에서뿐 아니라 각 기관의 정보에 대한 접근이 허용되는 분야에서 자신만의 결정권을 가지고 함께 일합니다. 업무 분야의 결정에 협력하는 형태를 조율하는 것 역시 참여에 속합니다.

- 지출 : 명예직 봉사는 무보수로 일합니다. 그러나 경비지출 허용은 자명한 것입니다. 봉사자들에게 경비지출 허용경로는 설명되고, 알려져 있어야 합니다. 보험 경우도 마찬가지입니다.

- 종료 : 명예직 봉사도 필요한 시기가 있습니다. 일부 "마무리"는 봉사 기간을 한정하는 형식으로 이미 시작됩니다. 명예직 참여가 종결될 때, 봉사자들의 바람에 따른 증명서나 서류 발급도 있습니다. 마지막으로, 봉사 "종료"에 합당한 기념과 작별식이 있습니다. 작별식은 그들의 참여 시작의식과 마찬가지로 예전 예배의 상황에서 이루어집니다.

이미 여러 주(州)연방 교회에서 명예직 봉사를 위한 일자리를 마련하였습니다. 명예직을 위한 개별 헌법이 비준되었고, 이미 그 효과를 평가해 보고 있습니다(예: 바이에른의 개신교-루터교회). 하노버 개신교-루터교회는 명예직 운영을 위한 기본요건("명예직을 위한 열두 기준")을 작성하고, 교회 공동체와 기관을 위한 "체크리스트"를 마련하였습니다.

자원봉사자 관리나 명예직 운영의 중요성은 방법론과 개별규정 적용에 머무는 것이 아니라 명예직 봉사에만 한정시키지 않는 문화로서 이해되어야 합니다. 이런 문화의 본질적 요소는 인정, 가치존중, 투명성, 참여, 피드백 문화 개발, 상황 조건의 설명 등입니다. 주(州) 직업적 활동가뿐 아니라 명예직 활동가도 이런 문화적 표지를 통해 유익함을 누릴 수 있습니다.

인정함의 예 : 명예직을 주제로 한 교회 교육가의 연수 프로그램. 어느 날 밤, 대형 게시판에 "알아주는 지식"의 나무를 그립니다. 그리고 조금 후에 남녀 연수생들은 그 나무에 "잎사귀"와 "꽃술"을 핀으로 고정하며 인정받은 경험을 표시합니다. 게시판의 나무를 통해 얼마나 자주 인정은 사라지고 없어지는지, 그리고 가치존중을 체험하는 것은 얼마나 아름다운 것인지, 그런 것들은 동기를 통한 상호성의 변화를 분명하게 해 줍니다.

2. 공동생활에서의 도전들

명예직의 사역은 갈등에서 자유로운 것은 아닙니다. 명예직과 주된 직분자들 충돌이 있으며, 명예직 봉사자들 사이에서도 역시 존재합니다. 분쟁의 도화선과 원인에는 구조적인 부분들이 적지 않습니다:

- 교회의 주된 직분을 가진 자들과 명예직 봉사자들에 대한 다양한 주장이 있습니다. 바이에른의 개신교-루터교회의 연구에 따르면, 주된 직업 소유자 90%

가 명예직 봉사자들 작업 분야에 대한 연수제안을 받아들였음에도, 연수 중 반(半)수의 사람만이 그것을 수용하고 있음을 확인할 수 있었답니다. 주된 직분자들의 3/4은 명예직 봉사자들의 경비지출 방법이 명확하다고 하지만, 명예직 봉사자 중 33%는 경비지출에 대해 분명하지 않다고 합니다. 이 두 가지 예는 주된 직분자와 명예직 봉사자의 주장이 얼마나 엇갈리는지, 그리고 두 분야의 사람들의 교류가 얼마나 중요한지 보여줍니다. 이 부분에 있어 양자의 공동 연수도 의미가 있습니다.

- 명예직의 2/3가 여성입니다. 하지만, 명예직 운영 직임을 살펴본다면, 남성과 여성의 비율은 분명히 달라집니다. 주(州)연방 개신교회 내에 어림잡아 13만 7천 명이 달하는 교회 감독자 중, 여성의 비율은 압도적으로 엷습니다. 그러나, 이 비율은 지역 노회나 지구 노회에서는 낮습니다. ↗ 남성과 여성

- 서로 다른 삶의 분위기와 삶의 양식이 교회 명예직으로 몰립니다. 부분적으로, 이 다양성은 동기나 선호도와 관심 분야, 또는 참여 기대나 특수한 상황적 경계설정에서 표출됩니다. 이에 대한 상(想)을 개발하는 한편, 서로 다른 생활양식을 가진 사람들에게 참여의 가능성을 열어두는 것이 앞으로의 교회와 교구의 과제일 것입니다.

3. 독일루터교연합회(VELKD)에서 명예 직분을 위한 섬김의 예배

"시작"과 "종료"는 명예직 봉사의 본질적인 구성요소입니다. 이 두 부분은 합당하고 기념할만하게 거행되어야 합니다. 이를 위해, 독일개신교-루터교회 연합(VELKD)은 2001년 명예직 봉사의 임관과 작별을 위한 예전 예배의 규정을 마련하였습니다.

"임무 시작의 예배는 현재 활동하는 교회 회원들에게서 특정 교회 봉사 영역소관을 표시하고, 여기에 결부된 책임을 명확히 정리해줍니다. 이런 기회를 통해 전체 교회와 협력할 준비가 된 교회 구성원들은 세례받은 모든 사람이 그리스도

의 분부를 위한 증언과 봉사로 참여하고 있으며, 그리스도의 분부를 개인의 준비와 재능으로 받아들여야 함을 재차 확인합니다.

임무 시작 예배는 주일이나 교회 축일에 축제적으로 마련된 예전 예배로 거행되어야 합니다. 가능하다면 임관식을 위해 교회의 또 다른 명예직과 부분 직업인들과 주된 직업인들을 모두 초대해야 합니다. 초대된 이들과 임관받을 분들과 특별하게 사역으로 연결된 교회 구성원들은 목회자에게 임관과 축복을 보좌할 수 있으며, 또 다른 예전적 임무를 수행할 수도 있습니다…….

협력하는 분들이 고령이 되었을 때는 교구 교회의 기관과 협의회 속 사역의 조력을 하지 않는 추세입니다. 교회 구성원들은 사역 영역이나 시간상으로 볼 때도 한눈에 들어오는 참여에 함께 할 준비가 되었다고 합니다. 사역 시기의 끝이 사역 능력이나 교회 생활이나 교회의 기능에 관련된 사명 참여의 끝과 일치할 필요는 없습니다. 그러므로 사역 시작과 그에 따른 책임부여와 마찬가지로, 사역 끝과 이에 연관된 직위 해제는 공적으로 표명되어야 합니다.

협력하는 분들이 맡았던 특수 사역이나 위탁받은 사역을 - 어떤 한 이유로 - 되돌려 주려 할 때, 공교회의 예배 중에 작별의식을 하는 것이 적합합니다. 작별식의 장소가 된 예전 예배는 작별에 따른 깊은 정감을 고려하여 인정과 기림, 감사와 슬픔, 회상, 지체됨과 실책에 대한 용서, 중보기도뿐 아니라 직위 해제와 새로운 삶의 국면을 위한 축복이 담겨 있어야 합니다."

다음과 같은 기도는 임직을 부여하는 예배를 위해 제안되었습니다.

영원부터 영원까지 계시는, 살아계신 하나님
당신은 당신의 모든 은사로 우리를 부하게 하십니다.
당신은 우리가 충성된 청지기로 서로를 위해 있기를 원하십니다.
우리의 눈을 열어 당신의 길을 보게 하시고

우리를 격려하여 당신의 인도를 신뢰함 가운데 있게 하소서.
우리의 자매 N.N.와 우리의 형제 N.N.의 사역에 복 내려주옵소서
그들에게 거룩한 성령을 부으시어
그들이 우리 교구에서 우리 교회에서 선한 일을 행하게 하시며
선한 일에 즐거움을 누리게 하소서.
우리 모두를 성령으로 하나 되게 하시어
우리가 서로 도우며 당신을 섬기며
당신을 찬송하게 하소서. 우리 주 예수 그리스도를 통하여.

임직을 끝내고 작별예배에서의 기도

신실하신 하나님
당신은 우리 교회에 많은 선한 은사를 선물하시고
당신을 섬기며 서로 돕는 자세를 일깨워주십니다.
지금 우리 중에 서 있는 N.N.을 통하여 당신이 역사하셨던 모든 일에
그리고 교회의 모든 일 가운데 있었던 함께 함에 감사드립니다.
이제 당신께 청합니다:
이들이 느끼게 하옵소서
이들의 헌신이 얼마나 큰 기쁨과 감사를 주었는지.
당신은 자비하시기에, 자신에 대해 자비하도록 이들을 도우소서
혹 실수나 미진한 일이 생겨났다면
우리가 N.N.을 향해 지체하였음을 용서하소서!

4. 기획: 명예직무의 교회 자문위원/교구 자문위원

교회의 역사를 살펴보면 새로운 상황이 이전에는 알려지지 않았던 새

로운 명예직 사역이 태동하고 있음을 드물지 않게 보게 됩니다. 지난 여러 해 동안 교회는 - 특별히 농촌 지역의 교회는 - 장래에 변화된 재정적 상황과 인력적 가능성에 직면하여 "마을 교회"가 어떻게 존재해야 할 것인지, 매력적일 뿐만 아니라 의미가 많은 교회 건물을 어떻게 보존하고 손질하고 묵상을 위한 공간으로 방문객을 위한 공간으로 열어둘 것인지에 대한 질문에 고심하였습니다. 이런 맥락 아래에 교회와 교구자문위원을 명예직 사역으로 하는 모델이 개발되었습니다.

- 작센의 개신교-루터교의 주(州)연방 교회인 보르나(Borna)교회 지역에서 "교회 자문회"라는 직임을 만들었습니다. 2004년 교회 행정구 기획은 말합니다. "자문회의 직임은 교회 행정구역 보르나에서 개발되어 직능을 부여하였고, 공적인 승인을 얻었습니다. 한 자문위원은 각각의 교회를 위하여 영적인 영향력의 중심지로서 장소 앞에 명예직의 책임을 수행하게 됩니다. 그 자문위원은 근접한 거리에 거주해야 하며, 자신의 활동에 대해 경비지출을 담당합니다. 그는 교회 행정구에서 정기적으로 계속 교육을 받았습니다." - 그동안 두세 마을의 사람들이 건물관리와 주(州)연방 교회 작센의 교회 상황에 대한 교회사와 예술사 세미나에 참여하거나 예배 준비나 게시판 작업 프로그램을 배웠고 교회 자문위원으로 활동하고 있습니다. - 2006년 작센 개신교-루터교회는 라이프치히의 모델을 모든 교회 행정구에 추천하여, "교회 자문위원"이란 개념을 선택하였습니다.

- 하노버의 개신교-루터교회의와 브라운슈바익의 주(州)연방 교회도 이와 비슷한 고려를 하였고, "교구 자문위원"을 채택하여 2008년 소위 '파일럿 테스트'에 사람들을 초대하였습니다. 그리고 미래의 남녀 교회 자문위원의 임무를 다음과 같이 서술하였습니다: "자문위원 활동의 핵심"은 인근 지역교회 생활을 뒷받침하고 교회 합창단을 관리하는 노력에 있다. 교회 남녀 자문위원은 인근 교회에 얼굴을 보이며, 대화 상대자가 되며, 주선하는 활동을 한다. 목사직은 이러한 방법으로 지원을 받으며, 교회 안에 신뢰받는 대화 상대자를 보장받게 된다. 건물관리와 교회인도, 협력 사역, 특별활동 편성, 경건의 모임과 방문 사

역들은 은사와 필요에 따른 사역 영역이다." 2009년, 하노버와 브라운슈바이크 주(州)연방 교회는 상호 연합으로 첫 과정을 시작하였습니다. 5회의 주말 세미나의 중점사항은, "교회와 교회건축법", "교회 건물관리", "구조와 법", "교회생활", "영성과 경건 시간". 19명의 남녀 참가자들이 함께하였습니다.

[참고도서]

- 브룸머/프로이드([Brummer,A./Freud,A.]:자의적인 책무(Freiwilliges Engagement):
  동기-영역 - 고전적이며 새로운 형태(Motive – Bereiche – klassische und neue Type),
  편집, 헤르머링크/라젤 교회 경험적이다.
  창작서((in: Hermelink,J./Latzel T.(Hg.): Kirche empirisch. Ein Werkbuch, 2008.
- 피셔(Fischer,R.): 명예직의 노동(Ehrenamtliche Arbeit),
  시민사회와 교회(Zivilgesell-schaft und Kirche).
  국가와 사회를 위한 지불 되지 않은 책임의 의미와 유익(Bedeutung und Nutzen unbezahlten Engagements für Gesellschaft und Staat), 2004.
- 포이직(Foitzik,K.): 교회와 공동체 안에서의 협력(Mitarbeit in Kirche und Gemeinde), 1998.
- 교회 안에서의 명예직 섬김에 대한 예배
  (Gottesdienste zum ehrenamtlichen Dienst in der Kirche).
  도입과 작별(Einführung und Verabschiedung),
  독일개신교-루터교회 연합회 지도부 편집(Hg.von der Kirchenleitung der Vereinigten Evangelisch-lutherischen Kirche Deutschlands), 2001.
- 그로세(Grosse,H.)개신교 내에서의 자발적인 책임은 미래를 가진다
  (Freiwilliges Engage-ment in der Evangelischen Kirche hat Zukunft).
  새로운 경험적인 연구의 결과(Ergebnisse einer neuen empirischen Studie, Hannover.
  www.ekd.de/si-download/Freiw._Engagement-Text_Grosse.pdf), 2006.
- 명예직을 위한 핸드북(Handbuch für Ehrenamtliche),
  편집-하노버의 개신교 루터교회의 주 지방교회의 본무(Hg. vom Landeskirchenamt der Ev.-luth. Landes-kirche Hannovers), 2010.
- 마르크바르드(Marquard,R.): 믿음으로 사는 것-교회 형성하기-예배 축하하기
  (Glauben leben) – Kirche gestalten – Gottesdienst feiern).
  명예직을 위한 신학적인 입문(Ein theologischer Leitfaden für das Ehrenamt), 2004.
- 람머/뷔브리츠(Rammler,D./Wieblitz,A.) 편집(Hg.): 남녀 공동체의 관리자들
  (Gemeinde-kuratoren und Gemeindekuratorinnen. Ein Pilotprojekt der Ev.-Luth. Landeskirche Hannovers und der Ev.-Luth. Landeskirche in Braunschweig, Projektdokummentation Januar) 2010 (www.gemeinde-kurator.de).
- 명예직을 위한 12가지 표준(Zwölf Standards für das Ehrenamt).
  Checklisten und Materialien, hg. vom Haus der Kirchlichen Dienste der Evang-luth. Landeskirche Hannover, 2009 (www.kirchliche- dienste.de/ themen/10/133/767/material/detail.html).

6.1.5. 교회에 대한 물음들

인지

1. 교회에 대한 문의

교회에 대한 문의는 교회 자체 만큼 오래된 것입니다. 교회는 그렇게 대략 이러한 이의 제기를 경험합니다.

- 교회는 영원한 것을 일상으로 조직화하며, 사람들에게 설정된 경계선안에서 사람들에 대한 하나님의 관계 여지를 제공하려고 시도하기 때문입니다.

- 사람들이 교회 내에서도 바른 이해와 적절한 길에 대해 사람들이 다투기 때문입니다.

- 사람들이 교회와 교회의 임무를 거절하고 의심하며 대적하기 때문입니다.

- 교회가 목적과 내용에서는 타당하지만, 그 원리에 따라 살기에는 교회 스스로 뒤처져 있기 때문입니다.

- 종교들의 진리 요구와 진리의 확실성과 경쟁 관계에 있기 때문입니다.

- 교회가 그들의 임무를 다른 사람들에게 덮어씌우며, 교회의 영향력을 이용하는 것을 두렵게 생각하기 때문입니다.

- 교회는 신앙과 종교가 사적인 일이 아니라는 것을 간과할 수 없게 하기 때문입니다.

- 교회는 모든 정치적이며, 사회적인 또는 국가적인 충성들을 그들의 경계안에

서 지시하는 인간들의 의무(종교)에 관하여 말하고 있기 때문입니다.

2. 독일에서의 종교적인 상태

교회의 회원권에 대한 독일 개신교협의회(EKD)의 "낯선 고향교회"(1992)라는 주제의 세 번째 조사에서 독일 동부지역과 서부지역에서 서로 다른 2가지 종교문화가 거론되었습니다. 2002년 독일 개신교협의회의 제4차 교회 회원권연구(KMU IV)는 이를 확인해 줍니다. 2008년의 종교 관찰자의 배경에서 이러한 양자의 종교문화들은 더 정확이 설명되고 있습니다. 서독에서 78%가 기독교에 속해 있으며 약 15%는 기독교에 속하지 않고 있는데 반해서, 동독에서는 반대 상황을 보여줍니다. 약 32%가 기독교회에 소속하고 있으며, 나머지 68%는 종교공동체에 속하지 않았습니다. 서독에서는 종교적인 현상이 다수인 반면, 동독에서는 어떤 면에서 종교 없이 지내는 것이 "정상적"이었습니다. "구동독(DDR) 시절 국가에서 선전하였던 종교비판과 국가의 종교억압은 교회에서의 종교실천에 피해를 주었을 뿐만 아니라, 더 나아가 종교적 영향에 대해 원리적으로 저항을 위한 국민적 토양을 형성하였습니다."(M.Petzlold). 이러한 "무신론 관습"에 대한 한 원인이 종교와 과학 사이의 대립에 관한 마르크스의 명제가 수십 년간 구동독의 교육을 통해 강하게 선전되었습니다. 이 명제는 많은 사람의 머리에 고착되어 1989년 전환기 이후 20년간 이상 작용하고 있습니다.

물론 동독의 사람들의 절반가량은 종교적인 질문들을 깊이 생각하는 개방성을 보여줍니다. 나머지 절반의 사람들은 종교적 주제에 대해 무관심하거나 무심합니다. 서독에서 신앙을 고백하지 않는 약 45%의 사람들은 종교적인 성향을 항상 보입니다. 그것은 사람들이 신앙고백을 하지 않음이 간단히 무종교성과 동일시할 수 없음을 암시합니다. 그렇지만 더 분명한 것은 즉 교회와의 결합에 대한 상실의 한 중요한 원인은 종교적인 사회화의 부재에 놓여있습니다. "교회에 대한 자신의 거리감과 부모로부터 학습된 교회와의 거리감은 밀접한 관계에 있습니다."(KMU, IV).   ↗ **신자들의 연합**

방향

1. 교회 안팎의 비판

앞에 언급된 문의들은 교회는 그들의 복음으로 인해 그러나 이러한 복음에 비하여 그들의 실수 때문에 모순을 경험하고 있음을 보여줍니다. 그래서 더 이상 논란의 여지가 없는 교회는 존재하지 않을 것입니다. "칸 페트리는 무능력자들과 함께 결합되어 있었습니다"(K. Rahner). 복음적 이해에 따르면 교회의 개별 구성원이나 특정 그룹에서 거절이나, 오류를 인식하기와 그것에 대항하여 다 함께 교회로부터 받아들이는 일은 불가능하며, 교회는 핵심에서 실수로부터 자유롭거나, 또는 모든 오류 앞에서 성령의 특별한 동행을 통하여 보호되었을 것입니다. 교회에 위임된 복음의 소식은 그들의 거절을 통해 파괴되지 않았으며, 어둡게 되지도 않았습니다. 교회의 말과 행위에서 자격을 가진 비판은 신학적인 비중을 갖습니다.

자주 반복되는 세 가지 비판점에 따라 문제성은 더 가깝게 관찰되어야 합니다.

a) 교회와 하나님의 나라

교회에 대한 엄청난 비판은 비난에서 생겨납니다. 교회는 그들의 역사에서 예수님이 지속적인 교회제도의 설립을 생각한 것이 아니라, 그와 함께 시작한 "하나님의 나라"의 침입을 이 세상 가운데 선포했던 본래의 관점들에서 훨씬 더 많이 발전했습니다. 의심 없이 모든 종교 운동의 이행과정은 원천적인 사건으로부터 다른 것 가운데서 연속성과 지속적인 상태로 성장하는 공동체를 위한 질서들과 규율들이 만들어져야만 했다는 것을 의미합니다. 점점 형성되는 제도의 정체성은 교리형성에 대한 최소기준을 통해 그들 저변에 대항하여 안전 조치가 취해져야 합니다. 거기서 위계질서와 관료에 대한 적지 않은 큰 규모가 생겨납니다. 그렇지만 각 종교 운동의 불가피한 역사적인 운명은 이러한 제도의 질그릇(고후4:7) 가운데서 "지혜와 지식의 보화"가 존재할 수 없다는 것을 뜻하는 것은 아닙니다. 그리고 교회의 제도적 형태의 필수성에서 제도적 삶의 형태가 교회에 위임된 사명과 일치하는지 등, 또는 어떻게 하면 더 올바르게 그것이 이루어질 수 있는지를 항상 새롭게 점검하는 과제가 물론 남아 있습니다. ╱**신자들의 연합**

b) 교회와 권력

교회를 반대하는 대중적인 비난은 교회가 종종 세상의 권세자들과 연합하거나, 또는 교회의 권한을 남용했다는 데 있습니다. 예를 들면 십자군 전쟁의 발발과 이단들을 박해(종교재판)한 일 등에서 비난의 불꽃이 일어납니다. 그 비판은 일찍이 4세기 초 콘스탄틴 대제의 기독교 국가 공인인 "콘스탄틴의 대전환"에서 시작하여 종국에는 20세기에 들어와서까지 이어졌습니다. 독일의 "제3의 제국", 유럽과 남아메리카의 다양한 파시즘 정치의 정체, 그리고 동서 유럽의 "냉전" 속에서 교회는 권력자들의 요구와 원함에 대해 그리고 그들에게 노출된 국민 전체와 교회의 고통에 대해서 불명료한 태도였다는 것이 비난을 받게 됩니다.

교회가 여러 번 정치적인 결정에 함께 하였고 그 결정을 환영하였으며 그 결정의 부정적인 종말에 대해서 눈감았다는 사실에 논쟁할 필요는 없습니다. 이것은 "제3 제국" 시대에 해당하는 것인데 단지 적은 수의 기독인들이 저항하였고, 교회는 전체적으로 자기 일에만 몰두하였으며, 핍박받던 유대인들을 돕지도, 사회주의적인 정적(政敵)을 옹호하지도 않았습니다. 이 시대를 되돌아보며 독일 개신교회는 "슈투트가르트 죄책 고백의 선언문"에서 교회의 잘못을 고백합니다. "아주 고통스럽게 우리는 말합니다. 우리를 통해 많은 민족과 나라에 무한한 고통이 주어졌습니다. 우리는 우리가 더 용감히 고백하지 않았으며 더 충실하게 기도하지 못하였고 더 기뻐하면서 믿지 못하였고 더 불타는 사랑을 하지 않았다고 우리 자신을 고발합니다."

다른 한편 교회 역사 속에는 남녀 기독교인들이 국가권력 남용에 공공연히 용감하게 맞섰던 수많은 실례도 있습니다. 암브로시우스 감독은 황제 데오도시우스(Theodisus)가 잔혹한 유혈참극을 벌인 후, 교회당을 출입하려 할 때 이를 거절하고 그에게 공개적인 참회를 유도하였습니다(390년). 보름스(Worms)와 갈렌 지역(Galen)의 감독들은 나치의 광란에 반대하며 구동독 시절 평화기도를 이끌었고 이를 통해 기독교인들은 비폭력적인 방식으로 평화와 인권을 위해 싸웠습니다. 그 밖에 사회 부정의에 반대하여 투쟁하며 인생을 건 수많은 남아메리카의 기독교인이 있습니다. ↗국가,
민주주의와 교회

c) 교회와 돈
소유와 돈에 대한 교회의 태도 또한 오래전부터 비판의 계기가 되었습니다. 사실상 토지와 세금수취를 통한 교회의 수입이 한때 거대했습니다. 예를 들어, 아씨시(Assisi)의 프란체스코는 예수님과 사도들의 청빈과 그들 후계자의 생활양식의 불균형을 교회 외의 비판자들보다 더욱 분명히 지적

하였습니다. 그렇게 사회적 불평등과 빈곤퇴치에 대한 무능은 교회의 명성 훼손과 극단적인 교회 비판의 본질적인 계기 중 하나로 남아있습니다.

특히 독일 교회의 재정수급 체계는 항상 다시 비판적인 이의(異意)를 일깨웁니다. 교회세(敎會稅)는 교회의 위임 가운데 각 지역의 세무관청을 통하여 징수하게 됩니다. 교회세 수입 중 4%는 세무서의 행정경비로 차감합니다. 여기서 교회 행정경비는 만족스럽게도 미미합니다. 남은 재정은 교회 사역에 요구되는 비용으로 사용됩니다. 교회세의 직접적인 헌금에 의한 교회 사용을 불가능하게 하는 것처럼, 국세청의 중립적인 징수가 제도와 교회원들 사이에서 직접적인 접촉을 마찬가지로 어렵게 하는 것은 매우 유감스럽습니다. 물론 이러한 중립적인 징수가 특정 그룹의 총체적인 사회를 위한 교회의 사회적 참여의 독립성을 보장하며, 교회가 폭넓은 사회봉사 참여를 가능하게 할 뿐만 아니라, 남녀 동역자들에게 적당한 보수를 줄 수 있게 하는 것은 다행한 일로 여겨집니다.

교회의 인력 집약적인 근무의 수익은 동역자들의 보수를 보장하는 데 사용됩니다. 객관적인 비용상정에서 본다면 건물 유지와 기념물들의 관리에 큰 비용이 지출됩니다. 많은 교회 건물들이 우리나라의 가장 소중한 문화유산들입니다. 여기에 예전 예배로부터 교회 음악회를 넘어 상담, 청소년 그룹, 상담 사역, 유치원, 양로원과 요양원 등 사회봉사 활동의 촘촘한 네트워크까지 폭넓은 교회 프로그램들이 추가됩니다. 교회세는 사회적 책임과 보살핌을 위한 주목받는 체계로 우리 사회에 이바지하고 있습니다.

그렇지만 교회가 그 재정운영에 있어 절대적으로 투명하고 주어진 사명에만 의무화되었음을 아는 것은 매우 중요합니다. 즉 교회의 자본관리는 오로지 예수 그리스도의 이름으로 충성스럽게 이루어지고 있으며, 모든 재무적 용건에는 영적 차원이 있다는 것을 분명히 합니다. 결과적으로 교회를 무조건 - 너무나 편리하게 - 특정 재무체계와 연결하는 일은 교회원들의 직접적인 헌금참여를 축소하는 어려움이 되기도 합니다.

2. 교회 구성원과 교회탈퇴

종교적 행태를 고찰하는 경험적 사회연구는 오늘날 사람들이 어떻게 자신의 기독인 됨을 교회의 선포와 가르침과의 일치 관계로 정의하는 경우가 점점 축소되는지, 그리고 어떻게 자기 자신을 위한 개인의 신앙관을 발전시키고 있는지를 잘 보여줍니다. 교회의 구성원에서 탈퇴한 사람과 탈퇴를 원하는 사람, 그리고 교회 내에 머물러 있는 사람 중 많은 이들이 바로 이러한 연구의 실제에 연결되어 있습니다. 결과적으로 교회 회원 중 많은 이들이 교회에서 제공하는 것들을 단지 선택적으로만 이용하고 있습니다. 예를 들어 특정 주제나 프로그램의 형태나 인생의 전환기인 출생과 죽음, 결혼과 입교식과 같은 일대기 적인 상황들이 있습니다. 제3차 독일 개신교협의회(EKD) 회원 설문(1992)의 주제는 이런 특정 연결성을 알 수 있도록 합니다. "낯선 고향교회". 이 설문에서 놀라운 사실은 교회에 그러한 태도를 보이는 사람일지라도 무조건 교회에서 탈퇴하려는 경향을 보이지 않는다는 것입니다. 교회의 구속력은 종교적인 영역에도 다양한 태도를 개인이 선택할 수 있다는 선택의 자유와 짝을 이루고 있습니다.

사람들은 대체로 소속에 대한 질문에서 "유동성"을 보입니다: 2007년 개신교협의회(EKD)에서 130,331명이 교회에서 탈퇴가 있지만, 61,792명은 교회에 입회 또는 재입회하였습니다.

지난 몇 년간 입회 숫자가 증가하였습니다. 또한 부모님들이 자신의 자녀를 세례받게 하고자 하는 비율은 놀랄 만큼 아주 높습니다.

탈퇴에는 아주 다양한 원인이 있습니다. 지난 몇 년간의 경험적 연구는 그리스도교 신앙으로부터 급진적인 전환이나 - 탈퇴하는 사람 중 높은 비율은 분명히 자신을 개신교의 신앙인으로 생각하고 있습니다 - 교회 목회자와 조력자들과의 부정적인 개별경험은 큰 역할을 하지 않는 것을 나타냅니다. 탈퇴의 원인으로 교회세를 절약하고자 하는 동기는 지루한 의사 형성과정과 제도로서 교회에 대한 애착 상실을 형성하는 해석패턴보다 더 적습니다.

이러한 배경에 오늘날 "개인적이며, 직업적인 유동성을 수용할만한 관계"(J. Hermelink)에 있는 사람들을 교회에 오도록 하는 일은 교회의 큰 과제 중 하나입니다. 이것은 교회사역 측면에서 교회가 복음적 내용과 함께 항상 동반해야 하며, - 어린이나 청소년 사역이든, 교회 "가족 축제" 행사(세례, 입학, 입교식)든, 지역과 초지역적인 큰 사업에의 특수 사역(직장 목회자나 병원 상담)이든 - 사람의 일대기에 있어도 성공적인 만남이 이룩될 수 있어야 함을 의미합니다.

바로 이 부분에서도 동서독 간의 현저한 차이가 있습니다. 서독의 경우 교회 신앙을 떠나지 않고 탈퇴가 이루어지지만, 동독지역에서는 신앙고백 공동체가 없다는 것이 개인적인 결정의 결과가 아니라 무종교 사회와의 결과이기에 곧바로 불 신앙적인 상태가 "계승"됩니다. 동독 사회의 주민 2/3는 한 번도 교회 회원이 된 적이 없습니다. 이들은 종교, 신앙, 교회에 대한 아주 다양한 태도를 보입니다. 이들 중 대부분은 교회 회원이 되고 세례받는다는 것은 결코 생각해 볼 수 없는 것입니다. 그런 결정은 일반적으로 지역교회나 기독인들과의 접촉을 전제로 합니다.

교회의 회원탈퇴는 진지하게 생각해 봐야 할 문제입니다. 실망 때문에 교회에 등을 돌린 사람은 감수성 있는 대담자를 만나거나 비평의 여지를 주어야 합니다. 교회뿐만 아니라 기독교회의 신앙에 등을 돌린 사람은 하나님 앞에서는 의심과 불신이 사람을 부적격하게 만드는 것이 아님을 알아야 합니다. 세례를 통해 주어진 하나님의 약속은 교회탈퇴를 통해서도 철회되지 않는다는 것은 기독인들의 신앙에 중심적인 가치입니다. 독일 개신교협의회(EKD) - 텍스트 "세례와 교회 재입회"(2000)"깨어질 수 없는 구원약속의 직설이라는 의미에서 예수 그리스도를 향한 세례받은 자의 불변의 소속됨"을 지적하고 있습니다. 그러하기에 교회에 재차 입회하는 자는 다시 세례받지는 않습니다. 그리고 재입회 상담 또한 - 이전에 탈퇴와 결부된 단절에도 불구하고 - "세례받은 자들과 함께 한 상담"입니다. 이러한 상담에는 공통적인 세례의 근거로 "무엇이 교회인지? 교회에 소속된다는 것이 무엇을 의미하는지? 소통하는 영적인 기회"가 있습니다(개신교협의회 - 텍스트 107).

3. 환경과 생활양식

교회의 출현에 대한 동의와 거부, 교회 프로그램의 매력과 흥미는 사람들의 다양한 입장과 선호도와 관심사와 연관이 있습니다. - 다르게 말하자면 각각의 생활 스타일과 환경과 연관이 있습니다. "환경"과 "생활양식"은 사회학적 개념으로 다양한 사회적 대집단이 자신들의 가치 관념, 습관, 신념이나 선호도, 각자의 위치에 따라 바로 이 개념으로 자기 집단을 서술합니다. 2002년 제4차 교회 회원연구는 "생활양식의 형태"나 "환경"을 구별하고 있습니다(비교. Schulz/Hausschildt/Kohler).

• 고급문화층(50대 중반부터 시작하는 교회 회원 중 약 13%, 남성보다 여성이

더 많은 고학력층)에는 수준과 사회적인 명성이 중요합니다. 그들은 자유시간에 전시, 음악회, 가족과 친구와 밀접한 접촉을 추구합니다. 이들은 클래식 음악, 오페라와 연극을 선호합니다.

- 그 지방 특유의 사람들(40대 후반부터 16% 교회 회원, 높지 않은 교육수준)은 전통적인 가치지향의 경향이 강력합니다. 다른 이들을 위해 있다는 것이 그들에겐 중요합니다. 이들 또한 가족, 이웃, 친구들과 밀접한 접촉이 있으며, 근검절약하고 자연과 친밀하고, 사교 집단을 중요시하고 민속 음악을 즐깁니다.

- 유동층(상당 수준의 교육을 받은, 14세에서 40세까지 나이의 22%)의 가치지향은 아주 다릅니다. 독립, 삶의 누림, 매력과 신식이 이들에게는 특별히 중요합니다. 이들은 휴가(여가) 시간은 활동적인 스포츠나 영화관, 디스코, 컴퓨터로 보내고 있습니다. 하지만 이웃과의 접촉은 평균 이하입니다. 음악적 취향은 팝송과 록 음악이며, 교회 회원 중 가장 탈퇴 경향이 높은 층입니다.

- 비평적인 사람들 (25-65세까지) 널리 분포된 고학력층 14%)은 현대적인 삶의 태도를 보입니다. 다른 사람들을 위한 시민참여, 반성과 삶의 누림이 이들에게는 특별히 중요합니다. 이들의 음악적 취향은 클래식에서부터 록과 팝송이며, 민속 음악은 거부합니다. 휴가(여가) 시간 활용 폭은 오페라, 극장, 영화관, 그리고 활동적 스포츠와 예술과 문학 등 넓습니다. 그리고 이들은 더 집약적으로 학습합니다.

- 사교적인 사람들 (30-50세 사이의 평균적이고 높은 교육수준의 18%) 현대적인 삶의 태도와 결부되어 있고, 그들에게 삶의 향유, 순탄한 과정의 삶과 가정이 중요합니다. 이웃과 친구와 가족들과의 접촉을 추구하고, '너 스스로 하라!'란 명제로 각인되어 있고 록과 팝송을 사랑합니다. 여가활동으로는 영화관, 집안과 정원일, 활동적 스포츠와 컴퓨터를 선호합니다.

- 은거하는 사람들(평균 55세 주변에 있는 40세 이상의 16%, 낮은 교육수준)의 가치지향은 강력한 전통적 삶의 경향이 있습니다. 순탄한 여정의 삶, 근검절약, 삶의 누림이 그들에게 중요합니다. 이들은 고급문화나 청소년 문화로부터 거

리를 두며, 사교성을 거절하고 이웃과의 접촉이 전혀 없습니다.

한편 이런 정황적 조망은 교회 사역을 어느 정도 특정 환경과 생활 스타일에 집중해야 하며, 어떤 환경에서 거절반응이 발전되는지 보여줍니다. 다른 한편 이 데이터는 교회 회원의 다양한 참여 자세에 대한 이해 차원을 제공합니다. 또한 "교회에 가까이 있는 사람"과 "교회에서 떨어진 사람"이란 도식을 확장하여 다양한 형태의 "반반(半半)의 거리감"을 개인적인 교회 애착의 형태로서 존중하게 합니다.

형성

1. 개신교 아카데미 - 비판적인 대화의 장소들

결과적으로 비난으로부터 교회를 벗어나게 하는 가장 중요한 요인은 교회의 고유한 과제에 집중하는 것입니다. 그것은 그리스도 안에 사람이 되신 하나님의 사랑의 복음을 확대하는 것입니다. 이를 위해서는 반드시 견해와 입장의 다양성을 인지하고 대화의 길을 걸어가야 합니다.

오래전부터 성공적으로 이를 실현하던 장소가 "개신교 아카데미"입니다. 이 기관들은 독일의 전후 시대, "제3 제국" 시대의 정신적 문화적 황폐화와 국가 사회주의자들을 통한 민족들의 살상에 대하여 기독인과 교회의 대답으로 생겨났습니다. 개신교 아카데미는 민주적인 사회 건설에서 준비와 책임성을 위한 신호였습니다. 그것들은 공공성(公共性)의 맥락에서 곧 사회적 토론에서 포기할 수 없는 구성요소가 중대되고 있음을 인지하게 되었습니다. 그것들은 구동독(DDR) 시절에 결핍된 내적인 사회적 대화에 따라 반 공공성의 건설에 먼저 일조하였습니다. "개신교 아카데미"는 교회의 내적인 상황을 의식적으로 떠나 있게 되는데, 그것은 서로 다른 출생과 여러 세대와 구별된 교육과 다른 종교에 속한 사람들과 내부 사람들과 비평가들, 지역교회 회원과 교회 밖에 머물러 있는 자들을 함께 엮어내기 위해서였습니다. 독일에 있는 21개의 "개신교 아카데미"들은 서로 구별된 입장과 논의하는 시간과 장소와 기회를 제공하게 되었는데, 그것은 철학자들과 자연 과학자와 사회학자들에게 듣고 교회의 신앙을 전제 없는 대화를 이끌기 위함이었습니다. 아카데미는 신앙 중심의 집중성과 공공을 향한 개방성의 공존을 통해서, 우리 시대에 적합한 기독교적 실존의 중요한 형태를 연출해 보였고, 이전보다 더욱 비평적 대화에 귀를 기울이는 교회의 중요한 기능이 되었습니다.

연락처: Evangelische Akademien in Deutschland EAD e.V. - Geschäftsstelle, Auguststrasse 80, 10117 Berlin (www.evangelische.akademien.de).

2. 접촉면들을 확대 - 성공적인 만남을 가능하게 함

1983년 독일 루터교회연합(VELKD)은 일찍이 소위 "루터교연합회의 선교적 이중전략"을 결의하였습니다. 관심은 한편으로, "교회 회원을 개인적으로나 사회적으로 안정하게 하는 것과 다른 한편, "교회 회원권에 대한 새로운 동기를 일깨우려는 것"에 있었습니다. 이런 맥락에서 그것은 교회 회원들의 교회 애착과 아직 회원이 되지 못한 사람들의 교회 애착을 강화하는 것을 목표하였습니다.

이는 "개방"과 "농축" 두 표제어로 묘사되었습니다. "한편으로, 미디어들을 통하여, 국민교회적인 전통들을 통하여, 또는 도시교회들을 통하여 중재될 수 있는 것처럼, 복음의 공적인 증언을 강화하는 것입니다(개방성). 다른 한편, 종교 사회화의 프로그램들이 그들 신앙을 위하여 교회원들이 언어적인 자질을 형성하게 되는 목표와 함께 인격적인 신앙이 깊어지도록 발전시키는 것입니다(구체화). 독일 루터교연합회(VELKD가 1968년에 설립한 지역 교회대학(Gemeindekoll은 - 2007년까지 첼레(Celle)에 있다가 지금은 에어프르트(Erfurt)의 노이디텐도르프(Neudietendorf)로 옮겼다 - 지역교회설립의 프로젝트에서 이러한 이중적인 전략을 변화시키는 과제를 지니고 있다(www.gemeindekolleg.de).

새로운 경험적 연구들은 사람들의 교회와의 결합을 지속적으로 강화하며 심화하는 과제를 강조합니다. 한편, 교회가 공적으로 현존하는 것을 보여주며, 동시에 여러 구별된 환경에서 성공적인 인격적 접촉들을 열게 하는 곳에서 기회들이 특히 보였습니다. 그렇지만 그것은 단지 "새로운 프로젝트"나 행사형식의 발전을 통해서만 도달되지는 않았습니다. - 정황을 초월한 것으로, 예를 들면, 전형적인 직무 행위들(세례, 혼인, 장례), 또는 성탄전야의 예배 행위가 증명합니다.

핵심기능적인 예배, 영적 상담, 교육과 봉사적인 관심에서 교회의 공공적인 가시성은 교회의 과제와 함께 동질성의 강화에 기여합니다. 특별한 만남의 기회들은 다른 것들 가운데서 보여줍니다.

- 특별 예배 행위 들에서입니다(입학, 추수감사, 학교예배, 초록의 들판에서 예배, 또는 도시와 마찬가지로 가족적인 계기로 이루어지는, 세례, 혼인, 입교 예배, 또는 장례예배나 성탄전야예배). 이것들은 서로 다른 정황의 접촉과 관계의 장을 마련합니다.

- 도심교회의 사역에서. 이것은 도시 중심의 삶에서 종교적 파장을 주고 있습니다. 교회의 존재는 도시적 일상 한가운데, 교회 개방, 문화적이며(전시), 예전적이며 -상담 적인 활동(오늘의 기도, 기도 게시판, 상담 제공)을 통해 문턱이 낮은 장소가 됩니다.

- '교회 개방'은 일상의 쉼과 영혼의 숨 쉼을 위한 초대입니다.

- 대형 이벤트는 정황을 초월하는 접촉의 장을 마련합니다. 예를 들어 이미 많은 도시와 지방의 확고한 교회 사역으로 자리 잡은 "교회의 밤" 이나, 지역 세례축제, 혼인예배나 교육박람회장의 예배, 도시나, 마을의 축제 등과 같은 것이 있습니다.

- "관광지로서의 교회"는 휴가 중에 있는 사람들에게 일상에서 거리를 둔 교회를 새롭게 그리고 어떤 방식으로 익명과 보호된 공간에서 경험하는 기회를 제공하게 됩니다.

- "호기심을 가진 자들의 종교"형태에서 기독교 신앙에 대한 기초 과정은 한편으로 기독적인 주제들과의 논쟁을 가능하게 하며, 동시에 신앙적 사항에 대해 말하는 자질을 돕게 됩니다.   ↗ **신자들의 연합**

[참고도서]

- 엥겔하르트/뢰베니히/슈타인아커([Engelhardt,K./LoewenichH.v./Steinacker,P.):
    편집(Hg.): 낯선 고향교회(Fremde Heimat Kirche). 교회명예원단체에 대한 EKD의 3번째 조사(Die dritte EKD-Erhebung über Kirchenmitglied-schaft),1997.
- 프리드리히/후버/슈타인아커(Friedrich,J./Huber,W./Steinacker,P.) 편집(Hg.):
    삶의 관계들의 다양함 안에서의 교회(Kirche in der Vielfalt der Lebensbezüge). Die vierte EKD-Erhebung über Kirchenmitgliedschaft, 2006.
- 헤르메링크/라젤(Hermelink,J./Latzel T.)편집 (Hg.): Kirche empirisch. Ein Werkbuch, 2008.
- 후버(Huber,W.): 시대전환 가운데 있는 교회(Die Kirche in der Zeitenwende), 1999.
- 요수티스(Josuttis,M.): 우리의 국민교회와 성도의 공동체
    (Unsere Volkskirche« und die Gemeinde der Heiligen), 1997.
- 크로거(Kroeger,M.): 수용할수 없는 교회의 필요성
    (Die Notwendigkeit der unakzep-tablen Kirche), 1997.
- 큉(Küng,H.): 기독교(Christentum). 본질과 역사(Wesen und Geschichte), 2. Aufl. 2008.
- 레이(Lay,R.): 교회 이후의 기독교(Nachkirchliches Christentum), 4. Aufl. 1997.
- 라이힛(Leicht,R.): 너희는 세상의 소금이니(Ihr sei das Salz der Erde).
    2000 Jahre 모순 가운데 있는 기독인(Christen im Widerspruch), 1999.
- 페졸드(Petzold,M.): 동독에서의 종교적 상태(Zur religiösen Lage im Osten Deutsch-lands),
    편집: 베르텔스만 재단, "세상은 무엇을 믿는가?" in: Bertelsmann Stiftung (Hg.): Woran glaubt die Welt? 2008년 종교조사에 대한 분석과 해석(Analysen und Kommentare zum

Religionsmonitor 2008), **2009**.
- 당신들이 거기에 있는 것은 좋은 일입니다(Schön, dass Sie (wieder) da sind).
개신교 안으로 입교와 탈퇴(Eintritt und Wiedereintritt in die evangelische Kirche), EKD-Text 107, **2009**.
- 슐츠/하우스실드/쾰러(Schulz,C./Hausschildt,E./Kohler,E.):
환경 실천적으로(Milieus praktisch),2 veränderte Neuauflage **2009**. 세레와 교회탈퇴(Taufe und Kircheaustritt). Theologische Erwägungen der Kammer für Theologie zum Dienst der evangelischen Kirche an den aus ihr Augetretenen, EKD-Text 66, **2000**.

6.1.6. 기독교의 작은 종파들의 알림

인지

여러 종류의 교회를 발견할 수 있습니다. 종종 외적인 형태는 특정한 신앙을 암시합니다.

- 제단에 대한 공간의 설비(십자가상과 촛대 장식 있음)인 강단과 세례 대는 루터교회를 암시합니다.

- 제단, 십자가상, 촛대와 조각상이 없는 공간의 단순성에서 개혁교회를 인식하게 될 것입니다.

- 강단 모양과 벽면에 십자가와 성구가 있는 집회공간은 하나의 자유로운 교회의 회중을 섬기는 모습입니다.

- 유향 냄새 벽면에 그리스도와 성자들의 성 화상(그리스정교회)이 있는 그것들 앞에서 현등(懸燈)과 촛불이 불타고 있는 하나의 벽면은 전형적인 정교회를 위한 모습입니다.

- 제단의 중앙 위치는 성례적인 그리스도의 임재의 표지로서 영원한 빛, 마리아 상, 참회의 자리들, 이따금 화려한 장식은 로마 가톨릭교회를 암시합니다.

기독교는 그렇게 다채롭게 제시됩니다. 이런 다채성은 어떻게 생겨난 것일까요? 구별된 종파들과 신앙고백의 심장은 어디서 고동치는 것일까?

이어지는 글에서 하나의 신학적인 평가로서 그리고 역사적인 정리도 여기서 피하겠습니다. 다음의 글은 알파벳 순서에 따라 전개됩니다.

방향

1. 고대 가톨릭교회

고대 가톨릭교회(alt-katholisch)는 로마 가톨릭교회보다 그 존재 자체가 스스로 "인간 친화적인 대안"으로 이해합니다. 고대 가톨릭교회는 제1차 바티칸 공의회(1869-1870)에 확립된 교황 무오(無誤)의 교리에 대한 저항으로 생겨났으며 분리되지 않았으며 고대교회의 공의회 결정을 지향하고 있습니다. 그러하기에 그들은 처음부터 교회연합운동에 개방적이었습니다. 로마와 작별하여 생겨난 여러 지역(네덜란드, 독일, 스위스, 오스트리아, 체코, 폴란드)의 주교들은 "우트레히트 연합"으로 결속되었습니다. 주교구는 자립해 있으며 독립적입니다. "독일 고대가톨릭 신자들의 가톨릭 주교관구"는 본(Bonn)에 자리하고 있으며 약 25,000명의 신자가 있습니다. 고대 교회들은 감독 정치를 하고 있으며 세 가지 봉헌된 직무를 가집니다. 최고 의결기관은 평신도의 수가 압도적인 총회입니다. 1982년부터는 여성에게 집사직이 허용되었고, 독일에서는 1996년부터 사제직 봉헌이 허용되었습니다. 우트레히트(Utrcht) 연합 내에 여자 성직 성별은 아직 재론의 여지가 있습니다만, 시간이 지남에 따라 여성 성직 부여가 더 폭넓게 도입되고 있습니다.

고대교회와 영국공동체는 1931년 서로 간의 영성체를 나눔에 대하여 이해적입니다. 1931년 이후, 독일의 고대가톨릭 주교구와 독일 개신교협의회(EKD) 사이에는 "성만찬 감사의 축하에 대한 참여에 상대의 초대를 위한 합의"가 존재합니다. 그렇지만 아직 직제 물음에 있어서 포괄적 합의를 상정하는 완전한 교회 공동체를 말하지는 않습니다.

2. 영국 국교회(성공회)

"영국 국교회(성공회)"는 처음에는 앵글리칸 교회(Anglican Church)의 이름이었지만, 오늘날 선교나 잉글랜드 교회의 이주로 생겨난 모든 교회에 사용됩니다. 성공회는 잉글랜드 섬 이외에 대영 연방에 속하거나, 속했던 모든 나라에 존재하여 앵글리칸 공동체(Anglican Communion)를 형성합니다. 감독들은 의장인 캔터배리 대주교의 지도하에 정례적인 국제 주교 회의에서 만나고 있습니다(런던의 램베트[Lambeth] 궁정의 이름을 딴 램배트 회의). 성공회는 영국 국가교회이기에 의회는 교회의 규율에 대한 참정권을 가집니다만 여타의 성공회는 독립적입니다. 반인종 분리주의에 가담으로 인해 알려진 남아메리카의 앵글리칸 대주교 투투(Tutu)가 있습니다. 예를 들어 독일과 같이 역사적으로 다른 신앙고백이 특징적인 나라에서는 단지 영국 신자들이 모이는 적은 수의 앵글리칸 교회만 존재합니다.

영국 국교회(성공회)는 1534년 로마에서 분리된 이후, 여러 다양한 종교개혁시대의 영향에 문호를 개방하였습니다. 종교개혁자들은 이러한 전통에 대해 아주 조심스럽게 접근합니다. 예배의 양식으로 보면 중세시대의 의식들을 단순화하여 발전시켰고, 세 가지 직제(감독, 사제, 집사)를 포함하여 감독 정치를 지속하고 있습니다. 이에 대한 증거는 예배의 규정을 담고 있는 1549년에서 1552년의 "공동기도서"(Book of Common Prayer)입니다. 교회의 실제 특히 예배의 생활을 경험하는 높은 평가함에 근거하여 공동기도서는 앵글리칸 교회를 아주 강하게 형성하였습니다. 부분적으로 루터교회의 아욱스부르그 신조에 의존하고 있으며 부분적으로 온건한 칼빈주의 교회의 여지를 지닌 1563년 39개 신조는 그에 비하면 무게감이 적습니다. ↗ 종교개혁

영국 국교회(성공회)는 고대교회와의 연속성을 강조하며 - 가톨릭적인 면에서 그리고 종교 개혁적인 면에서 - 자신들을 적법한 연속체로 이해합니다. 16세기와 17세기에 역사적 연속성과 전통을 강조하는 편과 청교도처럼 더 급진적인 종교개혁을 옹호하는 편 사이의 논의가 있었습니다. 18세기 잉글랜드에는 대각성 운동이 있었으나, 영국 교회가 이에 대한 충분한 여지가 없었기에 완전히 독립적인 교회로 발전되었습니다. 19세기 옥스퍼드 운동은 신학에서와 마찬가지로 예전의 형식 안에서도 성공회의 고대교회와 가톨릭적인 성격에 대하여 다시 생각하는 방향으로 인도하였습니다.

이러한 운동의 여파들로 인해 교회 내에는 세 방향이 형성되었는데, 영국 가톨릭("고대의 고(高)교회")과 앵글리칸 교회(저(底) 교회), 그리고 중립적인 방향입니다. 이러한 세 방향은 영국 교회 내에서 아직도 생생히 남아있습니다. 또한 고(高) 교회 부흥과 같은 반대 방향의 운동도 있어 앵글리칸 교회는 다채성 속에서 단일성을 띠고 있습니다. 그들은 자신들을 가톨릭교회와 종교개혁 이후 개신교회의 성격을 토대로 신앙고백 공동체들 사이의 교량 건설자로 이해하고 있으며 아주 활동적으로 교회연합운동에 참여하고 있습니다.

전체적으로 성공회 신학은 실용 지향성이 그 특징이며, 그 폭과 통합적인 능력으로 여러 다른 입장들을 건설적으로 연결할 수 있는 신학으로 여겨집니다. 성서 중심성과 나란히, 전통과 이성이 중요한 역할을 합니다. 성공회 신자들은 교회 간의 연합에 다음 4가지 요소가 본질적인 것(Lambeth-Quadrilateral)임을 보여줍니다. 즉 거룩한 성서, 니케아-콘스탄티노플 신경, 성례적 세례와 성만찬, 사도직 승계의 대열에 서 있는 주교구 직임. 여타 다른 문제에 대해서는 다채로운면이 있습니다. 일부 앵글리칸 교회에서는 여성의 사제직뿐 아니라 주교직도 허용됩니다. 그렇지만 동성애 입장과 같은 일부 질문에 대해서는 앵글리칸 연합 내에서도 진지한 논의들이 있습니다.

상호 영성체 교환에 대한 1931년 본(Bonn)의 협약 이후, 앵글리칸 교회와 고대가톨릭 교회의 연합이 형성되었습니다. 1988년 독일 마이센(Meißen)의 확증으로 인해 잉글랜드 교회와 독일 개신교협의회(EKD) 회원교회들은 성만찬 상호초대에 대한 일치를 보였습니다. 더 나아가 1992년 보르보에르(Porvooer) 공동 확증은 감독직에 대한 소통을 내용으로 하며, 잉글랜드, 스코틀랜드, 웨일즈 아일랜드의 교회와 북유럽과 발트해 대부분의 루터교회 간의 완전한 교회 연합을 이루어내기로 했습니다.

3. 개신교-루터교회

개신교-루터교회는 자신을 니케아 신조가 언급하는 "하나의 거룩하고 범교회적(=보편적)이며 사도적인 교회"의 부분이며 그 구현으로 자신의 교회를 이해하고 있습니다. 개신교-루터교회는 고대교회와의 연속체로 이해하고 있습니다. 루터 종교개혁의 특징은 거룩한 성서를 거역하지 않는 모든 전통에 대한 개방성에 있습니다. 예를 들어 루터교회는 예전 예배의 기본골격뿐 아니라 여러 많은 의식적 양식을 간직하고 있습니다. 개신교-루터교회의 토대는 성서를 기준으로 삼고 신앙고백은 파생된 규범을 받아들입니다. 신앙고백은 다음과 같습니다:

- 고대교회의 신앙고백
  (사도신경, 니케아-콘스탄디노플 신경, 아타나시우스 신경)
- 아욱스부르그 고백(Confessio Augustana)

- 변증서(아욱스부르그 고백 변증)
- 슈말칼덴의 강령
- 교황 전권에 관한 논문
- 루터의 대/소요리문답
- 일치 신조

루터교회는 모든 그리스도의 교회와 함께 삼위일체 하나님을 고백합니다. 타 교회들과 공통점 중 다음의 사실에 강점을 두는 것이 루터교회의 특징입니다.

- 성서 이해에서, 하나님의 요청(율법)과 자유롭게 하시는 확약(복음)

- 오직 하나님의 은혜를 통한 그리스도의 구속행위에 근거한 오직 믿음을 통해 죄인 된 사람을 용납한다는 의미에서의 칭의   ↗ **이신득의**

- 수납된 칭의(稱義)의 귀결로서 그리스도인의 행실, 교회의 교훈과 실행의 척도로서의 이신득의의 교리

- 성령은 믿음이 생겨나게 하며, 그 믿음을 강화하게 하는 수단으로서의 말씀과 성례, 그리고 예수 그리스도가 실제로 임재하는 행위로서의 실재의 성례 이해 (실재설)   ↗ **말씀과 성례**

- 말씀과 성례를 중심으로 한 신자들의 공동체로서의 교회. 한편에서는 근본 토대에 집중하지만, 다른 한편에서 예배의 양식에 있어 폭넓은 관점이 가능 ↗ **신자들의 연합**

- 세례에서 토대를 둔 만인 사제성과 직임을 통한 공적인 말씀선포와 성례 주관을 위임받은 교회 직분과의 융화   ↗ **직분**

• 세계 질서를 통한 하나님의 보존하시는 활동(세계 통치)과 교회의 봉사를 통한 하나님의 구속하시는 행위(영적 통치)의 구분　　／국가, 민주주의와 교회

19세기 루터교회의 대각성 운동의 대표자 빌헬름 뢰에(Wilhelm Löhe)는 루터교회를 "신앙고백의 중심"으로 지칭하였습니다. 이 말은 실재에서는 항상 그렇지 않은 전형적인 이상적 단정이라고 하더라도 이 규명에 진리의 핵심이 있습니다. 루터교회의 "교회" 개념에는 교회 연합적인 폭과 개신교 집중이 함께 묶어져 있습니다. 이러한 근거에서 루터교회는 "로마 가톨릭"과 "개신교회"란 양 날개 사이의 가교역할을 교회 연합운동 차원에서 할 수 있습니다.

여러 나라에서 "아욱스부르그 고백 교회"로 불려졌던 루터교회의 교회법에서 감독과 총회적인 헌법적인 요소들이 연결하고 있습니다. 대부분의 독일 루터교회는 "독일 개신교-루터교회 연합"에 소속되어 있습니다. 바이에른, 브라운슈바이크, 하노버, 맥클렌부르그, 노르트엘비엔, 작센, 샤움부르그-립페와 중부 독일 개신교회, 독일개신교 루터교연합회의 사역은 공동 예전 예배의 규례와 교회 생활 설계를 위한 원조, 헌법, 신학 원리적 질문에 대한 작업과 교회 연합적 대화에 드러납니다. 전 세계의 루터교회는 "세계 루터교회 연맹"(LWB)으로 연합합니다(68,300,000 회원의 141개 교회). "독일 국가위원회"(DNK)는 루터교 세계연맹(LWB) 연합사역 기관으로 활동하고 있으며, 이 위원회에는 개신교루터교연합회 회원교회 이외의 독일 내의 또 다른 루터교회들이 속해 있습니다: 올덴부르그, 뷔어텐베르그, 폼메른, 주연방 교회로부터 독립한 바덴의 개신교-루터교회와 주연방 교회 립페의 루터교회. 연합교회(Unierte Kirche)에서도 루터교적인 특색을 지닌 지방과 교구 교회들이 있습니다.

루터교회는 로이엔베르그(Reuenberg) 일치를 근거로 연합교회와 독일개신교협의회(EKD) 소속의 개혁교회와 연합하고 있습니다. 이와 나란히 독립 개신교-루터교회(SELK)가 있습니다. 이들 교회는 지금까지 도달한 교리적 일치가 충분하지 못하다고 여겨서 다른 신앙고백과의 교회 연합을 거부합니다.

4. 개신교-개혁교회

개혁교회는 자신들을 "하나님의 말씀에 따라 개혁된" 교회로 이해하고 있습니다. 개혁교회는 16세기 종교개혁에서 생겨났으며, 그들의 역사적인 뿌리는 고지 독일(남부 독일)과 스위스에 있습니다. 울리히 쯔빙글리와 요한네스 칼빈, 요한네스 에콜람파드와 하인리히 불링어가 개혁 교회의 신학과 관습을 만들었습니다. 시간이 지나감에 따라 모든 대륙에 개혁교회가 생겨났습니다. 개혁교회 기독인들은 전 세계 약 70,000,000에 이릅니다. 스위스, 네덜란드, 헝가리와 스코틀랜드와 같은 국가의 인구 대부분이 개혁교회에 속합니다. 잉글랜드에서 개혁교회는 "장로교회"라는 이름을 가집니다. 개혁교회 세계연맹은 우선 1875년 "장로교 동맹"을 설립한 다음, 현재 107개 나라의 214개 교회를 아우르고 있습니다. 2010년 개혁교회 세계연맹과 개혁교회 교회연합운동 협의회와 연합을 통해, 개혁교회는 8천만 회원을 가진 세계공동체가 되었습니다.

19세기 독일 프로이센에서는 루터교회와 개혁교회의 연합(Union)이 생겨났습니다. 많은 교구 교회들이 하나가 되었고, 그런 이후 자신들을 "연합교회"로 불렀습니다. 그렇지만, 개혁교회에는 개신교 연합교회(UEK)와 연결된 주(州)연방 교회들도 있습니다.

독일개신교협의회(EKD)는 두 종류의 주연방 개혁교회가 있습니다: 1988년 바이에른의 개신교-개혁교회와 북서-개혁교회가 연합하고, 동서독 통일 이후, 동독 지역 일부 교회들이 연합한 개신교-개혁교회, 그리고 루터교회를 아우르고 있는 주연방 교회 립페(Lippe)입니다. 1884년 마부르크에서 설립된 개혁교회 연맹은 대략 380개의 교구 교회와 개별 사람들의 자유연합입니다. 개혁교회 연맹은 공적으로 개혁교회의 신앙고백을 대변하고 있고, 독일의 14,000,000 회원의 "상부 단체"이며, 총회개최 사이에는 24명으로 구성된 "간부단"이 개혁교회 연맹을 운영하고 있습니다.

개혁교회에는 엄청난 수의 신앙고백 문서들이 있습니다. 그렇지만 고대교회 신앙고백을 제외하면 세계에 모든 개혁교회를 연합시킬 수 있는 신앙고백이 없습니다. 1563년 하이델베르그 요리 문답은 독일 개혁교회의 척도가 되는 신앙고백입니다. 이 요리 문답서는 129개의 질문으로 나누어집니다: 첫 번째 질문은 "삶과 죽음에 있어 유일한 위로는 무엇인가?"입니다. 이어지는 대답은 "삶과 죽음에 있어 내 몸과 영혼은 나에게 속한 것이 아니라, 나의 신실하신 구세주 예수님의 것입니다. 그분은 자신의 신실한 피로 내 모든 죄값을 완전히 지불하였고 사단의 모든 권세로부터 나를 구속하였습니다. 그리고 그분은 하늘 아버지의 뜻이 아니면 내 머리에 머리카락 하나라도 떨어지지 않게 하시고, 내게 있는 모든 것이 복에 이르도록 나를 보존하십니다. 그러므로 그분은 또한 그분의 거룩한 성령을 통해 나의 영생을 확실케 하시며, 이제 이후로 그분을 따라 살기를 진심으로 기뻐하며 준비하게 하십니다."

개혁교회의 이해에 따르면 교회는 지속적으로 하나님의 말씀과 성령을 통해 혁신되어야 할 필요가 있습니다. 그래서 말씀선포가 예배 속에서 지배적인 자리를 차지합니다. 16세기 개혁교회의 신앙고백은 설교 된 하나님의 말씀을 "교회의 첫 징표"라고 명명합니다. 성례는 하나님의 말씀에 묶여 있으며 하나님의 선포된 은혜의 가시적 징표입니다.

그 예배 양식은 16세기 남부 독일의 설교자 예배로 거슬러 올라가며 전통적인 미사와 구별됩니다. 설교, 성서낭독, 기도와 시편 찬송이 예배의 중심을 차지합니다. 개혁교회의 교회 공간은 소탈함이 그 특징입니다. 구약성서의 성화 상 금지 명령에 따라 회화적인 연출은 피합니다. 성만찬에 대한 일치는 1529년 루터와 쯔빙글리의 마부르그 대담에서 성공하지 못했습니다. 유럽 차원에서 아주 긴 대화 이후, 1973년에서야 루터교회와 개혁교회와 연합교회는 복음에 대한 공통적 이해를 확정하였습니다. 성만찬설, 기독론과 예정론에 대한 이전 시대의 거부는 더 이상 생겨나지 않았습니다. 유럽 개혁교회 일치("로이엔베르그 일치")에 참여했던 루터교회와 개혁교회, 연합교회는 상호 간 강단교류와 성만찬 교류를 보증하였습니다.

개혁교회의 윤리는 생의 그 어떤 영역도 하나님 말씀의 요구에서 벗어날 수 없다는 것을 강조합니다. 복음은 개인적 삶뿐 아니라 정치적 삶에서도 하나님의 계명을 따르도록 그리스도인들을 자유롭게 합니다. 개혁교회 신학자 칼 바르트는 "그리스도인 교회"와 "시민 교회"를 단 하나의 중심에 집중되는 순환으로 보았습니다. 개혁교회는 국가에 대해서 자신들이 예언자로 부름받은 "파수꾼"으로 알고, 무엇보다도 정치 원리적 질문과 사회발전에 대한 공적 성명으로 이 위임 명령을 받아들이고 있습니다.

개혁교회는 그들 교회법에서 명확히 회중 교회를 표방합니다. 교회는 아래서부터 위로 세워집니다. 가능한 교회(회중)의 자립성과 회원의 동등성도 마찬가지입니다. 결정적인 말씀은 교회 직분들의 부여에서 회중(교회)에게 권위를 전달합니다. 이미 칼빈은 교회의 여러 구별된 봉사직과 함께 구성된 모델을 교회를 위해 발전시켰습니다. 개신교-개혁교회의 헌법에 인정된 원칙이 제시되었습니다. 즉 "그 어떤 교회도 다른 교회에 대해, 그 어떤 교회 지체도 다른 지체에 대해, 우위나 지배를 요구할 수 없다"는 것입니다. 교회는 선거를 통해 운영기관(운영위원회 또는 장로)의 구성을 규정합니다. 교회 운영위원(장로)은 지역 노회원(Kreissynode)을, 지역 노회원은 총대(Landessynode)를 선출합니다. 그리고 교회운영은 총대에게 맡겨집니다. 개혁교회의 장로교 교회 회의 질서는 동등과 공동책임을 강조하고 있으며 그것은 교회권을 넘어서 아메리카와 서유럽의 민주주의 발전에도 영향을 미쳤습니다.

5. 자유교회

자신의 삶을 개인적이고 의식적인 신앙 결단으로 설계하기 원하는 기독인은 신앙의 고향을 자유교회에서 찾곤 합니다. 이런 교회의 역사와 그 등장 형태나 기독교 신앙이해는 현저하게 구별되지만, 몇 가지 공통 지표를 언급할 수 있습니다.

자유교회는 교회 내의 개별 모임으로 교회를 이해하고 있으며, 그런 의식 있는 신앙인들의 모임으로 교회는 한눈에 알아볼 만한 크기입니다. 이런 형태의 교회에서 직분이며 제도적인 구조는 부차적인 역할을 합니다. 그래서, 사람들은 교회 소속의 자유의사를 아주 특별히 강조합니다. 예수 그리스도로부터 선물 받은 개인의 신앙은 교회 소속에 대한 자유로운 결단으로 귀결됩니다. 자유교회에서는 완전한 생의 전환을 경험케 하는 개인적인 회심 체험이 근본기초입니다. 선교적 사명은 자유교회의 경건(신앙)의 중요한 표현입니다. 개인의 인격적인 신앙은 복음을 다른 사람에게 전달하도록 촉구합니다. 신앙적 결단에 대한 외침은 탈 기독교화된 전체 사회와 대(大)교회인 국민교회(독일)의 "명목상의 그리스도인"을 향하고 있습니다.

자유교회는 비의존적이고 자기 책임성이 강합니다. 그들 상호 간의 결속은 개별 교회의 자발적인 회원간 유대로 이루어져 있습니다. 자유교회는 국가에 대해서도 비의존적입니다. 그들은 국가와 교회의 관계는 완전히 분리되어야 한다는 관점에서 항상 자유로운 종교 생활의 권리를 옹호하였고, 무엇보다도 미국(USA)의 자유교회들은 이 권리를 현대 서유럽국가의 정체로 받아들이도록 하는 데 이바지하였습니다.

대부분 교회가 특정 사역을 목회자나 이와 유사한 직분 자에게 위탁하고 있음에도 자유교회는 이러한 직분을 다른 신자들에 대한 영적인 신분으로 명확히 말하지는 않습니다. 자유교회는 모든 신자가 교회에 대한 책무를 지며 교회는 전 회원이 복음선포와 교훈의 위탁에 책무를 가지고 있다는 만인사제설이 강조됩니다.

문제는 대(大)교회인 국민교회는 기독인들의 무지로 인해 대다수 자유교회는 한 분파로 생각하여 그들을 불신하며 교제하지 않는 데 있습니다. 자유교회의 다수는 그리스도 교회의 사역공동체(ACK)에 속합니다. 교회사역공동체(ACK)에 속한 대다수 교회는 주(州)연방 교회 중 각성 운동을 주도하는 '복음의 연맹'(Evangelische Allianz)과 연대감을 가지고 있습니다.

a) 감리교
감리교도들은 18세기 독일의 경건주의의 영향을 받았는데, 그 기원은 영국입니다. 감리교는 미국(USA)의 가장 큰 교회 중 하나입니다. "독일개신교 감리교회"(EmK)는 약 60,000명의 교회 신자를 가지고 있습니다. 감리교는 유아세례를 시행하고 있지만, 교회 회원이 되는 것은 청소년이나 성인 연령기의 개인적인 결단과 신앙고백에 따라 이루어집니다. 감리교도들은 교회에 대한 자기 책임과 모든 신자의 만인사제설은 인정하고 있으면서도 감독 정치제도를 중심에 두고 있습니다. 지역을 넘어선 범위의 중대한 교회 결정은 노회의 회의에서 의장인 감독의 입회하에 선출된 교회 대표와 목사들을 통해 이루어집니다. 이신칭의와 일상 신앙생활 중 의(義)의 구체적인 실현(성화), 이 두 차원의 종교개혁자들 교리가 감리교의 신앙을 형성하고 있습니다. 1987년 독일 개신교협의회(EKD)의 나머지 회원교회도 연합된 독일루터교연합회(VELKD)와의 교리담화를 가졌던 이후, 독일 개신교감리회(EmK)와 강단교류와 성찬 교류가 가능하게 되었습니다. 개신교 감리교회 또한 로마 가톨릭교회와 세계 루터교회 연맹이 합의한 칭의 교리에 대한 공동성명에도 함께 하였습니다.

b) 메노나이트

메논파 사람들은 종교개혁 시절 재 세례를 주장하는 파로부터 생겨났습니다. "독일 메논파 사역공동체"의 회원은 5500명에 이릅니다. 개별 교회는 완전 자립적이어서 아주 다양성을 띱니다. 성인 세례와 주일성수가 이들의 신앙의 근본토대입니다. 메논파의 특징은 그리스도의 본을 따르는 신앙의 핵심이 이웃사랑과 모든 전쟁행위의 철저한 거부에 두고 있습니다.

16세기 재 세례 운동은 당시 당국자들로부터 - 특히 루터교 당국자들로부터도 - 잔혹한 엄청난 박해를 겪었습니다. 루터교 종교개혁자들은 이러한 박해를 신학적으로 뒷받침하였습니다. 세계 루터교연맹(LWB)은 2010년 슈투트가르트 총회에서 당시의 박해와 축출에 대해 "세계 루터교 가족의 이름"으로 공적으로 용서를 구하였고, 양 전통 간의 지금까지 풀리지 않은 문제들에 대해 "상호 개방적 정신과 상호 배움의 정신"으로 지속적인 책무를 다할 것에 동의하였습니다.

"예수 그리스도 안에 세상과 우리를 화해하게 하신 하나님을 신뢰함에 우리는 하나님과 우리 메노파 형제자매들에게 16세기 우리 선조들이 재세례파에 가하였던 고통과 이어지는 세대 중에 이 박해에 대한 무시와 망각에 대해, 그리고 루터교 남녀 신자들이 오늘날에 이르기까지 학문과 비학문적 양식으로 확장해왔던 재세례파 기독인들을 오인하고 상처를 주는 모든 부적절한 일들에 대해 용서를 구합니다. 우리는 하나님께서 양 공동체 속에 아픈 기억을 치유하시고 화해를 선물해 주시기를 구합니다." (제11차 루터교세계연맹(LWB)-총회의 사죄 간구에서).

1996년 독일루터교연합회(VELKD)의 교리대담 이후, 독일 개신교연합회(EKD)와 메논파 교회 간의 성만찬에 손님으로 상호초대하는 것이 가능하게 되었습니다 ("성만찬 환대의 우정").　↗ 교회연합운동

c) 침례회

침례회는 독일의 재세례파 운동과는 독립적으로 영국에서 발전하였고, 오늘날 미국(USA)에서 가장 큰 개신교회를 이루고 있습니다. "독일개신교 침례교회 연합회"에는 약 88,000명의 회원이 있습니다. 개 교회는 자기 책임으로 운영되고 있습니다. 침례회 사람들은 하나님께서 이미 역사하신 믿음의 징표로써 개인의 신앙고백에 따른 성인 세례를 시행하고 있습니다. 하지만 어린이 세례는 유효하지 않은 것으로 간주합니다. 일반적으로 유아세례를 받았던 사람 중 지망자들이 침례교회에 가입할 때, 다시 새롭게 세례를 받습니다. 이에 대해 유아세례를 실행하는 교회는 성례 평가 절하 및 하나님의 행위에 대한 평가절하로 보고 있습니다. 신앙으로부터 발원하는 개인적인 삶의 태도의 모습은 개인이 교회공동체 앞에서 자신의 품행에 대해 변호하는 것이 침례교인들에게는 중요합니다(교회훈육).

독일루터교연합회(VELDK)와 독일개신교 침례교회 연합 간의 대화뿐만 아니라 국제적인 차원에서 세계 루터교 연합과 세계 침례교 연합 간의 대화 이후, 공통의 요소를 확인하였고 상대방에 대한 정죄에 대해 유감을 표명하였습니다. 그러나 세례이해와 교회관 이해의 차이로 인해 지금까지 그 어떤 교회 교류도 가능하지 않았습니다.

d) "독일 자유 복음교회 동맹"

약 420개의 자유교회가 이 연합으로 결속되어 있습니다. 이 연합체의 교회는 그 자체로 자립적입니다. 개혁교회와 재세례파와 경건주의 운동이 이 교회들을 형성하고 있습니다. 오로지 성인 세례만 인정하고, 유아세례는 성서의 이해로 거절합니다. 그러나 "신자 세례"는 회원 됨의 조건이 아닙니다. 자유 개신교회들은 모든 교회와 공동체들의 "참된" 그리스도인들에 자신들이 결부된 것으로 느낍니다.

6. 정교회(Orthdox)

(동방의) 정교회는 동일한 신앙전통으로 하나가 된 자립적인 국가교회나 민족교회의 연합으로 이해됩니다. 정교회는 공동 전례(典禮) 속에 잘 보존된 그리스도교 신앙의 보화를 경축합니다. 이러한 맥락에서 "정교"는 하나님을 올바른(그리스어, Orthos) 방식을 영화롭게(그리스어, doxa) 하는 교회를 의미합니다. 정교회의 교리는 1세기 교부들의 신앙을 지향하고 있습니다.

개신교 기독인들은 매력과 혼합된 생소한 감정 속에서 정교회(正敎會)를 경험합니다. 동방 그리스도인들에 대한 객관적인 정보는 공산권의 붕괴 때까지 아주 드물었습니다. 개신교 기독인들에게 정교회의 신앙생활은 도달할 수 없는 것으로 남아서는 안 될 것입니다. 왜냐하면 정교회 기독인들은 자신들의 삶을 하나님의 찬미에 파묻혀 있다고 이해하고 있습니다. 그들은 예전 예배(신성 전례) 속에 자신들의 몸과 영이 안전하다고 알고 있습니다. 우주와 창조 그리고 지상적 삶의 관심사는 그리스도 구속의 길과 성령체험과 함께 결합하여 있습니다. 교회 공간의 풍성한 상징성과 교회 속에서 경축하는 전례(典禮)는 만유를 포용하는 용기입니다.

현대 독일에는 15,000,000명 이상의 정교회에 속한 기독인들이 살고 있습니다. 지난 세기 동안 15개 이상의 주교 교구와 교회가 독일 땅에 형성되었습니다. 이로써 정교회는 독일에서 세 번째로 가장 강력한 신앙고백 가족이 되었습니다. 하지만 그들은 비중 있게 인지되지는 않는데, 그것은 다른 대(大)교회들과 대등한 구조적인 단일체를 가지고 있지 않기 때문입니다. 정교회마다 고유한 언어와 신학과 전례적 특색을 가지고 있을 뿐만 아니라 자신들의 출신 나라의 현재의 관심사와 문제를 동반시키고 있습니다. 교회는 대체로 디아스포라 상황이나 설립 상황에 놓여 있습니다. 그들은 많은 목양적인 요구들과 함께하고 있으며, 또한 교회연합운동을 위한 훌륭한 협력자가 되고 있습니다. 그들은 교회연합운동의 여러 많은 위원회에 함께 하고 있으며 독일 개신교회의 날과 가톨릭의 날에 참석하고 있습니다.

18세기 궁전예배실이나 대사관 예배실 주변에 더 작은 규모의 교회들이 있었습니다. 러시아에 공산주의 정권이 들어선 이후, 첫 번째 대규모 정교회 기독인들의 유입이 있었습니다. 이민자들의 교회가 생겨났습니다. 제2차 세계대전 중, 전쟁포로와 강제부역자들은 매우 어려운 상황 중에 이들 교회로 들어왔습니다. 1945년 이후, 서쪽으로 진출하는 공산주의를 피하여 찾아온 정교회 회원들을 통해 교회는 자라났습니다. 난민 중 가장 큰 숫자가 처음에는 독일을 고향으로, 그런 다음 북아메리카와 남아메리카와 호주를 고향으로 삼았습니다. 1960년 이후, 외국인 근로자 모집으로 그리스와 유고슬라비아 기독인들이 서독으로 유입되었으며, 그들은 목회자를 데리고 왔으며 조금 후에는 자신들의 주교 교회를 설립할 수 있었습니다. 이것은 동독으로 들어온 불가리아 근로자들에게는 불가능했습니다. 고향의 대주교와 분리되었던 이민자들과 나란히, 1960년도의 정치적 개방 이후 동유럽 정교회 대주교의 지도로 서독에 자신들의 주교 교회와 교회를 설립하였습니다.

동방 정교회 중에는 비잔틴 전례(典禮) 전통에 서 있는 교회들이 있습니다. 그들은 신앙 교리에서 첫 세기의 일곱 공의회가 구속력 있는 것으로 보고 있으며, 교회법적으로 그들 상호 간을 인정합니다. 이들 공동체에 15개의 자립적인 대주교(콘스탄티노플, 알렉산드리아, 안디옥, 예루살렘, 러시아, 세르비아, 루마니아, 불가리아, 게오르기아, 사이프러스, 그리스, 폴란드, 알바니아, 체코슬로바키아, 핀란드)와 그들의 자매교회가 속하여 있습니다. 표준적인 정교회와 주교 교회는 1944년 "독일 정교회 위원회"를 설립하여 목회적이고 사회적이며 교회 연합적인 과제를 공동으로 감당하고 있습니다. 독일의 일부 정교회 교회와 주교 교회(러시아, 마케도니아, 우크라이나, 루마니아)는 동유럽 공산화 시대와 정치적인 전환기 이후 다른 정교회와 분리되어 교회 법인체를 만들었습니다. 2008년 모스크바 대주교의 러시아 정교회와 러시아 해외교회 간의 교회 교류가 다시 이루어졌습니다. 동유럽의 정치적 전환 이후, 정교회의 교회들은 다시 자유롭게 발전할 수 있게 되었습니다. 종종 국가적 정체성이 이들에게 중요한 역할을 합니다. 1924년 그리스에서는 서구 월력(Kalender)이 도입되었을 때, 소규모의 고대 교회력(율리안 월력)을 사용하는 무리가 생겨났습니다.

독일 개신교협의회(EKD)는 일부 대주교들과 함께 쌍방 간의 신학적 대화를 추진하고 있습니다. 모스크바 대주교와 가진 "아르놀츠하이너 대담"(Arnoldshainer Gespräche)이 1959년 시작되어 신학적인 작업과 나란히 양 민족 간의 화해를 이룩하였습니다. 교회연합운동 대주교와 가진 "콘스탄티노플 대담"(Konstantinopel Gespräche)은 1969년 시작되어 독일개신교협의회(EKD)와 독일 그리스 정교회 간의 협력을 다루었습니다. 1979년 이후, 점점 더 많은 루마니아 개신교회가 부카레스트 대주교와의 "고슬라 대담"(Goslar Gespräche)에 참여하고 있습니다. 서독의 개신교회 연맹(BEK)는 1974년 이후 "자고르스크 대담"을 이끌었고, 이 대담은 1992년에 바드 우바크의 "아르놀츠하인 대담"으로 통합되었습니다. 동독의 개신교회 연맹(BEK)은 1978년 불가리아 정교회와 "헤른후트 대담"(Herrnhuter Gespräche)을 시작하였고, 현재 독일개신교협의회(EKD)가 이 대담을 이어받고 있습니다. 국제적인 차원에서 세계 루터교회 연합과 정교회 간의 대화가 이어지고 있습니다.

동서 간 분쟁의 어려운 시기에 교회들 사이에는 신뢰가 자라났습니다. 양 전통의 예배 전승과 영적 노래의 대화를 하는 동안 점점 더 큰 영적인 친근감을 발견할 수 있었습니다. 동유럽의 정치적 붕괴 이후, 일부 정교회 권은 서구의 자유분방한 사상들이 유입될 것을 염려하여 교회연합운동에 대해 비판적으로 다가서고 있습니다. 이런 국면에서는 상호 간의 알아감과 꾸준한 경청을 통해 신뢰가 자랄 수 있습니다.

동방 정교회의 가족은 이집트의 곱트 정교회, 에디오피아 정교회의 테바헤도 교회, 안디옥의 시리아 정교회, 말라바의 인도 정교회와 아르메니아 사도 정교회가 있습니다. 이들 교회는 예전 예배와 교리 진술에 있어 그들 나름의 고유한 전통에 충실히 머물러 있습니다. 이들 교회 공동체의 공통점은 비잔틴 제국 밖에 그들의 교회 영력권이 있고, 칼케돈(451) 공회의 기독론적 정의를 따를 수 없었다는 데 있습니다. 현재 교회연합운동 위원회 차원에서 동방정교회 간의 교리 차이는 극복되었습니다. 독일 개신교협의회(EKD)는 1991년 이후 독일 동방 정교회와 공식적인 협의를 이끌고 있습니다.

'아시리아 교회'라고 부르기도 하는 '거룩한 사도 가톨릭 동방교회'는 동시리아 전례 전통에 서 있으며, 에베소 공회(431) 전, 페르시아 제국 교회를 고수하려 했던 셀로이키아 크테시폰(Seleukia Ktesiphon)의 카톨리코스-대주교 형성을 통해 제국교회로부터 분리되었습니다. 앗시리아 교회는 14세기까지 로마제국의 경계 동편에서 가장 큰 그리스도교의 교회였습니다. 그들의 선교 활동은 인도와 몽골까지 미쳤습니다. 교리 진술에 있어 다른 교회와의 차이는 현재 교회연합운동의 대화 속에 이어지고 있습니다.

독일에는 가톨릭 동방교회의 교구 교회와 구조들이 존재합니다. 이들 교회는 자신들을 로마 가톨릭교회의 분립교회로 이해하지만, 여전히 동방교회의 전례 전승과 법 전통에 충실히 머물러 있습니다. 이들 교회는 자신들의 고향 땅에 로마와의 교회 연합이 형성되던 여러 시대를 거쳐 생겨났으며, 오늘날까지 동방교회와 현저한 긴장 관계를 유지하고 있습니다. 독일에는 뮌헨에 대주교 좌(座)를 가진 가톨릭 우크라이나의 사도 총독직과 비잔틴 전례 전통에 서 있는 루마니아 가톨릭교회가 있습니다. 그들의 예전 예배의 동방교회 전례 전통에 따른 경축은 로마 가톨릭 주교 교회나 수도단 사제에게 허용됩니다. 수많은 인도 출신의 사제나, 간호사나 교회 사역자들이 독일의 가톨릭 교회에 있기에 가톨릭 시리아-말라바르 교회(동시리아 전례전통)와 시리아-말라바르 교회(서시리아 전례 전통)에 속한 교회들이 형성되었습니다. 가톨릭 동방교회는 자신들의 고유한 교회법이 있습니다.

7. 오순절 운동

20세기 초반, 감리교회 권에서 시작된 성결 운동은 미국(USA)에서 "혀의 언어"와 성령 충만함을 경험하는 돌파구를 마련하였습니다. 아메리카의 여파가 - 부분적으로는 노르웨이 오순절 운동을 경유하여 - 독일까지 도착하였습니다. 경건주의 복음화 운동에서 통제될 수 없는 감정적 폭발이 생겨났기에, 그 후 대부분 연합운동은 새로운 독일 오순절 운동과 거리를 두게 되었습니다. 1909년, 오순절 운동을 "아래로부터의 운동"이라고 지칭한 "베를린 성명"은 오순절 움직임과 공개적인 단절을 마련하였습니다.

이런 단절과 성명 이후, 여러 단체와 교회에 있던 독일 오순절 운동은 결집 되어 천천히 신앙 고백적 구조를 취하게 되었습니다. 독일에서 오순절파 사람들은 적은 숫자이지만 전 세계적으로 월등하게 성장하는 가장 큰 교회 가족입니다. 오순절교회 내 변화의 폭은 아주 넓습니다. 오순절교회는 다른 신앙고백보다 해당 문화에 더 쉽게 적응하고 있습니다. 숫자상으로 영적으로 그들의 주요지점은 소위 "제3세계와 제4세계"에 있습니다. 이들 나라에서 그들은 선포의 기초적인 양식이나 - 그리스도교의 고전적인 교육전통에는 없던 - 감정적 경험을 통해 사람들을 불러들입니다. 오순절교회는 특별히 가난한 사람들과 교육받지 못한 사람들에게 고유한 영적 동질성과 시민적 특성이 있는 대(大)교회의 전통적인 교회의 성과는 구별되는 사회적 자의식을 부여해 주고 있습니다. 기성교회(근본주의 공동체나 남아메리카의 기초교회)에 대한 오순절교회의 비평적인 태도는 바른 가르침보다는 기성교회에서 관찰되는 감정적 경건의 부재를 지적하고 있습니다. 교회 연합운동 차원에서 새롭게 생겨난 교회의 질문을 듣고 그들과의 연합을 모색한다는 것은 하나의 도전입니다.

오순절 신학의 전형적인 부분은 개인 구원의 서정에는 단계별 구분이 있다는 것입니다. 첫 단계는 개인적인 회심과 거듭남이고, 두 번째 단계(일부 교회에서는 세 번째 단계)는 방언(혀의 언어)과 연결된 깊은 성령체험으로써의 "성령세례"입니다. 그들에게 물세례는 회심에 선행하는 "믿음세례"로 이해되고 있습니다. 어린이 세례는 일반적으로 거부합니다. 오순절파의 견해에 따르면, 성서가 증언하는 성령의 은사는 모든 "성령 충만한 그리스도인"의 영적 무장에 속합니다. 특별히, 현격한 은사 – 혀의 언어, 예언, 치유 – 가 강조됩니다. 이 교회들은 자립적이지만, 교회 간의 연합도 있습니다. 최근, 오순절주의자들은 신학적 연구에 문화를 개방하고 교회의 단일체 유지를 위한 더 분명한 구조를 모색하고 있습니다.

부설 : 은사의 갱신

20세기의 60년대에, 먼저 미국(USA)의 앵글리칸, 루터, 로마 가톨릭 등 대(大)교회 내에서부터 영적 각성이 생겨났습니다. 이들이 경험했던 것은 오순절 운동과 유사하였습니다. 경험 가능한 성령의 역사에 대한 개방과 비상한 카리스마에 대한 긍정이 교회 내 은사 갱신 운동의 특징입니다. 이들은 그들 자신의 교회를 고백하며 그들 자체의 신앙고백의 배경에서 영적인 경험들을 신학적으로 해석하려고 시도합니다. 그들은 각기 고백공동체 내에서 은사 갱신 운동 대각성 운동으로 이해하며, 오순절 주의의 구원을 향한 믿음의 서정 단계는 거절하며, 성례나 교회의 영적 직분은 긍정합니다. 그들은 예배 가운데서 전승된 요소와 새로운 요소를 서로 연결합니다. 즉 자유롭게 형성된 기도, 옛 찬송과 새로운 노래들, 즉흥적 찬양과 각인된 예전의 부분들 등입니다. 이러한 예배 가운데는 역시 예언과 언어의 노래(방언)와 개인적 축복기도, 그리고 역시 치유를 위한 기도 등이 있습니다.   ↗성령

1988년 독일개신교 루터교연합회(VELKD)의 감독 컨퍼런스는 그들 중에 있는 다양한 영적 운동과 개신교회 내의 "성령의 교회갱신"을 인정하며 협력을 호소하였습니다. "성령의 은사들을 구하며, 일깨우고, 사용하고, 보존하며, 그리스도의 몸의 교화(教化)에 사용하기를 원했습니다. 관심을 끌게 되든 그렇지 않든 모든 은사는 그들의 권리를 가지며, 공동체와 그들 지도를 통하여 역시 검토가 이루어져야 했습니다."

위에 언급한 교회 내의 은사 갱신 외에도 기꺼이 "초교파적인"것으로 묘사하는 자유로운 교회가 증가하고 있습니다. 여러 측면에서 이들 교회는 고전적인 오순절교회들에 가까이 서서 "신(新)오순절파"로 명명되었습니다. 이들 교회는 기존교회에서 분리되어 생겨나든지 아니면, 외부로부터 온 "자유 선교사"들에 의해 처음부터 독자적인 기관으로 세워졌습니다. 실제에 있어서 교회 내의 은사 갱신과 은사 적인 자유교회와 사역, 그리고 고전적인 오순절교회 사이에 다양한 상호 간의 접촉과 영향들이 있습니다.

8. 로마 가톨릭교회

독일에 있는 개신교 기독인들은 로마 가톨릭교회를 그 역사와 함께 경험할 수 있을 것입니다. '가톨릭의 날'에서 삶에 가깝게 제시된 것들, 수도원 사람들의 봉사, 병원, 학교, 수도원 내에서의 사랑의 봉사(Caritas)와 수도회의 사람들의 봉사, 다채로운 예전 예배와 축제행렬 광경들은 교리적인 표현들이 항상 가톨릭의 내에서도 다시 충돌을 일으키는 계급적인 가톨릭주의 외에 존재합니다. 그렇지만 로마 가톨릭의 기독인들은 그들이 교회와 결속되어 돌봄을 받고 있다는 깊은 감정을 지니고 있습니다. "어머니 교회"란 옛 상(像)은 여기 무엇인가 그의 신앙의 본질적인 것으로서 구체적으로 개인으로부터 경험되었습니다. 신앙이란 항상 교회와 함께 믿는 것을 의미합니다.

전 세계 기독인의 절반 이상인 약 십일억의 신자가 로마 가톨릭에 속해 있습니다. 독일에서만 2500만 신자가 가톨릭에 속하여 있습니다. 로마 가톨릭 신자는 독일 전체의 인구의 약 1/3을 차지합니다.

로마 가톨릭교회는 예수 그리스도를 통한 사도의 부르심과 파송에 관한 성서의 증언을 교회의 중심적인 신적인 근본 행위로 이해합니다. 스스로 오늘날의 모습에서도 사도들의 이러한 교회의 직접적인 연속성으로 보고 있습니다. 합법적으로 제정된 안수하에서 봉헌된 사도들의 후계자로서(사도적 계승) 감독들과 베드로의 후계자로서 추기경단의 머리인 교황은 사도들 교회의 하나님이 원하셨던 질서 안에서 로마 가톨릭교회의 유지를 보증합니다. 법제화된 로마 가톨릭교회의 근본통일은 주교의 교구들인데, 역시 그들 가운데 몇 명은 대주교들(7명)이며 (독일에는 주교구가 27개임), 주교구(主敎區)로 불렸습니다. 그 교구는 최상의 목자들과 교사들로서 한 분 주교로부터 다스려졌고, 매번 주교의 위임과 대리자로서 한 사제(목사)로부터 이끌어진 개별 목사의 지역 모임들 안에서 구성됩니다. 독일 주교회합은 주교 교구들의 친밀한 공동작업에 대하여 책임을 집니다. 주교의 직무를 통하여 지역교회들과 같이 주교 교구들의 통일이 언급되는 것처럼, 그렇게 로마 가톨릭적인 이해에 따라 최상의 법의 권력과 교권을 지닌 교황의 직무는 로마 가톨릭적인 세계교회의 통일을 위해 표지(標識)와 보증(保證)입니다.

교회의 지도는 주교들과 함께 하는 교황의 동료적인 관계 안에서 이루어집니다. 근본적인 교리 진술들은 교황과 주교가 공적으로 소집된 총회와 공의회에서 확정되고 선포되었습니다. 그러나 주교들 가운데서 첫 번째로(수위권) 권리는 교황에게 주어집니다. 교황의 권리는 특별한 경우들에 역시 주교들의 동의 없이도 전권을 사용하여 교리 직무적인 결단을 내릴 수 있습니다. 주교들은 교황으로부터 임명되었습니다. 그 밖에도 그는 추기경단의 구성원들을 임명합니다. 즉 구성원들의 몇 명은 바티칸에서 주도적인 기능들을 지니게 되며 그들 대부분은 동시에 교구 주민의 주교들이기도 합니다. 추기경들은 그들 나이 80세까지 교황선출권을 가지게 됩니다.

로마 가톨릭교회와 개개인 신자들의 신앙과 믿음의 성장을 보증해야 하는 법은 소위 정경 규범(CLC)으로 불리는 것입니다. 이러한 법전서는 동방 가톨릭교회는 예외이지만 1983부터 전 세계의 교회에서 효력을 가집니다.

로마 가톨릭교회 이해의 중심점에는 교제/공동체(라틴어 communio)란 개념이 자리 잡고 있습니다. 공동체(교제)는 두 개의 서로 결합 된 평면에서 이루어집니다. 하나는 신자들이 성찬식에서 그리스도에 대한 신체적인 참여(교제/교통)가 이루어지는 것이며, 다른 하나는 그와 같이 하나님과의 교제(교통)에서입니다. 이러한 그리스도와의 교제에서 자라며, 다시금 인간들의 교제는 그리스도의 몸으로서 서로 살아있게 되는 것입니다. 교회는 로마 가톨릭의 이해에 따라 그렇게 신비로운 공동생활과 신적이며 현세적인 실체의 서로 뒤섞임인 것입니다. 교회의 공동체는 그리스도의 몸과 하나님의 백성으로서 모든 장소와 시대의 믿는 자들을 포함합니다. 교회는 그런 것으로서 하나님이 인간들에게 그의 구원을 작용시키고자 하는 가시적인 표지요, 수단입니다(동시에 성례).

성찬식의 축하로서 예배는 교회의 공동체(교제)를 위한 수단이자 원천입니다. 감사 만찬의 성례 외에 로마 가톨릭교회는 하나님이 그것들을 통하여 가시적인 신적 표지 안에서 사람들에게로 향하시는 역시 6가지 성례(세례, 참회, 견진, 혼인, 사제봉헌, 병자의 기름부음)를 알고 있습니다. 가시적이며 문서화 된 교회는 모든 사람과 함께 하나님의 교제(공동체)에 대한 희망의 증거를 세상에 제시하며 시대의 마지막에 완성합니다. 이러한 개별적인 하나님과의 마지막 시대의 공동체는 성찬식의 교제 가운데서 교회의 내적인 실체로서 지금 현재에 있습니다.

하나님의 구원 수단으로서 교회에 대한 이러한 이해는 역시 경건(신앙)을 형성합니다. 그것은 맨 먼저 교회 예전의 경건입니다. 신앙인들은 몸짓, 의식들, 향유, 예전의 의복들, 부분적으로 탁월하게 형성한 교회 공간들과 교회 음악적인 전통들을 하나님 함께하심의 육감적인 총체적 체험으로 받아들이기를 원합니다. 그 중심에 성찬식에 임재하는(Realpraesenz, 실재적 임재) 그리스도의 경배가 놓여 있습니다.

죽은 자들을 위한 예배에서의 소청기도(召請祈禱)는 높은 영적인 가치로 여깁니다. 사람들은 죽은 자들과 함께 하는 교제에서 믿음으로 앞서 진행된 것들로서 인식합니다. 매 주일 규정된 거룩한 미사의 방문(참여)은 가톨릭적인 경건의 우선적인 한 형태입니다.

교회는 마찬가지로 여러 가지 삶의 상황들을 미사 예전의 축제로서 개별적인 신자들에게 동반합니다(결혼식의 혼인미사, 어린이 미사, 첫 성찬식, 견진성례, 기름 부음과 함께 병자미사, 소청미사, 사망자 미사). 하나님을 향한 개인적인 기도와 하나님 앞에서 대변자로 성자들의 부름이 일상적인 가톨릭 신앙을 위하여 특정한 것입니다. 여기에 하나님 어머니로서 예수의 어머니의 부름과 경배가 특별한 자리를 차지합니다.

수도사들과 수도원 공동체는 로마 가톨릭교회의 영적 생활을 위해 큰 비중을 둡니다. 기도와 침묵 안에서 구속력 있는 기독교적인 삶에 대한 그들의 노력, 또는 활동적인 이웃사랑(특히 그들의 사랑의 헌신, 즉 회합들과 마찬가지로 목양적인 수도회)은 전체 교회의 경건에 오랜 영향을 미쳤습니다.

　로마 가톨릭교회는 세상을 향한 봉사로서의 그들의 사명을 아주 다양한 방식으로 인지합니다. 기독교적인 이웃사랑의 과제는 대략 독일 카리타스 협회나, 세계적인 협력 활동들인 미시오(Missio), 미제레오(Misereor), 아드베니아트(Adveniat), 레노바비스(Renovabis)와 같은 교회적인 활동들 안에서 그들의 조직된 기관들의 이름을 발견합니다. 가톨릭의 단과대학들과, 대학들, 교육 기관들, 아카데미, 신앙고백 적인 종교 수업은 사회 교육적인 사명에 기여하기를 시도합니다.

　제2차 바티칸 공의회(1962-1965) 이후, 로마 가톨릭교회는 교회연합운동 참여를 공식적으로 인정합니다. 그들은 자체 스스로가 사도들의 교회의 영적인 은사를 충만히 보존하고 있는 유일한 교회로 간주하고 있음에도 불구하고 타 교회들에서도 "거룩과 진리의 요소들"을 발견할 수 있으며, 타 교회들 역시 하나님의 도구로 이해할 수 있습니다. 그렇게 그들은 대략 종교개혁 교회들의 세례를 인정하며 믿음 안에서 연결을 경험적으로 만들기 위하여 공동적인 말씀의 예배들을 옹호합니다. 역시 세계를 위한 책임은 오늘날 말씀과 행동으로 수많은 공동프로젝트 안에서 인지되었습니다. 개신교회와의 성찬의 교제는 로마 가톨릭교회의 시각에서 볼 때, 아직 가능하지는 않습니다. 그들의 이해에 따르면 성찬의 교제는 신앙의 본질에 일치를 전제한 통일의 표지와 실행입니다.

　로마 가톨릭교회를 위하여 세 부분으로 봉헌된 직무(주교,사제,집사)와 함께 교회의 근본형성은 역시 이러한 본질에 속합니다. 그렇지만 여기서 종교개혁의 교회들과 그 어떤 합의가 성립되지 않습니다. 로마 가톨릭의 시각에서 나아와 역시 교회 연합적인 교제를 향한 길은 대화에서 찾고 있습니다. 그렇게 대화의 문서인 1999년의 "칭의 교리에 대한 공동성명"과 1986년의 교리판단들 - 교회를 분리하는 것인가?는 중요한 질문 가운데서 접근하였습니다. 그렇지만 완전한 교회 공동체를 위한 시점은 아직도 예측할 수 없습니다. ↗칭의

예수의 복음이 펼치는 풍성함과 이 땅에서 예수의 추종자들이 가는 길들의 다수는 혼란하게 할 수도 있습니다. 대화 대신 다툼과 상대방에 대한 경멸의 길들이 거기에 빈번히 발생하였습니다. 여기에 독일 로마 가톨릭 교회 주교 회의의 의장이었던 마인츠 추기경 카를 레만(Karl Lehmann)의 한 말이 도움이 됩니다: "점점 더 위대한 진리는 한 가지 관점에서 지치지 않습니다."

형성

종파들의 관계 형성은 6.1.7 교회 연합의 장에서 상세히 다루어집니다. 여기에 구속력 있는 연합을 위한 한 예로 교회 연합헌장(Charta Oecumenica)이 소개됩니다.

2001년 4월 21일 유럽 대다수 교회는 '교회 연합 헌장'에 서명하였습니다. 이 헌장에는 유럽 교회 중에 증가하고 있는 협력 사역에 대한 기준이 마련되어 있습니다. 헌장은 기본토대가 되는 교회연합운동의 과제를 기술하며 이로부터 일련의 자기 책무를 파생시키고 있습니다. 서명한 교회들은 성서가 증언하고 니케아-콘스탄티노플 공의회 신경(381)이 말하는 예수 그리스도의 복음을 고백합니다. 그 교회들은 다음과 같은 책무를 가지게 되는데 그것들은 다음과 같다.

- "공동의 증언과 섬김처럼, 서로 인정된 세례와 성찬의 교제 가운데서 표현방법을 찾으며, 성령의 능력 안에서 한 믿음 안에 예수 그리스도의 가시적인 통일을 힘쓰는 일이며

- 자만(自滿)을 극복하고 선입견을 제거하고, 상호 만남을 모색하며 서로를 위해 거기에 있는 것이며

- 전제가 주어져 있으며, 신앙의 근거들이나, 더 큰 합목적성이 그것에 대립하지 않는 교회 생활의 모든 측면에서 공동으로 행동하는 것이며

- 대화의 결과들에서 교회의 직분이 구속력 있게 해명될 수 있으며 해명되어야 하는 것을 검토하는 것처럼, 그렇게 우리들 교회 사이에서 나누는 대화를 다른 교회들의 측면에서 양심적이며 집중적으로 지속하는 것이며

- 인종적이거나, 국가적인 목적을 위해 종교와 교회를 남용하는 모든 시도에 저항하는 것이며

- 다른 민족들과 국민 중 소수들의 억압을 유발하는 국가주의 모든 시도에 대항하며, 비폭력적인 해결들을 위해 우리가 전력을 기울이는 일들이다.

하나의 독특한 교제(공동체)는 하나님이 영원한 언약을 맺으신 이스라엘 민족과 우리를 연결하는 것입니다. 우리는 우리의 유대교적인 형제자매들이 하나님으로부터 사랑받았으며 그것은 조상들 때문이라는 것을 믿음 안에서 알고 있습니다. "조상들로 말미암아 사랑을 입은 자라 하나님의 은사와 부르심에는 후회하심이 없느니라"(롬11:28-29). 우리는 기독교적인 반유대주의에 대하여 하나님께 용서를 구하며, 우리 유대인 형제자매들에게는 화해를 구합니다.

우리에게는 책무를 짊어지고 있습니다.

- 교회와 사회 안에서 모든 반유대종족주의와 반유대주의에 맞서는 일이며

- 모든 차원에서 우리 유대인 형제자매들과의 대화를 모색하며 강화하는 일입니다.

[참고도서]
- 펠미(Felmy,K.Chr.): 오늘날의 정통주의 신학(Die Orthodoxe Theologie der Gegenwart), 1990.
- 프릴링(Frieling,R.u.a.): 종파의 정보(Konfessionskunde).
  교회연합의 표지 안에서의 지향점(Orientierung im Zeichen der Ökumene), 1999.
- 라흐만/로트앙겔/슈뢰더(Lachmann,R./Rothgangel,M./Schröder,B.):
  기독교와 종교들 기본적으로(Christentum und Religionen elementar), 2010.
- 가톨릭교회의 요리문답서(Katechismus der Katholischen Kirche), 1993.
- 가톨릭의 성인요리문답서 제1권과 제2권(Katholsicher Erwachsenenkatechismus).
  Bd.1, 1985, Bd. 2, 1995.
- 무흘링(Mühling,M.): 교회와 종파들(Kirchen und Konfessionen), 2009.
- 우리의 신앙(Unsere Glaube). 개신교-루터교의 신앙고백서들(Die Bekenntnisschriftender ev.-luth. Kirche). 3. Aufl. 1991.
- 벤즈(Wenz,G.): 개신교 루터교회의 신앙고백문서들의 신학
  (Theologie der Bekenntnis-schriften der evangelisch-lutherischen Kirche, Bd. 1, 1996, Bd. 2, 1997.

6.1.7 교회 연합

인지

1. 세례 - 어느 교회에서?

레나(Lena)는 세례를 받아야 합니다. 이에 대해 부모님의 생각은 일치합니다. 그녀는 어느 교회에서 세례를 받아야 할까요? 어머니는 개신교 루터교회의 신자이고, 아버지는 로마 가톨릭교회의 신자입니다. 그리고 세례받을 때, 대부(代父)에 대한 문제도 있습니다. 사실 부모님은 레나의 대부가 그리스 정교회 소속 직장동료가 되기를 원하였습니다. 레나의 숙모 역시도 기꺼이 대모(代母)가 되겠다고 합니다. 숙모는 오래전에 영국으로 가셨고, 이제는 앵글리칸 교회 소속이었습니다. 그리고 세례식 예배 때 친구 몇 명을 초대해야 합니다. 그런데 그 친구들은 개신교의 자유교회를 출석하고 있습니다. 자유교회에서 어린이는 세례를 받지 못하며 성인에게만 세례를 행합니다.

세례 축일은 많은 질문을 던지게 합니다. 기독인 사이를 연결하는 것은 무엇인가? 기독인 사이를 분리하는 것은 무엇인가? 사람들이 그들의 출신과 관계없이 세례받은 그 세례는 하나이고 같은 세례인가? 이 사람들이 함께 성찬을 축하하려 할 때, 지장을 주는 것은 무엇인가? 교회 간의 차이는 고유한 내용보다는 외면적 형태의 문제가 아닌가? 살아가는 신앙이 아니라 제도적 교회의 문제는 아닌가? 신학과 전문인들만이 내용적 차이를 이해할 수 있는가? ↗세례

2. 교회의 공동혼례식

한 쌍의 부부가 제단 앞에 서 있습니다. 신부는 가톨릭 신자이고, 남편은 개신교회 신자입니다. 신랑 신부는 '예'라는 말로 대답하며 서로의 손가락에 반지를 끼워주고 손을 건넵니다. 가톨릭 사제와 개신교회의 목사는 그 부부의 손 위에 각각 오른손을 얹었습니다. 그 부부를 위해 기도하고 혼인을 축복합니다. 이러한 교회 공동혼사에는 개신교회 목사가 참석한 중에 가톨릭교회에서 개최될 수도 있으며 가톨릭의 사제가 참석한 중에 개신교회에서 개최될 수도 있습니다.

3. 교회 연합적인 예배들

성찬과 직분 문제에서 생겨나는 차이들에도 불구하고 교회 연합적인 말씀의 예배들은 곳곳에서 시행되었습니다. 여러 곳에서 거행되는 말씀 예배는 이미 오랜 전통을 가지고 있습니다. 서로 다른 신앙고백의 회원과 직분자들이 선포와 기도 찬양에 함께 동역하고 있습니다.

4. 공동의 문서들

주기도문 양자의 신앙 고백들과 예배의 다른 부분들은 이미 오래전에 함께 언급되었을 수 있을 것입니다. 이에 대한 통일된 예전의 문서가 있기 때문입니다. 찬송가 책들 가운데서도 함께 불렀던 여러 가지 찬송들이 발견됩니다.

방향

1. "교회 연합"(에쿠메네)란 말

교회연합을 뜻하는 말, 에쿠메네(Oekumene)는 그리스어에서 유래되었으며, 낱말의 의미는 "거주하는 지구"란 뜻입니다. 그래서 그 단어는 바로 한 지역에 다양한 사람들의 공동생활을 가리키며 '어떻게 이러한 공동생활을 조절할 것인지'의 질문을 제기합니다. 더 좁은 의미에서 에쿠메네는 국경과 교회의 경계를 넘어서는 기독인의 공동생활을 생각한 것입니다.

확신에 찬 교회 연합의 공동생활로 향한 길은 홀로 "선한 이웃이 되려는 확고한 의지"를 통하여서만 얻어지지 않습니다. 책임을 짊어진 교회 연합은 다른 것과 논쟁해야 하며, 다른 이의 달리 존재함에 자신을 내맡겨야 합니다.

2. 통일성과 다양성

처음에 기독교는 어떤 통일적인 조직체가 아니라, 공동체들의 놀랄만한 다양성으로 시작되었습니다. 그것에 대한 인상 깊은 증거는 바로 복음의 4가지 모습에서 확인됩니다. 기쁨의 소식은 네 가지 복음서로 전승되었고, 각각의 복음서는 예수 그리스도에 대한 그들의 독자적인 시각을 알려주고 있습니다. 이런 서로 구별되는 관점들은 후대에도 통일되지 않고, 서로 엮어져서 상호 보충하도록 전수되었습니다. "정경"(Kanon)은 - 그렇게 각각 그들 방식대로 예수 그리스도에 관한 좋은 소식을 문자화하여 그것이 지리적이며 문화적으로 다른 지역들에 증언하는 여러 가지 문서들의 순환으로 생겨났습니다.　／성서

정경의 발전은 기독교적인 교회 연합을 위한 하나의 근본적인 과정입

니다. 즉 차이들은 제거된 것이 아니라 - 신약 문서들의 다양함 가운데서 - 예수 그리스도를 바라보는 것에서 보존되었습니다. 그것은 많은 남녀 기독인들을 기독교적인 자유의 토대로서, 동시에 서로 다양성 안에서 살아있는 통일성으로 예수 그리스도에다 연결합니다.

이러한 경험된 공동생활의 표지들은 먼저 성례들, 즉 세례와 성찬이며 그리고 예수 그리스도에 대한 공동의 신앙고백입니다. 그러나 역시 다른 형제·자매들에 대한 올바른 태도와 예수 그리스도의 추종 가운데서 공동체가 여기서 거론되는 것입니다. 거기에 정신적인 교류가 속해 있을 뿐만 아니라, 실제적인 재정의 흐름이 속해 있으며, 단지 공의회뿐만 아니라 가난한 지역교회들을 위한 헌금수집과 기도 가운데 형제를 위한 간청의 기도가 포함합니다. - 신약의 교회 연합의 근본문서는 다음과 같은 것을 말해줍니다.

"그러므로 주 안에서 갇힌 내가 너희를 권하노니 너희가 부르심을 받은 일에 합당하게 행하여 모든 겸손과 온유로 하고 오래 참음으로 사랑 가운데서 서로 용납하고 평안의 매는 줄로 성령이 하나 되게 하신 것을 힘써 지키라 몸이 하나요 성령도 한 분이시니 이와 같이 너희가 부르심의 한 소망 안에서 부르심을 받았느니라 주도 한 분이시오, 믿음도 하나요, 세례도 하나요, 하나님도 한 분이시니, 곧 만유의 아버지시라 만유 위에 계시고 만유를 통일하시고 만유 가운데 계시도다" (엡4:1-6).

여기서 하나의 단일 교회의 공통적인 흔적을 보이는 근거가 언급되었습니다. 그렇지만 교회 연합적인 공동 사역은 항상 새로이 확인과 검증에 방치되었습니다. 사도바울은 적대적인 태도로 교회가 분열되도록 위협하는 고린도 교회 안에 있는 파당 그룹들에 관하여 그렇게 알려줍니다. 왜냐하면 그것이 신앙의 토대인 예수 그리스도를 흐려지게 하기 때문입니다.

"내 형제들아 글로에의 집 편으로 너희에 대한 말이 내게 들리니 곧 너희 가운데 분쟁이 있다는 것이라 내가 이것을 말하거니와 너희가 각각 이르되 나는 바울에게, 나는 아볼로에게, 나는 게바에게, 나는 그리스도에게 속한 자라 한다는 것이니 그리스도께서 어찌 나뉘었느냐 바울이 너희를 위하여 십자가에 못 박혔으며 바울의 이름으로 너희가 세례를 받았느냐" (고전1:11-13).

서로 다른 그룹이 존재한다는 사실이 문제가 아니라, 그들의 분쟁이 하나님의 구원 소식을 사실상 문젯거리로 만들며 하나님의 구원하는 현존을 어둠으로 가리게 되는 것이 문제입니다. 그러니까 전적으로 예수 그리스도를 "나누는" 것이 문제입니다. 더 엄격히 말하면 "토막으로 나누게" 되는 것입니다. 이로써 각각의 그룹들은 자유롭게 서로 소통하는 능력과 모든 차이를 손상하지 않으면서도 교제를 형성하는 능력을 상실합니다. 바로 이것이 기독교적인 교회 연합의 성공을 위한 기준입니다. 즉 서로 복음의 소통과 자유의 토대이신 예수 그리스도를 연결하는 것입니다. - 전통들이나, 또는 특정한 개별 그룹에 예속성, 국가, 종족, 성향이나, 또는 성 - 등의 다른 기준들은 제시되지 않아야 합니다.

그룹들과 공동체들 사이의 차이들은 그 때문에 영들의 분별을 통하여 시험해보아야 합니다(요1서4:1). 우리를 위하여 사람이 되셨고, 죽으셨으며, 부활하신 예수 그리스도에 대한 고백이 중심에 있는지, 또는 "다른 복음"(갈1:8)이 문제가 아닌지?

그것이 믿음의 한가지 근거인 것처럼, 그렇게 형성된 것들과 공동체 형태들의 다양함이 역시 기독교의 본질에 속합니다. 왜냐하면 통일성과 다양성의 이러한 공동생활은 아버지와 아들과 성령으로 우리를 향하시며, 자신 안에서 통일성과 다양성을 포괄하시는 삼위일체 하나님에 대한 신앙 안에서 그의 근거를 가지기 때문입니다. 2006년 교회들의 에쿠메네 위원회의 소식은 이것을 증언합니다.

"교회의 통일은 신적인 인격체들의 교제 가운데서 삼위일체 하나님 통일의 모사(模寫)입니다. 성서는 그리스도의 교회를, 전체를 위한 관계의 풍성한 다양함이 본질인 그리스도의 몸으로 설명한다. "은사는 여러 가지나 성령은 같고 직분은 여러 가지나 주는 같으며 또 사역은 여러 가지나 모든 것을 모든 사람 가운데서 이루시는 하나님은 같으니"(고전12:4-6). 그와 같이 교회는 - 하나님의 백성이요, 그리스도의 몸이며, 거룩한 성전인 교회로서 - 풍성한 다양함 가운데서 그들의 통일성을 선언하도록 부름 받았다." ↗ **신자들의 연합**

3. 발전과 단절

a) 발전

교회의 역사는 항상 새로운 공간으로 발전하는 복음의 확장역사입니다. 그것은 서로 다른 문화와 복음의 만남에서 한편 새로운 자극들이 수용되며, 다른 한편 분리들에 이릅니다. 그렇게 하여 교회의 모습은 역시 변화를 겪게 됩니다.

복음은 유대 기독교적인 배경과 마찬가지로 유대교에서 나아와 그리스 로마의 "이방적인" 세계로 건너갑니다. 그러한 과정들은 역사에서 항상 다시 반복합니다. 로마제국의 멸망이 복음의 종말을 의미하는 것이 아니라 복음의 불꽃이 북반구의 민족들에게 넘어가게 했다는 것을 대략 기억하는 것입니다.

근대시대의 시작에 "신대륙"과의 만남에서 많은 폭력과 황금을 탐하는 일 외에 역시 복음은 그곳에 사는 민족들에게 이르게 됩니다. 이런 방식으로 기독교는 점점 계속 분리하여 독립하게 됩니다. 즉 그것은 지역적이며 문화적이며 정신적인 민족들의 차이로 향하게 되며, 대략 유럽의 공간에서 계몽주의로 향하며, 새로운 상황들과 도전들로 향하게 됩니다. 이런 분리독립은 역시 한계의 위험을 초래하게 되며, 게다가 그 때문에 공동체와 정체성을 보존하기 위한 교회 내적인 규칙처리를 발전시키도록 강제하게 됩니다.

b) 단절

로마제국의 동쪽과 서쪽 지역에 있는 기독인들 사이에서 신학적이며 문화적인 차이들이 벌써 1세기 그 시대에 분명히 등장하였습니다. 이것은 5세기 이래로 동양적인 국가교회들의 첫 분열로 이끌었습니다. 1054년에는 동방 정통교회와 서방 로마교회 간의 거대한 분열에 이르렀습니다. 동방에서 거절된 것은 서방에서 대변하게 되었는데, 그것은 로마의 교황 수위권(Primat) 주장입니다. 중세의 그릇된 발전들을 수정하기를 16세기 종교개혁자들이 시도했을 때 서방교회는 분열하였습니다. 종교개혁가들은 무엇보다도 성서를 의존하였으며 또한 1세기 전통에도 기대었습니다. 이런 과정에 근거하여 독립적인 지역교회들이 구별되는 신조를 제정하였습니다. 즉 루터교회, 개혁교회, 앵글리칸 교회 등에서입니다.

18세기와 19세기에는 자유교회가 생겨났는데, 그들은 개인의 신앙 결단을 강조하며 초대 교회의 이상(Ideal)을 지향하였습니다. 예를 들면 감리교도들과 침례교도들에서입니다. 20세기 초, 오순절 운동들은 새로운 신앙고백 형성으로 이어졌습니다. ╱ **작은 신앙고백 정보**

4. 남아있는 공통성

가장 예리한 논쟁과 통일의 파괴 가운데서도 모든 교회 가운데 있는 근본적인 공통성들은 보존되었습니다:

- 성서 가운데 그들의 행위의 토대와 규범을 찾지 않는 교회는 하나도 없다.

- 고대교회의 신앙고백은 그들 신앙의 표현으로서 거의 모든 교회에 유효한 것입니다.

- 올바르게 시행된 세례의 유효성은 많은 교회에서 서로 인정하였습니다.

이런 공통점들은 교회의 분리를 방지하기 위해 항상 강력하고 분명하지 않았습니다. 그러나 그것들은 항상 다시 교회 역사의 과정에서 사람들이 거기서 나아와 교회의 통일을 다시 얻도록 노력했던 중요한 출발점들을 형성하였습니다. 비록 그것이 이루어지지 않았다 할지라도, 이러한 공통점들은 은총과 구원이 교회의 영역이 고유한 교회의 경계를 넘어서며, 그 어떤 교회도 복음의 진리와 믿음의 충만을 홀로 자신을 위해서 주장할 수 없다는 사실을 일깨워 주었습니다.

5. 교제(하나 됨)의 추구

에쿠메네(교회연합)는 20세기의 발명품이 아닙니다. 20세기 변화들과 함께 교회의 공동생활에 대한 질문을 새로이 제기하게 되었습니다. 거기서 나아와 교회 연합의 움직임이 시작되었습니다. 그것은 모든 차이가 제거된 그런 통일이 아니라, 다양성 속에서 하나의 교제(공동체)(그리스어: koinonia; 라틴어: communio)를 추구합니다.

a) 교회들의 연합위원회(독일어, ÖRK ; 영어, WCC)

그 위원회는 "개신교동맹체"(Evangelische Allianz)와 "기독교 청소년/청년 연맹"(CVJM/ YMCA)이 속해 있는 19세기 교회연합운동 출발에 뿌리를 두고 있습니다.

세 가지 운동들이 세계교회협의회(ÖRK) 안에서 합류합니다.

- 세계선교(1921년 "국제선교위원회", 의장 J. R. 모트(Mott))

- 교회의 실천적인 사역에 목표를 두고 있는 "실천적인 기독교를 위한" 운동("Life and Work"). – (1925년 스웨덴 스톡홀름 주재의 대주교 N. 죌더블롬(Sölderblom)이 의장하에 개최된 첫 세계회의).

- 교회의 질문들처럼, 신학적인 질문들의 규율을 넘어서 통일에 대한 길들을 찾는(1927년 로잔에서 개최된 첫 세계회합) "신앙과 교회법"(신앙과 명령)을 위한 운동.

이러한 운동들(1948년 암스텔담의 "삶과 노동"과 "신앙과 명령", 1961년 뉴델리에서 개최한 국제선교위원회 등)의 결합에서 세계교회 연합위원회가 태동하였습니다. 그 위원회는 (2008년) 현재 약 5억 6천만 명의 기독인을 가진 정교회와 고대 가톨릭교회, 앵글리칸 교회와 루터교회, 개혁교회 그리고 다른 프로테스탄트 전통의 348개의 회원교회를 포함합니다. 교회연합운동 위원회의 토대는 다음과 같이 말합니다.

"세계교회협의회(WCC)는 성서에 적합하게 예수 그리스도를 하나님과 구세주로 고백하는 교회들의 교제이며 그러므로 그들이 아버지 하나님과 아들과 성령의 영광을 위한 목적에 부름 받았으며, 그 일의 성취를 함께 힘씁다." (1961년 뉴델리).

세계교회협의회(WCC)는 특수한 어려움에 투쟁합니다. 그 협의회는 한편으로, 보편적인 교회연합운동에 결합하여 교회연합운동의 과정들에서 통합적 기능을 지니며 다른 한편, 회원교회 대표들에 의해 맡겨진 책무를 책임지며 전체 교회의 공식적인 연합을 위한 기능을 가집니다. 그렇게 세계교회협의회(WCC)는 근본 운동과 제도 사이의 긴장 가운데 있습니다. 그러나 협의회는 대화를 넘어서 신앙과 삶의 질문에 공통점들을 구속력 있게 설명하며 통일을 상징화하는 일에 봉사해야 합니다. 그러나 이것은 여러 가지의 신학적이며 교회적인 전통들들의 관점과 지역적 관심사와 세계적 문제들의 관점에서 단지 제한적으로만 가능합니다.

2006년 브라질, 포르토 알레그레(Porto Alegre)에서 개최한 제6차 총회에서, 세계교회협의회(WCC)는 "교회 연합의 "주된 목표는 그리스도 안에 있는 예배와 공동생활에서 그들의 표현을 찾는 신앙과 성찬의 교제 안에서 가시적인 통일에 대하여 서로 호소하는 것과 세계를 향한 증언과 봉사를 통해 세계가 믿게 되도록 이러한 통일을 향하는 것에 있음을 확인하였습니다."

b) 전 세계적인 신앙고백의 가족

그들은 전 세계적인 교회 연합의 따른 형태를 묘사합니다. 그들은 공동의 신앙고백과 전통에 바탕을 둔 결합들로서 중대하는 의미를 얻게 됩니다.

- 정교회
- 개혁교회 세계연합
- 세계 루터교회 연맹
- 영국 국교회(성공회)

- 감리교회 세계협의회
- 세계 침례회 연맹

이러한 신앙고백 가족들의 목표는 자신들 신앙고백의 공통분모를 구속력 있게 명명하며 세계의 다른 신앙고백 공동체와 대화를 모색하는 것입니다.

c) 로마 가톨릭교회 - 특별한 방식의 신앙고백 가족

그들은 에큐메네의(세계교회연합)의 도전에 늦게 반응하였지만, 그러나 제2차 바티칸 공회(1962-1965)와 함께 최종적으로 받아들였습니다. "성령의 은혜의 바람이 불어옴에 따라 오늘날 지구의 많은 나라에 기도와 말씀과 사역을 통해 예수 그리스도께서 원하는 통일의 열망에 이르려는 노력이 있습니다. 거기서 제2 바티칸의 거룩한 공의회는 모든 가톨릭 신자들이 이 시대의 징조를 인식하면서 열심히 교회연합운동 사업에 참여할 것을 경고합니다." (교회연합주의에 대한 훈령, 4)

d) 공의회의 과정 "정의와 평화, 창조의 보존"

공의회의 과정은 "정의와 평화, 창조의 보존"에 대한 특유한 방식의 교회연합운동입니다. 동기(動機)는 1938년 교회의 친교 사역을 위한 세계연맹의 서기로서 다음과 같이 기록했던 디트리히 본회퍼(D.Bonhoeffer)에게서 시작되었습니다.

"모든 세계에서 오로지 그리스도의 거룩한 교회의 거대한 교회 연합의 공의회는 세계가 분노를 억제하면서 평화에 관한 말을 청취해야만 하는 것과 민족들이 기뻐하게 되리라는 것을 말할 수 있을 것이다. 그 이유는 이러한 그리스도의 교회가 그리스도의 이름으로 그들 아들의 손에서 무기를 빼앗고 그들에게 전쟁을 금지하며 광란하는 세계를 향하여 그리스도의 평화를 공포하기 때문이다."

본훼퍼의 이러한 희망은 1980년대에 이르러 정치적이며 군사적인 폭발적 상황에서 다시 한번 관심을 불러일으켰습니다. 발전의 진척에 대한 풍성한 결과들이 나타났던 지역 프로젝트와 집회들의 대열에 따라 - "예를 들면, 1988/89 드레스덴과 막데부르그에서 정의, 평화, 창조보존에 대한 교회 연합총회" - 1989년 바젤(Basel)에서 "정의 안에서 평화"란 주제 아래서 유럽의 교회 연합총회가 개최되었습니다. 유럽 교회협의(KEK)와 유럽 주교 협의회 위원회(CCEE)가 준비하고 진행하였던 제2차 유럽 교회 연합총회는 "화해 - 하나님의 선물과 새 생명의 원천"이란 주제 아래서 1997년 그라츠(Graz)에서의 모였습니다. 여기에 특히 교회적이며 신학적인 개정을 촉구했던 신속하게 변화하는 유럽의 문제들이 있었습니다.

교회 연합에 관한 이러한 방식의 장점과 강점은 그들의 역동성, 공통적인 사고들의 발전, 그리고 네트워크의 창설 등 그들 진행 과정의 특성들입니다. 공통적이며 구속력 있는 신앙의 증거들을 찾음에서 정치적이며 사회적이며 군사적인 충돌들의 개정을 위하여 추진력을 얻게되었습니다.

6. 쌍방 간 대화

종파들 사이에는 서로의 접근과 인정을 위한 쌍방(양자) 간의 대화와 합의들에 이르러야 하는 많은 것들이 있습니다. 이러한 대화들 가운데 어떤 것은 교회 공동체의 선언을 이끌러 냈으며 다른 경우 그러한 길로 향한 발걸음을 보이기도 합니다. 1960년대 말 이래로, 예를 들면 개신교 루터교회는 더욱이 지역적인 지평과 같이 국제적인 측면에서 다른 종파들과의 다음과 같은 대화를 이끌었습니다.

a) 로마 가톨릭교회와의 대담

1967년 이래로 국제적인 차원에서 루터교회 세계연맹과 로마 가톨릭 교회 간에 이끌었던 대화는 다음과 같은 중요한 문헌들에 기록으로 남기게 됩니다:

- "복음과 교회"(말타 보고서), 1972
- "주의 만찬", 1978
- "교회의 영적 직무", 1981
- "한 분 그리스도 아래서 모든 이들" (1530년 아우구스부르그 신앙고백서의 450주년 공동성명), 그리고 "마르틴 루터 - 예수 그리스도의 증인" (루터 탄생 500주년을 계기로), 1983
- "교회와 칭의", 1994
- "칭의론에 대한 공동성명", 1997. 그리고 "공식적인 공동 확정" (1999년 서명)
- "교회의 사도성", 2009

독일 내에서는 다음의 문서들이 작성되었습니다:

- "말씀과 성례 가운데서 교회공동체" (독일 로마 가톨릭 주교 회의와 독일 루터교회 연합회 양자가의 연구그룹 보고), 1984.
- "교리 정죄 - 교회를 분리하는가?" (독일 개신교회협의회와 로마 가톨릭교회의 공동 교회 연합특위), 1986. 그리고 이에 대한, 개신교회의 공식 입장.
- "성도들의 교제 - 성도들의 공동체로서의 교회" (독일 로마 가톨릭 주교 회의와 루터교연합회의 양자 간 연구그룹), 2000 (개신교회의 입장 2009).

b) 개혁교회와 연합교회와의 대화

1973년 로이엔베르거 합의서의 서명을 통해 유럽 내에 있는 대부분의 루터교회와 개혁교회, 그리고 연합교회는 상호 간 교회 공동체임을 천명하였습니다. 이것은 영적인 직무와 마찬가지로 말씀선포와 성례의 축하 안에서 상호 인정하는 공동체를 포함합니다.

c) 영국 국교회(성공회)와의 대담

영국 국교회(성공회)와 루터교회 간의 국제적인 대화의 범주에서 감독직(주교직)에 대한 1987년 "나이아가라 보고서"가 발행되었습니다. 그것은 1988년 국내적인 차원에서 영국과 구동독에 있던 개신교회 동맹과 독일 개신교회협의회("마이센 성명") 사이에 공동의 확정된 입장에 이르게 되었습니다. 이러한 문서에 근거하여 상대방 교회에 대한 인정과 성만찬에 초대가 합의되었습니다. 1996년 북유럽 10개의 영국 국교회(성공회)와 루터교회는 포르부(핀란드 Porvoo) 공동 확정을 근거로 주교의 사도직 승계에 대한 이해를 포함한 상호 간의 완전한 교회 공동체를 선언하게 됩니다.

d) 고(古) 가톨릭교회와의 대담

1985년 독일 고대(古代) 가톨릭교회의 가톨릭 주교 관구와 독일 개신교회는 상호 간 성찬 초대에 합의하였습니다.

e) 개신교-감리교회와의 대담

개신교 감리교회와 루터교회 연합회(VELKD) 간의 교리대담을 근거로 1987년 양 교회는 강단교류와 성만찬 교류를 선언하였습니다. 이 발걸음에 독일 개신교협의회(EKD) 소속의 다른 주(州)연방 교회들도 함께 하였습니다. 그 사이에 EmK(독일개신교감리교회)는 로이엔베르그 일치와 칭의 교리에 대한 공동성명에도 함께 하였습니다. ↗칭의

f) 정교회와의 대담

수십 년 전부터 독일의 개신교회와 여러 정교회 사이에 신학적인 대화들이 이루어졌습니다(러시아 정교회, 루마니아 정교회, 콘스탄티노플의 대주교직). 1982년부터는 국제적인 차원에서 세계 루터교회 연맹과 정교회 간의 대담이 있습니다.

g) 개신교-자유교회 적인 공동체 연맹(침례회)과의 대담

루터교회와 침례회 간의 대화는 1980/81년에 독일에서 개최되었고, 국제적 차원에서는 1986-89년 세계 루터교회 연맹과 세계 침례회 연맹 간에도 개최되었습니다. 거기서 그리스도 교회 내의 공동체로 상호 인정이 있었으나, 세례이해에 대한 차이로 인해 교회의 교제는 선언할 수 없었습니다. 2009년 "바이에른 루터교회-감리회 연구그룹"(BALUBAG)의 수렴문서(리틴어 convergere = 함께 만남)는 이 문제에 접근하였습니다. 만약 이 문서가 수용된다면, 루터교회와 침례회의 관계는 타결이 될 수 있을 것입니다. "침례회와 루터교회는 양자의 세례이해가 서로 다르지만, 복음의 합법적인 해석은 인정할 수 있을 것이다."

h) 메노나이트와의 대담

독일 루터교회 연합(VELKD)과 독일 메노나이트 교회 연구그룹은 1993년 세례관습에 대한 미결된 의문으로 인해 완전한 교회와의 교제는 불가능하지만, 성만찬에는 손님의 자격으로 참석("성찬의 손님")할 수 있다는 것을 확정하였습니다.

위에 언급된 대담은 완전한 교회들과의 교제의 길에는 여러 차원의 단계가 있을 수 있다는 것을 보여줍니다. 이 부분에 있어, 서로 다른 파트너들과 얻어진 대화 결과물을 서로 연결하여 합의를 존중하는 것이 중요합니다.

7. 다자 간의 대화

다자적인 측면에서 교회 연합적인 대담 가운데 저 특별히 1982년 페루의 수도 리마(Lima)에서("리마 선언") 결정했던 세례 성찬과 직제에 관한 수렴 성명이 언급될 수 있습니다. 이 문서는 세례와 성만찬 교회 직제 신학의 본질적인 질문들 안에서 합의의 표현으로 이해합니다. 이러한 합의에 이르는 데는 역시 300 교회 이상의 대표들이 참여하였으며, 역시 거기에 로마 가톨릭교회가 함께하였습니다.

리마 선언은 1927년 로잔에서 개최된 신앙과 직제(Faith and Oder)에 대한 세계 협의회와 함께 시작하였던 길의 종착점에 서 있다. 이미 로잔에서 사람들은 - 영국의 전통을 따르면서 - 세례, 주의 만찬, 직분 등의 주제들은 논쟁 신학의 고전적인 근본문제들을 역시 그들의 중심점으로 삼았습니다. 이러한 질문들에서의 이해와 함께 통일의 길에 대한 모든 전진이 결부되었으리라는 것이 곧 분명해졌습니다. 리마 선언은 논쟁적인 문제들이 분열되지 않았던 초기교회의 교리와 실천의 되새김을 통하여 - 오직 성서의 되새김 만을 통한 것이 아니라 - 해결하기를 시도한다. 이것은 교회의 직제에 대한 일부 진술들이 개혁교회의 비평에 직면하는 결과에 이르게 되었다.

그 원문은 수용에 대한 간청과 함께 교회들에 송달되었으며 참여자들은 본질적인 차원들에서 공통적인 사도신경의 적절한 표현을 발견한 것임을 확신하였습니다. 그 때문에 사람들은 교회의 공존이란 결과에 이르기를 소망하였습니다. 세계 곳곳에서 들어온 피드백에도 불구하고 리마문서의 보편적 수용에는 이르지 못했습니다. 오히려 더욱 많은 신학적 노력과 해설의 필요성이 암시되었습니다. 하지만 리마 문서는 많은 다자 간의 대화란 결실을 낳았습니다. 그리고 그 어떤 교회 연합의 문서도 리마에서 가결된 수렴문서보다 더 집중적으로 공동체들 안에서 읽혀져 토론된 문서는 지금까지 없었습니다. 그렇게 그것들의 가장 큰 성과는 아마도 본질적인 교회 연합의 질문제기와 통찰들이 교회 공동체들 안으로 옮겨진 거기에 존재합니다. 그 외에도 서로 구별되는 전통들에서 나아온 요소들이 합류하는 성만찬 축하를 위한 규정은 수렴문서와 함께 동시에 공동작업으로 완성된 "리마 예전서"가 역시 도움을 제공했습니다. 그 사이에 "리마 예전서"는 여러 교회 연합적인 예전 예배들에서 사용되고 있습니다.

양자 간 그리고 다자 간의 대화들은 괄목할 만한 접근과 부분적으로는 역시 교회 간의 합의들에 이르고 있습니다. 그동안 이러한 과정에 대한 비판적인 질문들이 역시 존재합니다.

- 여태껏 교회를 분리하는 논쟁점들 안에서 의견일치가 대체로 공통점을 향한 다수로 이끌고 있는가?

- 교의학 대신에 교회 실제로부터 시작되어야만 하는가?

- 신학적인 대화에 언어적인 형식들 외에 상징체와 의식들(Riten)과 같은 비 언어적 양식들이 포함돼야만 하지 않겠는가?

- 전통적인 교회 형태나 신학적 표현에 현재 적인 삶과 신앙적 질문들이 어떻게 나타나게 하는가?

이런 비판적인 질문들은 교회 간의 대화에 관계되는 것이 중요합니다. 바로 그 때문에 대화는 쓸데없는 것이 아니라 꼭 필요한 것입니다. 그래서 2000년 제9차 총회는 세계교회협의회(WCC)에다 "다른 교회들과 더 깊은 대화를 장려"하기를 촉구합니다. "이에 상응하게 우리는 어려운 과제를 담당하며 다른 교회의 신앙과 교회 질서와 자신들의 신앙과 교회 질서와의 관계에 대한 진심 어린 답변을 제시하도록 우리의 모든 교회를 초대합니다."

8. 세계교회 연합운동의 모델

　각 교회는 신앙 경험들에서 성장하고 신학적으로 근거한 교회의 통일성과 서로 다른 교회와의 공동생활에 관한 그들 자신의 생각들을 지니고 있습니다. 더 나아가 교회 연합적인 운동 과정에서 이해하고 집행하면서 생겨난 연합운동의 모델들이 있습니다. 교회연합운동 속에는 보충하거나 교정하거나 배제하였던 표본 상들의 다수가 있습니다. 원칙적으로 교회 통일의 목표설정은 사람들이 교회를 인지하고 판단하는 관점에 의존합니다. 교회의 통일은 신학적인 시각에서 대체로 미리 주어져 있으며, 말하자면 교회를 생명으로 부르시는 예수 그리스도를 통해서입니다. 그렇지만 교회들의 다수 가운데는 역사적으로 하나의 교회가 존재합니다. 통일은 과제와 같이 역시 은혜의 선물입니다. 교회는 그들 공동체를 통하여 이러한 믿었던 통일을 재현하도록 위임되었으며 능력을 부여받았습니다. 이러한 과정에서 특히 그것은 다음의 관점들에 이르게 됩니다.

- 복음에 대한 청취(들음)
- 세례와 성만찬과 그것들의 올바른 즉 복음에 적절한 적용
- 거기서 증거를 제시하는 성서(문서)
- 이러한 증언을 향한 교회의 신앙고백
- 복음의 올바르고 질서화된 계속 전달을 위하여 필요한 직분
  (또는 교회 내의 직분들)
- 교회들이 이러한 올바른 계속 전달에 대하여 알려주는 공의회와 노회(총회)

　종파들은 교제를 향한 길과 관련하여 서로 구별되는 강조점을 제시합니다.

a) 루터교회의 전통은 교회의 통일은 복음이 순수히 선포되고 성례가 주님의 제정에 적절하게 거행되는 곳에서 실현된 것으로 봅니다(아욱스부르그 신앙고백, 7). 복음선포와 성례의 축하 안에서 합의는 필수적이고 동시에 교회의 통일을 위해 충분한 전제에 상응합니다. 그렇게 이해된 통일의 구상들로부터 구조와 질문들의 질문들이 얼마만큼 취급할 수 있는지를 밝히는 것입니다.

b) 개혁교회의 전통은 교회의 구조와 예배 규정 가운데서 더 분명하게 말합니다. 물론 그것은 원래 도시 근교 교회들에 요청된 것입니다. 그것에 반하여 특정 장소에 국한되지 않는 다양성은 가능하고 또한 감수할 만합니다.

c) 영국 국교회(성공회)는 네 가지 기준을 말하는데, 그것들의 충족은 남아있는 차이들에도 교회 교제를 가능하게 합니다. 성서 – 그것은 구원에 필수적인 모든 것을 포함합니다. – 고대교회 신앙고백의 인정, 주교직의 원칙적인 인정과 마찬가지로 성례로서 세례와 성찬의 인정(만국 기독인들에 호소, 1920).

d) 정교회에서는 주교직의 의미가 강조되었습니다. 지역 교회들의 통일은 주교들의 연합을 통해 성립하는 반면, 몇몇 지역 교회는 주교와 함께 통일을 통해 생겨납니다. 주교들은 사도 시대까지 거슬러 올라가며 특히 내용적으로 성서 외에 고대교회 7개의 공회의의 결정을 뜻하는 전통들을 대변하며 증언합니다.

e) 그것을 뛰어넘어 **로마 가톨릭교회**는 로마 주교와의 교제를 강조하며, 모든 교회 공동체를 위한 구성적인 것으로서 역시 2세기까지 교리발달에

대한 화해를 주목합니다. 교회의 통일은 더 이전에 "분리되었던 그리스도인들"이 "유일한 참 교회"인 로마 가톨릭교회로의 귀환으로 이해되었습니다. 그 때문에 로마교회는 교회 연합운동에 대하여 다른 신앙고백 공동체보다 더 오랫동안 회의적으로 거절하였습니다. 제2차 바티칸 공의회에서 로마 가톨릭교회의 그들 교회 연합의 책무를 최종적으로 강조하게 되었으며, 그것에 대하여 교회법으로 수용하였습니다.

오늘날 교회연합운동에서 목표설정들과 마찬가지로 다음의 모델들이 논의되었습니다.

- **유기체적 연합** : 한 장소에 대한 모든 기독인의 구속력 있고 의무적인 교제, 한 지역에서 공동의 신앙고백에 이름, 공동의 섬김에서처럼, 성례와 직분의 일치 등에서입니다. 여기에는 두세 개의 교회가 하나의 새로운 교회로 구조적으로 일치합니다. 이것은 1960년대까지 세계교회협의회(WCC) 안에 지배하는 목표설정이었습니다. 먼저 1947년 설립된 초교파적인 "남부 인도의 교회"가 시작한 매력을 통하여 지지를 받지 않았습니다.

- **공의회적 교제** : 여기서 교회 연합을 위한 종파의 한 과제가 생각된 것은 아니며, 오히려 다양한 교회 상호 간의 관계로 연결되어 있으며 전체 기독교의 진정한 보편 공의회를 지향하는 독립적인 지역 교회들의 연합을 염두에 두었습니다. 물론 광범위한 의미에서 공의회 성이 교회의 본질적 특징으로 제기되었으며, 그리고 그렇게 역시 장소 이전 교회의 공동생활에 사용되었습니다.

- **화해된 자 안에서 다양성의 통일** : 특히 세계 루터교회 연맹을 통하여 대변되는 이러한 모델은 전통적인 종파들과 성장한 경건성을 가치 있는 것으로 바라봅니다. 그것을 유지하면서 서로 화해하기를 원합니다. 그러므로 다양함은 점점 그들의 분리적인 성격들을 상실하게 됩니다. 화해(화목)는 공동의 증언과 섬김 안에서의 교제처럼, 그렇게 세례와 성만찬 교제의 인정과 직분들의 인정을 통하여 복음의 공동적인 이해의 바탕 위에서 이루어져야 합니다. 이러한

모델은 그것이 가톨릭의 공간에서 표명되었던 것처럼, 가깝게 생각들에 이르렀습니다. 그렇게 추기경 라찡어(Razinger)가 - 2005년 교황 베네딕트 16세 - 1960년대 중엽 "교회들은 머물러 있다. 그렇지만 하나의 교회가 될 것이다"라는 교회의 통일에 관하여 언급하였습니다. 1999년 10월 31일 아욱스부르그에서 서명된 로마 가톨릭교회와 세계 루터교회 연맹 사이에 "칭의교리에 대한 공동성명"의 "공동의 공적 확인"은 "완전한 교회공동체", "남아있는 차이점들이 서로 '화해되며,' 더 이상 분리의 권세가 가지지 못하게 될""다양성 속에 통일성"을 목표로서 명명하고 있습니다.　　／칭의

- 많은 요소들 때문에, 특히 하나의 생산적인 구속력을 지닌 모델은 "코이노니아" 모델입니다. "코이노니아(Koinonia)는 그리스도 안에서 우리의 가진 생명의 풍성함을 묘사합니다: 즉 영성체(성찬), 교제, 서로 나눔, 연대" (1993년 산티아고 데 콤포스텔라의 세계협의회). 이러한 모델은 교회에 관한 하나의 추상적이며 보편적인 최소한의 정의로부터 출발하지 않고 개별 전통들과 형식들과 이와 연관된 차이들을 수용하며 교회의 통일성을 살아있는 관계 현상으로 만드는 경험된 공동체에 근거합니다. 그렇지만 이러한 모델의 문제는 개별 전통에서 서로 차별적으로 이해되었던 복음의 진리로부터 과연 어떻게 구속력을 얻을 것인가에 놓여 있습니다.

9. 로드맵

그렇지만 단지 목표설정들만 있지 않고 더 큰 교제로 향한 로드맵이 있습니다. 이러한 로드맵이 다양하게 분리되는 것은 놀라운 일이 아닙니다. 다음과 같은 것들에서 교회연합운동 과정에서 입증된 몇 가지 방안들이 간단히 소개될 것입니다.

a) 공동협력체

가장 잘 알려진 공동협력체는 "기독교회의 사역공동체들"(ACK)로 독일

에서 1948년 설립되었고, 지역에 따라 그 중요성이 차이가 있습니다. 원리적으로 세계교회협의회(WCC)는 형태를 넘어서 더 큰 구속력을 모색하며, 연방적 경향을 강화한다면 협의회 역시 전 세계적으로 활동하는 교회의 공동협력단체입니다.

b) 상호 인정

공동적인 작업과 학습 과정은 항상 다시 완전한 교회로서 다름의 인정에 따른 문제로 이끌게 됩니다. 그러한 인정들은 더 큰 교제를 향한 길에서, 그리고 신실한 복음의 증언을 위해서 필요합니다. 예를 들면 로마 가톨릭교회가 종교개혁의 교회를 완전한 의미에서의 교회로 인정하지 않는 것이 문제입니다. 지금 교회의 존재는 - 종교개혁의 것처럼, 로마 가톨릭도 - 교회들로부터의 서로의 인정으로 통하여 보증되는 것이 아니라, 홀로 예수 그리스도를 통해서만 정당화되는 것입니다. 그렇지만 상대편의 인정은 예수 그리스도를 통한 교회의 정당성을 함께 찾게 하는 그런 상황을 만드는 것입니다.

c) 연합과 교회공동체들

역사적인 발전과 신학적인 근거들에서 벗어나 교회들 사이의 차이점들이 희박해지는 곳에서 연합에 관한 이상이 항상 다시 등장합니다. 예를 들면 1817년 루터교회와 개혁교회에서 나아와 "옛 프로이센 연합"은 그렇게 탄생했습니다. 물론 그 연합체는 교회의 통일을 이룬 것이 아니라, 루터교회와 개혁교회 옆에 또 다른 형태의 새 교회를 만들었습니다.

d) 로이엔베르그에서의 교회연합

"종교개혁자들과 친족 관계에 있는 종교개혁 이전의 발도파와 보헤미야의 형제들처럼 이러한 로이엔베르그 합의에 찬성하는 루터교회와 개혁교회, 그리고 이들에게서 생겨난 연합교회(Union)는 그들 간의 교리대담에 근거하여 복음의 공동적 이해를 확인합니다. 이것은 교회공동체를 선언하고 실현하는 것이 그들에게 가능하게 합니다" (로이엔베그르 합의서, 1973). 로이엔베그르 합의서는 이러한 말들로 시작하며 교회 연합의 특별한 형식을 가능하게 합니다. 그것은 단지 대화 플랫폼만 마련하는 것이 아니라, 교회의 교제를 열어주기 때문입니다. - 그리고 이것은 루터교회와 개혁교회 간의 다소 엄격한 분리와 연합의 몇 번의 시도들 후에 약 500년 지난 이후, 교회의 교제가 열어지기 때문입니다. 이것은 복음에 대한 공동의 이해와 종교개혁시대 교리의 유죄판결이 오늘날 상대 교회에 해당하지 않는다는 인식에서 가능하게 되었습니다. 사람들은 다음과 같은 공동적인 종교개혁시대의 유산을 알려주었습니다. 즉 교회들과의 교제에 "복음이 순수히 설교 되었으며 거룩한 성례들이 복음에 따라 거행되는 것"(CA, VII)보다 더 필요한 것은 없습니다. 그리고 교회의 전통들이나, 신학적인 이론들 안에서가 아니라, 그(복음 설교와 성례 거행) 안에서 교회들과의 교제를 갖기 위하여 일치해야만 합니다. 전 세계를 향한 복음증거와 섬김의 교제 안에서 이루어지는 설교와 성만찬의 교제입니다. 남아있는 신앙고백과의 결합과 회원교회들의 개별적인 전통들을 사람들은 거기서 복음적인 통일 이해에도 프로테스탄트 적인 상부교회에도 희생시키지 않았으며, 오히려 이러한 교회들이 세상에서 그들의 사명이 올바르게 수행될 수 있도록 복음의 자유 안에서 서로 그것들을 연결하였습니다. 그러는 동안(1999년) 특히 유럽의 99개 교회들이 여기에 서명하였으며 감리교회도 가입하였습니다.

10. 교회연합운동의 미래

많은 교회 연합적인 노력에도 불구하고 현재의 교회연합운동에 대하여 회의적인 시각도 있습니다. 모든 운동에도 불구하고 지배적인 본래의 침묵 상태인 그들 안에 의혹이 그렇게 소리를 냅니다. 다음의 증후들은 이러한 추측을 확인해 주는 것처럼 보입니다.

- 세계교회협의회(WCC)는 정교회와의 어려움인데, 정교회는 다시금 교회연합운동 안에서 서방 적인 경향들과의 관계에서 겪는 큰 어려움 들입니다.

- 루터교회와 가톨릭교회의 대화는 - 수많은 일치에도 불구하고 - 교회와 그 구조에 대한 이해에 있어 분명한 차이를 나타냅니다. 그 결과 아직도 성만찬의 교제는 가능하지 않습니다.

- 오순절파의 거대한 움직임이 교회연합운동의 대화에 어떠한 영향을 몰고 올지 아무도 예상할 수 없습니다.

- 실행에 있어 갈등과 문제들: 예를 들면 목사들이 교회 구성원을 결집하는 일을 부담으로 여기거나 연합운동을 덜 중요한 것으로 여겨서 일부 교회연합운동 프로그램들은 작동되지 않고 있습니다. 때때로 가톨릭의 신부가 개신교회 목사들과 협동하기를 원치 않기 때문에 교회 공동혼례가 거부되거나, 개신교회 목회자가 예배 때 가톨릭의 여자 부제(副祭)를 동등한 파트너로 여기지 않는 경우가 발생합니다. 때로는 교회연합운동 예배의 주일날 개최가 어려움을 겪기도 합니다.

이런 모든 차이에서 그렇지만 교회연합운동이 진전되지 않는다고 추론하지 않아야 합니다. 오히려 교회연합운동은 가시적인 교회의 통일을 향해 직선적인 과정에 있다는 생각을 떨쳐 버려야 합니다. 연합을 위한 수많은 작은 단계들의 인지가 필요합니다. 그 외에도 기독인들이 사는 다양한 문화적인 정황에 대한 고려(考慮)가 교회연합운동의 과제로 남아있습니다.

교회가 서로 필요로 하며 그들만의 특색과 은사를 통하여 상호 부유하게 한다는 의식(意識)은 한편으로, 이미 벌써 엄연한 사실이며 다른 한편, 그것은 역시 과제입니다: 2006년 포르토 알레그레(Porto Alegre)에 개최한 세계교회협의회(WCC) 제9차 총회 문서에서 "우리는 우리를 거부합니다"란 말은 "나는 당신을 필요로 하지 않습니다"(고12:21)라고 말하는 것을 뜻합니다. 만일 우리가 서로 분리하여 있다면 우리는 가난해질 것입니다. 연합운동의 역할의 새로운 차원이 희망이 가득한 모습으로 울립니다. 즉 영성의 특색들과 경험들의 다양함을 말하는 영적인 교제와 운동들의 공동생활입니다.

형성

1. 교회연합운동의 영성

다양한 모델 기획들 로드맵의 다양함으로 특히 교회 연합적인 영성의 발전과 형성에 이르게 될 것입니다. 그것은 다양성과 차이를 있는 그대로 두면서도 그러나 예수 그리스도 안에서의 교제를 향한 갈망에 항상 다시 여지를 제시할 수 있을 공동 관심사에 대한 직감을 일깨우는 것을 뜻합니다. 이러한 영성의 근본형태는 요한복음에 기록된 예수의 기도 가운데서 발견합니다. "내가 비옵는 것은 이 사람들만 위함이 아니요 또 그들의 말로 말미암아 나를 믿는 사람들도 위함이니 아버지여, 아버지께서 내 안에, 내가 아버지 안에 있는 것 같이 그들도 다 하나가 되어 우리 안에 있게 하사 세상으로 아버지께서 나를 보내신 것을 믿게 하옵소서" (요17:20-21).

이로써 교회들의 접근과 의사소통이나, 또는 교제들에 대한 모든 노력은 결코 자기 목적일 수 없다는 것과 이런 움직임이 교회의 주인이신 예수에 대한 순종과 추종 가운데 있을 때만, 단지 의의를 가지는 것이 분명합니다. 교회 연합의 영성은 교회들과 신조들과 교회공동체들의 다양함에서 모든 것을 부요케 하는 그분의 은사들과 함께 있는 예수의 영을 발견합니다.

2. 교회 연합의 영역

교회연합운동은 여러 영역에 해당합니다.

- 교회와 사회의 현실적인 질문들이 언급된 교회 지도부들의 만남은 이따금 공동입장을 이끌게 됩니다.

- 교리와 신앙 실제의 질문들을 다루는 신학적인 영역의 대화에서 차이들이 거론되며 공동의 입장을 찾습니다(합의).

- 정기적인 만남과 함께 지역 교회들과의 공동생활, 공동의 예배들, 집회들(현장에서의 교회연합) 등입니다.

- 공의회의 과정에 의무적으로 아는 교회연합운동의 기초그룹들의 네트워크입니다.

- 공동의 기도처럼, 여러 가지 영향들과 경험들을 통한 확대를 생각하는 영적인 운동들의 공동생활 등입니다.

모든 이러한 영역들은 직무담당자들이 항상 제동을 거는 동안, 마치 기초가 항상 진전하고 있는 것처럼, 서로 맞서는 인상을 주어서는 안 될 것입니다. 오히려 이 모든 영역은 서로 보충되어야 하고, 서로 결실을 이루어야 합니다. 다만 이런 영역들이 그러한 공동생활에서 교회의 더 깊은 교제로 향한 발걸음이 가능할 것입니다.

3. 현장에서의 교회 연합

교회 연합은 물론 단지 컨퍼런스에서 신학적 대담이나 지역을 초월하는 운동에서 이루어지는 것은 아닙니다. 여러 교회의 기독인들이 서로 주의를 기울이며 함께 거주하는 곳에서도 교회 연합은 일어납니다. 서로 분리되었던 사람들의 공동생활이 – 모든 미결된 질문과 지체(遲滯)와 일부 정체(停滯)에도 불구하고 일상의 구체적인 만남에서 모습을 갖게 됩니다. 역시 교회의 지도적인 영역에 대한 대략 교회 연합의 접근이 어느 정도 성공되었는지는 공동체들의 현실 안에서 무엇이 변화되었는지가 가장 먼저 보입니다.

"현장에서의 교회 연합"은 다행스럽게도 그사이에 이미 언급한 교회 연합의 말씀 예배 외에 공동의 교회혼례식, 공동의 예전의 문서들과 공동 찬송가들의 다채로운 모습을 지니고 있습니다:

- 정기적으로 반복하는 기도회 주간들은 교회의 통일을 위한 공동기도에 기회를 제공합니다. 1월에는 로마 가톨릭교회에서 제안한 '기도의 옥타브'와 복음연맹의 '기도주간'이 있으며, 여성들의 세계기도의 날은 3월에 있으며, 성령강림절을 앞에 세계교회협의회(WCC)의 기도주간이 있습니다.

- '정의와 평화를 위한 공동 돌봄'은 1980년대 말 구 동독에서 시작되어, 그 이래로 점차 개신교의 기독인들과 가톨릭의 기독인들이 평화기도 속에 함께 결집하였습니다.

- '교회 연합의 사역공동체'에서 사람들은 자체의 입장과 다른 이들의 더 분명한 것의 이해와 신앙의 교제에서 찾기를 시도합니다.

- 젊은 남녀 신학도들의 교육에서 단지 "교회 연합"이란 전공이 등장할 뿐만 아니라, 오히려 신학적인 질문들이 그사이에 교회 연합과 신학의 교환의 넓은 공간에서 큰 이해로써 다루어졌으며 그리고 이따금 전공을 초월하여 다루어지기도 합니다.

- 교회 운영위(역자주: 당회 및 장로회)와 목회자위원회들은 공동의 과제들과 선교적인 도전들에 대한상의를 위하여 정기적으로 만남을 가집니다.

- 사회적이며 개인적인 어려움에 놓인 사람들을 돕기 위하여 서로 다른 여러 교파의 기독인들이 디아코니아와 카리타스의 시설들에서 함께 일하고 있습니다. 이러한 공동 사역은 환자들의 상담과 전화상담 기차여행자를 돌보는 선교와 여러 사회적인 사역의 여러 영역에서 입증되었습니다.

- 여러 어린이 합창단 청소년 사역 구역모임과 다른 시도들은 오래전부터 교회 연합의 개방성으로 이루어지고 있습니다.

- 연합운동의 공동체 중심처는 산발적으로 흩어져 있습니다. 즉 교회의 공간들은 한 지붕 아래 있습니다. 그래서 공동작업은 여러 행사 들에서 가능합니다.

- '교회의 날'이나, '가톨릭의 날'에서의 교회 연합의 만남들은 그사이에 당연시되고 있습니다. 2003년 이래 역시 교회연합운동의 '교회의 날'이 역시 존재합니다(2003년 베를린, 2010년 뮌헨).

물론, 이러한 불충분한 열거는 많은 희망이 역시 항상 성취되지 않았음을 숨길 수 없을 것입니다. 그것은 교회 연합의 본질과 길, 방법에 대한 필수적인 토론에도 불구하고 공동기도나, 예수 그리스도에 관한 증거, 제자의 길에서 공동의 섬김, 그리고 일상에서 얽매이지 않는 공동생활을 위해 벌써 많은 한계점이 적어졌다는 것을 암시합니다.

4. 영적 운동들의 협력

칭의론에 대한 공동선언에서 시작한 자극들에 근거하여, 1999년 개신교회와 자유교회들과 마찬가지로 로마 가톨릭교회의 구별된 영적인 단체들과 운동들의 대표들이 만났습니다. 여기서 "유럽을 위한 공동생활"이란 이름의 네트워크가 발전했습니다. 유럽의 국가적이며 지역적인 범주에 있는 화합과 만남에서 단체들은 그들의 다른 특색 속에 사귀며, 그들의 경험들을 서로 교환하며, 함께 하나님의 말씀을 들으며, 기도하며 찬송하였습니다. 유산으로 물려받은 모든 신앙고백의 차이들에도 불구하고 - 이러한 방식에서 서로에 대한 존중과 사랑의 분위기가 생겨납니다. 그러한 협력의 중요한 발걸음이 바로 선입관과 상처들에 대한, 용서를 구하는 서로의 간청이었습니다. 이러한 상호 간의 수용은 신학과 영성의 차이가 더 이상 위협이 아니라, 유익을 경험하게 되는 쪽으로 이끌게 됩니다. 사람들은 여기서 "마음의 연합"을 말할 수 있을 것입니다. 몇가지 운동들은 모범적인 사례로 거론될 수 있을 것입니다.

- 가톨릭 편에서: 포콜라레 운동(Fokolar-Bewegung, 키아라 루비히가 설립함), 평신도의 카톨릭 협회인 산 엔기디오(San Egidio), 가톨릭교회에서 카리스마의 갱신 운동, 쇤슈타트(Schönstatt Bewegung) 등이 있습니다.

- 개신교회 편에서: 공동생활 형제단, YMCA의 여러 단체, 개신교회 안에서 영적인 교회갱신운동, 젤비츠(Selbitz)의 그리스도의 형제단, 율리우스 슈니빈트 하우스(Juilius- Schnie- wind-Haus), 또는 그나덴탈(Gnadenthal)의 예수-형제단, 그 밖에도 그사이에 역시 정교회와 성공회의 단체들처럼, 자유 기독교적인 단체들과 사역들이 있습니다.

240개 이상의 기독교적인 운동들과 단체들보다 더 많은 약 9,000명의 참여자들이 함께한 슈트트가르트에서 개최된 2007년 '유럽의 날' 행사에서, 유럽을 위한 다음과 같은 추진력과 함께 소식이 주어졌습니다.

- 서로 사랑의 연합으로 "우리는 생명에는 예스(yes)를 말합니다. 우리는 임신에서부터 자연적인 생명의 종결될 때까지 인간 발달의 모든 국면에 있는 훼손될 수 없는 인간의 존엄을 보호할 책무가 있습니다.

- 우리는 혼인과 가족에 대해 예스(yes)를 말합니다. 그것들은 연대적이고 미래 가능한 사회를 위한 근본토대입니다.

- 우리는 창조에 대해 예스(yes)를 말합니다. 우리는 자연과 환경 보호에 개입합니다.

- 우리는 개인과 인류사회의 필요 요구를 지향하는 경제에 대해 예스(yes)를 말합니다.

- 우리는 가깝고도 멀리 있는 가난한 자와 취약한 사람들과의 연대에 예스(yes)를 말합니다.

- 우리는 평화에 대해 예스(Yes)를 말합니다. 우리는 갈등상황을 위한 소통과 화해와 대화에 진력합니다.

- 우리는 우리 사회의 책임에 대해 예스(Yes)를 말합니다. 우리는 도시와 공공체가 서로 다른 출신의 사람들이 모든 연대적인 공조에 참여함을 통해 문화와 특색을 찾을 수 있도록 사역합니다.

이런 예스(Yes)가 현실이 되도록 우리의 운동들과 단체들은 각자의 은사와 가능성에 맞게 협력할 것입니다.

[참고도서]

- 아숍프/프란치스쿠스 요스트/마르만(Aschoff,F./Br.Franzikus Joest/Marmann,M.):
  애착심(Zuneigung). 유럽을 위한 기독교적인 전망들(Christliche Perspektiven für Europa), 2007.
- 비르멜레/미이어((Birmelé,A./Meyer,H.) 편집(Hg.):
  기본합의 - 기본차이(Grundkosens –Grunddifferenz), 1992.
- 부란드/로터무드(Brandt,H./Rothermundt,J.),편집(Hg.):
  교회연합은 무엇을 초래했는가?(Was hat die Ökumene gebracht?), 1997.
- 에르네스티(Ernesti,J.): 에쿠메네의 작은 역사(Kleine Geschichte der Ökumene), 2007.
- 마이어(Meyer,H.): 에쿠메네의 목표설정(Ökumenische Zielvorstellung), 1998.
  그의 것(Ders.) 편집 (Hg.) 성장하는 일치의 문서들(Dokumente wachsender Übereinstimmung). 세계차원에서 종파 간 대화들의 총체적인 보고와 합의의 문서들(Sämtliche Berichte und Konsenstexte interkonfessioneller Ge-spräche auf Weltebene). 2 Bde.1983/1992.
- 독일개신교루터교연합회(VELKD): 대화 가운데서 교리평가
  (Lehrverurteilung im Gesprä-ch), 1993.
- 독일개신교루터교연합회(VELKD): 교회와 칭의(Kirche und Rechtfertigung), 1994.

6.1.8. 교회 밖의 종교 공동체

인지

초인종이 울립니다. 그리고 단정한 옷을 입은 두 남자가 인사하며 말합니다: "말일성도의 예수 그리스도 교회에서 왔습니다. 잠깐 시간 내주실 수 있겠어요?" - 사람들이 활발한 광장이나 구름다리 밑 통로나 기차 역사 앞에는 여호와의 증인들이 서 있습니다. 손에는 "파수꾼"과 "깨어있으라"란 책자를 손에 쥐고 안내하며 기다립니다. 대부분은 지나치는 사람들과의 접촉은 허탕입니다. 그러나 그들은 놀랍게도 진지한 태도로 열심히 가 가호호(家家戶戶)를 방문합니다.

카르마(업보)를 믿고 손금 보는 사람이나 생활 상담자는 험난한 시련을 겪은 사람들과 오후 TV 토크쇼를 하며 "전문가"로 "긍정적 사고"를 소개합니다. 대형서점에 들어서면 사람들은 유리한 전략적 자세를 취하며 다채롭고 폭넓은 비 교회적이고 비 그리스도교적인 종교문학 서적을 찾습니다: 비의(秘義), 극동의 명상, 점성술, 요가의 지혜나 또 다른 것들. 과연 어떠한 갈망들이 이러한 종교시장에 구애하며 서비스를 제공하게 하는 것일까요?

새로운 종교적인 관념과 종교단체나, 또는 운동들은 많은 이들의 일상에서 느끼는 불안감을 통해 활기를 얻습니다. 좀 더 정확히 본다면 이들 단체와 관념 운영체계의 호황에 날개를 달아주는 종교적인 네 가지 기본 갈망이 있습니다:

- 익명의 사회에서 구원의 공동체를 갈망

- 일상에서 무력감의 경험으로부터 고양감과 권능에 대한 갈망

- 밋밋한 일상에서 어머니와 전문가와 마술사에 대한 갈망

- 점점 전망하기 어려워져 가는 세상에서 삶의 확실한 시각에 대한 갈망. 여기서 온갖 형태 안에 있는 근본주의가 영양을 공급합니다.

내용을 주시하지 않고 종교들의 체계를 주시해 보면 사람들은 교회와 자유교회 외에 서로 다른 종교상품들의 두 가지 형태를 인식하게 됩니다. 한편으로 공공연한 "장면들"이며 다른 한편 배타적 권리를 지닌 집단입니다. 잡지발송이나, 또는 출판사와 단기 행사들과 코스강좌에 대한 협력을 통한 조직화입니다. 여러 가지 아이템이 동시에 이용될 수도 있을 것입니다. 그러나 남녀 참여자들은 교리나 지도자에게 서약하지 않았습니다. 이것은 삶의 다양성이나 전망하기 어려움이 유일한 방향으로 감소하여 돈 따위를 맡는 단체들에 의해 다릅니다.

방향

1. 종교적인 공동체들

독일 루터교회연합회(VELKD)의 "종교적인 공동체들과 세계관들의 핸드북"에서 사용하는 "종교적인 공동체"개념은 특별한 가치평가를 포함하고 있지 않습니다. 이 개념은 자유교회처럼 거대한 국민교회로 형성된 신앙고백을 포함합니다. 그리고 새로운 종교단체들과 운동들과 같이 역시 세계관을 가진 기독교적 종파들을 포함합니다. 이들이 어떻게 평가되어야 할지는 개별적으로 신학적인 척도에 따라 결정해야 합니다. 이러한 표준을 말하기 위해 핸드북의 제6판(2006)이 출판된 이래로 개신교 루터교회

에 대한 항목이 먼저 소개되었습니다. 오순절교회와 같이 가장 잘 알려진 교회와 자유교회들의 표현은 6.1.6. 작은 종파들에서 발견할 수 있습니다. 다수의 종교적인 공동체들을 정리하기 위해 공동의 핸드북에 다음과 같은 구별하는 개념들이 사용되었습니다.

a) 자유교회들

초대 기독교적인 교회 생활의 회복을 위한 노력에서 생겨났으며 그것들의 교회연합적인 관계들에서 구성되거나 가능한 교회와 공동체들입니다.

b) 오순절-은사적인 운동들과 독립적인 공동체들

성령과의 경험과 그들 경건의 출발점과 중심점으로서 특정한 영의 은사들을 높이 여기는 운동들과 공동체들과 그룹들 그리고 실제로 전통적인 교회들에 대한 관계를 갖지 않는 독립적인 공동체들의 설립입니다.

c) 기독교적인 분파들

성서 외의 진리와 계시 원천의 자료들을 기독교적인 전승들과 함께 연결하며 그것들에서 그들이 본질적인 특수 교리를 끌어내는 공동체 들입니다. 그들은 교회 연합의 관계들을 실제로 거절합니다. 예를 들면 핸드북은 여기다가 새 사도 교회, 기독교의 과학, 여호와 증인 등등을 명명합니다.

d) 새로운 계시자 새로운 계시 운동과 신생종교들

자칭 신(神)의 새로운 통지에 의존하며 여러 가지 종교들과 세계해석의 체계들의 요소를 연결하는 조직체들과 운동들, 예를 들면 말일성도 예수그리스도의 교회(몰몬교), 문 운동(문선명의 통일교), 다방면의 삶(유니버설 라이프).

e) 밀교(密敎)와 신영지주의 세계관들과 운동들

부분적으로 예배공동체 없이 종교적인 기능들과 함께 세계해석체계를 알립니다. 핸드북은 예를 들면 여기 신지학(Theosophie, 역자주: 야콥 뵈뫼 (1575-1624)에 시작되었으며, 19세기 헬레나 블라바츠키(1831-1891)에 의해 설립된 밀교), 인지학(Anthrosophie, 역자주: 오스트리아인 루돌프 슈타이너가 설립함), 장미십자회(Rosenkreuzer, 역자주: 17세기 독일에서 형성된 신비주의적 비밀결사대로 학문과 종교와 사회비판과 함께 사회개혁을 부르짖는 그룹)을 다루고 있습니다.

f) 종교단체들과 아시아에서 기원된 조류들

기원을 아시아 종교들에 둔 그룹들과 운동들. 핸드북은 힌두교의 정황과 함께한 그룹을 언급합니다(예를 들면 브하그완과 쉬레 바이네쉬 운동과 하레 크리스흐나 등) 역자주: 브라그완은 인도 구루 오쇼 라즈니쉬에서 생겨남, 쉬레 바이네쉬 운동은 만트라와 불교적인 단체인 까귀파이며, 하레 크리스호나는 티베트 불교 종파 중 하나로 전통 밀교입니다. 불교의 정황과 함께 예를 들면 카기유트파 첸(참선) 등 입니다.

g) 삶의 협력과 심리-조직들의 제공자

회원들의 삶과 태도를 바꾸고 조정하기 위하여 여러 가지 유래의 심리기술들을 사용하는 조직체들과 운동들처럼, 삶의 다스림에 기술들을 제공하는 시도들. 핸드북은 심령과학(Scien thologie)을 예로 들고 있습니다.

2. "종파"의 개념

"종파"(Sekte)란 개념이 공적으로 소종파 단체들에 대한 무차별적인 경시의 의미로 사용되기 때문에 종교학자들은 이러한 개념을 부적합한 것으로 생각합니다. 그들은 그 안에서 금지된 가치를 보며 "종교공동체"란 오히려 중립적인 개념을 선호합니다. 후자의 것은 너무 넓게 사용되어 역시 고전적 종파개념들을 포함하고 있어서 교회에 대한 공동체의 멀고 가까움을 분명히 하게 될 차별의 필요성이 요구됩니다. 바로 이런 이유로, 핸드북은 종파개념의 포기는 불가능한 것으로 판단하며, 그러나 오해들을 극복하기 위해 이러한 개념의 분명한 정의를 종파적인 정보의 시각에서 제시하지 않고 이것들을 사회학적이며 보편적인 언어사용에서 구분합니다.

a) 종파적인 알림의 개념

독일의 차용언어 '종파'(Sekte)란 말은 라틴어 'sequi'(누군가를 따르다)에서 파생되었으며, 본래 추종, 당파, 철학의 학파나 종교 등의 의미를 지니고 있습니다. 라틴어 'secta'(지켜진 규칙, 원칙, 생활방식)는 그리스어 'hairesis'(선택, 선출, 사고방식)의 번역어입니다. 젝테(Sekte)란 어휘의 통속 어원론적인 파생어 'secare'(잘라내다)는 분열의 의미는 맞지 않으며, 오히려 종파란 개념 이해를 퇴색시켰습니다. 신약성서 사도행전에서 'hairesis'는 사두개인(행5:17)과 바리새인(행15:5)이란 구별 없이 종교 당파의 의미로 사용되었습니다. 기독인들이 다른 사람들로부터 그렇게 분명히 지칭되었습니다(행24:5,14; 28:22). 그러나 그리스도의 한 몸으로 이해했던 기독교회의 초기에 벌써 분열과 당파는 문제로 여겼습니다(비교.고전11:18f). 계속되는 역사의 과정에서 종파(Sekte)는 하나의 거룩하고 보편적인 사도적 교회에 대립하는 기독교의 표현양식이 됩니다. 결정적인 특이점은 종파를 대변하는 교회로부터 구별될 뿐 아니라, 분리하는 다른 교리(가르침)였습니다. 교회 편에서 한 종교집단을 기독교의 종파(Sekte)로 표시되었다면, 그 속에는 - 물론, 비판적이며 거절하면서 - 근접함과 친척 관계가 표현됩니다. 한 종파(Sekte)는 이교도를 대변하지 않으며, 다른 종교를 대변하는 것도 아닙니다. 그들은 역시 신앙에서 타락한 배교

(Apostasie) 상태에 있는 것도 아닙니다. 교회의 시각에서 그들은 그릇된 교리(이단 교리)를 대변합니다. 그러한 까닭에 그들과의 교제는 불가능합니다." (핸드북, 259쪽 이하).

종파 알림의 시각에서 섹테(Sekte, 종파)는 이와같이 관계적인 개념이며 그 개념은 교리에 해당하며 다른 공동체의 교회와의 관계에 대한 정보입니다.

b) 사회학적 시각

그룹들과 다른 것들은 사회에 대한 그들의 관계에 따라 사회학적 시각에서 결정되었습니다. 이에 따라 하나의 교회는 교회가 존재하는 환경을 본질상 생활공간으로 인정하는 종교단체입니다. 이런 시각에서 하나의 종파는 그들이 생존하는 그들 환경의 문화적이며 정치적이며 사회적인 긴장 관계에 놓여 있는 종교적인 그룹입니다. 이러한 의미에서 역시 보편적인 언어사용에서 "종파개념"(Sekte)을 발견합니다. 그렇게 이러한 그룹의 다수는 미디어들에서 종파들(Sekte)로 표시되었습니다(핸드북 260쪽)

핸드북은 이러한 시각 방식을 따르지 않고, 오로지 위에 언급한 종파 알림의 종파개념을 따르고 있습니다.

3. 사고패턴과 특이점들

교회 편에서 종파들로 주목되었던 종교적인 단체들 사이에 가르침(교리)과 문화와 조직에서 현저한 차이들이 있습니다. 그렇지만 빈번히 나타나는 몇몇 사고패턴과 특이점들은 보여지게 해 줍니다.

a) 보충적인 계시 원천 예를 들면, "영으로 역사한 새 계시들"과 "천상의 권세들"

이것들은 성서 외에 또는 같은 위치에다 놓았으며 최상위 기준으로 높였습니다. 기독교 신앙은 내적인 음성이나 환상의 실체를 의심할만한 어떤 동인도 가지고 있지 않습니다(비교. 고후12:1-4). 그러나 만일 사적인 계시들이 성서와 나란히 또는 성서 위에 두는 경우에 그것은 매우 위험할 것입니다. 성서는 그리스도 안에서 최종적인 계시의 원래 증거이기 때문에 성서를 이해하는 것이 유효하며 그것을 보충하는 것은 아닙니다. 여기에 종교개혁의 원칙이 입증됩니다. 즉 성서는 스스로 해석되어야 하며, 성서 속에 복음의 올바른 이해의 기준들이 놓여 있습니다. 모든 후대에 나타나는 신앙 증언은 성서로 측정되어야 한다.   ↗ 하나님은 스스로 계시하신다; ↗ 성서

b) "타락한 현대와 선한 옛 시대"

이것은 역사의 해석을 위하여 잘 사용하는 사고모델입니다. 많은 종파적인 그룹들은 예수와 사도의 세대에서 참된 신앙에서 타락이 귀결되었으며 먼저 고유한 종파들의 설립자가 진리를 발견했다는 주장에서 출발합니다. 이에 반하여 전체 기독교의 확신은 교회가 그들 역사의 과정에서 - 여러 남용에도 불구하고 - 항상 복음을 선포했다는 그것입니다. 오늘날 성서가 존재하는 것은 그들로부터 비방을 받았던 교회의 종파들 덕분입니다.   ↗ 역사 가운데 하나님의 일하심

c) 전면적인 요구

종파의 회원들을 위한 그룹을 벗어난 영역의 통제에 그 어떤 중립적인 영역은 없습니다. 그룹은 전체적인 삶을 처리하려 합니다. 사람들은 분명히 강조해야 합니다. 즉 그룹에 대한 이러한 헌신은 초월적인 하나님이 요구하는 것이 아니라, 저편 권세의 지상의 한 대리자가 그것을 요구하는 것

입니다. 그것에 비하여 하나님 자신과 지상 대리인을 구별하는 성서는 그렇게 대략 헌신의 요구들에서의 남용에 대항하여 보호와 같은 것을 제시합니다. 우리가 그것들을 사도행전 5:29에서 보는 것처럼, 성서는 자유의 전제입니다. "사람보다 하나님께 순종하는 것이 마땅하니라."

↗ 종교개혁

d) 권위적인 지도자나, 또는 지도의 제도

종파적인 그룹들은 이따금 회원의 일상을 엄격히 통제하며 지침들에 대한 비판을 허용하지 않는 권위적인 지도자나, 또는 제도로 꾸며져 있습니다.

e) 독점권의 요구

종파적인 그룹들은 그들만이 홀로 진리를 소유하고 있다는 주장을 대변합니다. 거기서 그룹의 한계와 진리의 한계가 붕괴합니다. 그것에 반해 교회는 진리를 암시하지만 대략 복음의 형태로 진리를 가지는 것이지 그것의 독점적인 소유의 형태로는 아닙니다. 그것이 스스로 측정되어야 하는 하나의 규범처럼 교회의 복음은 오히려 그 이면에 놓여 있습니다. 그 때문에 그들의 모습에 대한 비판은 필요하고 허용되었습니다.

↗ 교회에 대한 문의

그렇게 새로운 종교적 운동들은 교회의 제도적인 모습의 긍정적인 측면과 강함에 의식되도록 도전합니다. 하나의 균형은 한편으로 공동체와 가까움 사이에서, 다른 한편으로, 개별성과 거리감 사이에서 종교의 종파 형태가 그것들을 허락하지 않는 것처럼, 대교회에서는 가능합니다.

↗ 교회 - 신자들의 연합

4. 심리 조직화에 관한 제시

고전적인 심리치료 옆에 점점 대안적인 심리극이 자리를 잡습니다. 그들의 아이템은 행복, 조화, 직업적인 성공과 긴장해소와 같은 매력적인 목표들을 약속합니다. 그들은 뭔가 특별한 것을 체험하고 자신을 개발하며 자기 힘과 능력을 상승시키고 의미와의 관련 속에 보호받으려는 인간의 기본적인 소원이나 갈망들을 수용합니다. 이런 치료법의 장면에서 그밖에는 분리되지 않은 것이 함께 성장합니다. 즉 갈등상담, 성과훈련, 종교적인 것, 환담 등에서입니다. 그러한 제시들이 행복이나 조화 같은 그런 유토피아적인 목표들을 약속할 때, 그것들은 다음과 같은 근거에서 대체로 위험할 수 있습니다. 즉 그것들은 불확실한 목표들로 인해 주어진 일상적인 삶의 확실성을 평가절하시킵니다. 예를 들면 전문교육과 일자리, 또는 혼인과 가족 등에서입니다. 약속하는 행복과 약속된 치료법의 성공은 물론 빈번히 막대한 비용을 초래하며 자주 포괄적인 삶의 통제들로 인도합니다. 어떤 경우에도 정신적 장애에서 심리치료를 통한 전문적인 자격을 갖춘 진료를 추천합니다. 예를 들어 그것은 행복이 조작될 수 없다는 인식에 도움을 줄 것입니다.

심리극의 의심스러운 제시들로부터 자격을 갖춘 심리치료를 구별할 수 있기 위해, 다음의 질문들은 도움이 될 것입니다:

- 한 사람은 존엄과 그의 유일성과 인간의 자유 안에서 존중되었습니까?

- 선물로서 생명이 존중되었습니까? 또는 인간으로부터 조작된 그 무엇으로서 존중되었습니까?

- 인간의 생명은 단편적이며, 죄책에 사로잡혔으며, 그렇지만 긍정된 존재임을 인정하십니까?

형성

1. 타 종교공동체의 추종자들과 만남

여러 종교적인 공동체들은 자주 공공장소와 가정집 문들 두드려 구애작전을 펼칩니다. 그들은 문서들을 배포하거나, 직접 말을 걸어 사람들과 대화하려 합니다. 기독인들은 이에 대해 어떻게 응답해야 할까요? 대화에 이르게 될 때 기독인들은 명확하고 분명하게 자신의 신앙을 대변할 수 있을 것입니다. 이것은 자기 교회의 실제와 신앙의 지식에 대한 분명한 정도를 전제할 때입니다. 당연히 대화를 거절할 선한 권리도 있습니다. 이것은 가정집 문 앞에서 구애하는 종교적인 공동체들의 남녀 대변자들이 자신의 것을 잘 무장하여 이따금 숙달된 팀으로 나타나는 배경에서 특히 필요한 것입니다. - 물론 이러한 조건들 아래서 실제적인 대화가 가능하고 의미가 있을지는 대체로 질문입니다.

2. 방향설정의 도움으로서 영적 상담

아주 여러 동기에서 직접적으로나, 간접적으로 해당자들인 사람들과의 영적인 돌봄의 대화들이 발전할 수 있습니다. 그러한 대화에서 중요한 관점들이 있을 수 있습니다(비교. 종교적인 공동체들과 세계관들의 핸드북).

a) 자기 해명에 대한 도움
종종 자신을 스스로 해명할 수 있기 위하여 외부로부터의 자극이 필요합니다.

- 나는 실제로 이 방향이나, 또는 저 방향을 원하는가?
- 무엇이 나를 매료시키는가?
- 무엇이 나를 불안하게 하는가?
- 나를 흔들어놓은 결정적인 하나의 종교적 경험, 순수한 신앙적 경험이 있었는가? 또는 거기에 나는 거짓에 속은 것인가?

대화에서 자기반성을 자극하는 한편, 다른 한편으로 종교적인 갈등상황에서 자의식의 강화가 성공된다면 의존성은 시초에 중단될 수 있습니다.

b) 종교적 경험과 기대들의 해석

어떤 대화는 적어도 발단에서 "외부적 전망"을 재획득하는데 이바지할 수 있습니다. 여기에는 예를 들면 다음과 같은 질문이 있습니다.

- 무엇이 사람들을 이러한 그룹에 매료되게 하는가?
- 어떤 결함들이 수용되는 것으로 보이는가?
  역시 비평적인 관점이 해석에 속합니다.
- 갈망들이 도구화되었는가?
- 무엇이 조직의 관심사이며, 개인은 어떤 의미를 지니는가?
- 한 사람이 위기상태에서 어떻게 취급되었는가?

c) 자기 신앙의 확실성

영적 상담의 대화는 역시 항상 해답을 찾고 발견하는 도움입니다. 즉 무엇이 복음적인 관점에서 신앙을 위한 본질인가? 이에 대해 오직 하나님을 통한 은혜에서 분명히 되도록 죄인의 칭의에 관한 소식을 대화 가운데 가져오는 것이 유효적절합니다:

- 나는 내가 행한 것으로 사는 것이 아니라, 내가 받아들인 것으로 삽니다. 은혜가 행위(공로)에 앞섭니다.

- 깨어지기 쉬운 나, 나의 한계, 나의 실수와 소홀함은 나를 하나님의 사랑으로부터 끊을 수 없습니다.

- 믿음은 모든 거 가운데 계신 하나님을 신뢰하는 것을 뜻합니다.

3. 도움과 조언들

자신이나 교회에 속한 자들을 위한 종교적인 공동체들의 판단에서 조언과 더 많은 정보를 찾는 자는 예를 들어, 세계관 질문을 위한 개신교센터(EZW), Augustusstraße 80, 10117 Berlin, Tel.: 030/28395-211에 문의할 수 있습니다. 또한 종파와 세계관의 질문들에 답하기 위하여 개신교의 주(州)연방 교회는 전담위원을 두고 있습니다.

독일 개신교 루터교회 연합회(VELKD)에서 발행한 "종교적 공동체와 세계관"(특히 최근, 2006년 제6판)이란 핸드북은 많은 종교적인 공동체들에 대한 상세한 정보를 가지고 있습니다.

[참고도서]
- 비발드/람브레히드(Biewald,R./Lambrecht,H.):
  종교적인 특수공동체들(Religiöse Sonder-gemeinschaften, 심리적인 그룹(Psychogruppe), 종파들(Sekten), 2005.
- 크리스티안젠(Christiansen,J.):사탄주의(Satanismus). 악의 매력(Faszination des Bösen), 2000.
- 아무드(Eimuth,K.-H.): 종파들-조언들(Sekten-Ratgeber), 2. Aufl. 1997.
  종교적인 공동체와 세계관들의 핸드북(Handbuch Religiöse Gemeinschaften und Weltanschaungen), 편집(Hg.) im Auftrag der Kircheleitung der VELKD von Krech, H./Kleiminger, M.: 6. Aufl. 2006.

- 하르더/헤밍거(Harder,B./Hemminger,H.): 미신이란 무엇인가?(Was ist Aberglaube?)2000.
- 후트((Huth,W.): 확신에서의 탈출(Flucht in die Gewissheit).
  근본주의와 현대(Fundmentalismus und Moderne), 1995.
- 란드그랖(Landgraf,M.): 종교(Religion), 종파(Sekte), oder ...? 2006.
- 뉘히테른(Nüchtern,M.): 종교를 향한 거대한 동경
  (Die unheimliche Sehnsucht nach Religion), 1998.
- 스토펠(Stoffel,O.): 영혼을 향한 붙듦(Der Griff nach der Seele).
  종교적인 의존성에서의 길들(Wege aus religiöser Abhängigkeit), 1999.

기독교신앙시리즈 4

현대 기독교 신앙과 삶
성령 하나님과 교회

지은이 독일루터교회연합회
옮긴이 정일웅
판권 한국코메니우스연구소 / ⓒ 범지혜(凡知慧)출판사 2018
펴낸곳 범지혜(凡知慧)출판사

초판 발행일 2022년 6월 30일

신고 제2018-000008호(2015년 7월 20일)
주소 경기도 성남시 분당구 구미로9번길 16 체리빌오피스텔 617호
전화 031-715-1066(팩스겸용)
이메일 kcidesk@gmail.com

ISBN
979-11-964571-8-1 04230
979-11-964571-0-5 04230 - 세트